U0583624

本书出版获长春理工大学基地著作资助计划、
美亚联创研究院专项基金资助

社会工作参与社会治理研究智库丛书

Revitalizing of Northeast
China and Governance Transition
of Old Workers' Living Area

东北振兴与传统工人
生活区的治理转型

杜实 ◎著

社会科学文献出版社
SOCIAL SCIENCES ACADEMIC PRESS (CHINA)

序　言

在我指导过的众多博士当中，杜实是表现非常优秀的一位。他来自东北，个子中等，外表斯文，性格较为沉静内敛，做事细致踏实，是个让老师省心和放心的好学生。一直记得，在持续时间很长的博士生面试结束后，我来到教学楼下，发现杜实仍在等待，他虽然略带紧张又有些腼腆，但还是鼓起勇气向我诉说着自己对人类学的热爱和求学的坚定决心。在三年博士学习期间，杜实践行了他求学时的话语——学业上专心一意，不受外界干扰，每天往返于拥挤的寝室、图书馆、教室和饭堂，简单生活，认真读书，最终取得了优异成绩。

尤其让我感动的是，杜实朴实善良、待人热诚，他很少说漂亮话，但事情件件做得妥帖。记得当时我遇到了父亲卧病住院而爱人常住国外的情况，一个人要跑医院处理方方面面的事务，心理压力很大，杜实和他的同学王皓田得知这一情况后，积极主动地伸出援手。两位年轻人虽然没有什么相关经验，但他们耐心地协助我处理购置医用品等细碎事务。有时我不得不因事离京，他们还会轮班到医院代为探视，并给我打电话详细告知情况，让我放心和宽心。"锦上添花易，雪中送炭难"，正是在人生曲折与困难的时刻，我深深地体悟到了人心良善与温暖关爱的力量！

杜实博士论文选题的确定，没有太多的犹豫与抉择。他来自长春，一个著名的老工业城市，他的家庭成员也基本上都在老牌国企工作。因此，从儿时起杜实就非常熟悉传统的工厂文化与职工居民的日常生活。在读博之前，杜实是辽宁大学民俗学专业的硕士研究生，受过较为系统的质性研究和民族志撰写训练。从2013年起，他开始跟我攻读中央民族大学人类学专业的博士学位，因为我的主要研究方向为经济人类学，在讨论他的博士论文写作方向时，我们的话题很自然地聚焦到"汽车工业""工业国企""工厂社区"等关键词上。2014 年夏，我和杜实、王皓田一行专门到文中的"汽车厂"调研，其间收集、整理了大量中国汽车工业的发展史料，参与观察了汽车厂区、车间、流水线、厂史馆、工厂期刊社和家属生活区，访谈了各部门领导、宣传工作人员、车间主任、社区志愿者、普通青年工人和工人家属等。通过这次重要的预调查，汽车工厂和"汽车人"的生活场景在我们头脑中丰满鲜活起来，而杜实博士论文的研究主题和思路亦获得了进一步厘清。因此，经过多番讨论，他最终确定了选择这处"时空中陌生，认知上熟悉"的田野地点——汽车厂的老工业社区。在展开博士论文写作前，杜实曾无数次路过这里，但却从未想过要进入调研，所以该田野地点对他而言仍具有陌生化效果；同时，又因为他自幼生长于当地同类型社区中，已经拥有的丰富"地方性知识"与"近似体验"，非常有利于他对各种复杂现象和事件的理解与阐释。

自 20 世纪中叶人类学出现"反殖民主义"倾向以来，西方人类学家开始将研究视角投射到现代社会，进行大量"本土"的"异文化"研究，开阔了人类学的研究视野。在相同语境下，当代经济人类学也蓬勃发展，作为一门典型的新兴交叉学科，经济人类学具有"人类学"、"经济学"和"民族志"的多种特质。其中，人类学的指向主要是关注不同区域人们形态各异的具体文化，经济方面则可以细分出原始狩猎采集、游牧、农业和现代化工业等众多经济类型，以及手工业、工业、商业、服务业、信息业等行业分类。近年来，传统上以研究"原始经济"闻名的经济人类学，逐渐向广义方向发展，进一步催生出工业人类学、企业人类学、工商人类学等众多亚分支学科，以及市场民族志、工业民族志等新型调查和书写文本。相比于国际上经济人类学理论与应用研究的快速发展，国内相关领域仍有一定差距，尤其是较为缺乏工业领域的田野调查与典型案例积累。

杜实博士毕业论文的选题方向，聚焦于我国东北老工业城市所催生出的工业文化的重要组成部分——职工居民的日常生活文化，并将其与当代社会治理创新问题链接起来进行整体分析。这一问题在社会学领域通常被归类到"单位社区治理"中，迄今国内学界已经有一些研究成果，但是，在我看来，叠加经济人类学的新视角对此问题展开探索，仍有独特价值与创新性，即立足扎实的田野工作，充分运用民族志质性研究方法进行"微距"式的考察，开展多层次的"企业－社区"复合型研究。这种新探索不仅可以增加目前所缺少的、具有中国特点的经济人类学典型案例，而且最重要的是能够对已有的社会学宏观与中观视野的相关研究进行补充，同时借由人类学理论对上述"复合型"现象进行分析，使人类学与社会学能够在对这一问题的思考中实现学科间的对话。不仅如此，此类新探索也非常契合我国国情的实际需要，诚如党的十九大报告所指出的，当代中国应当建立"共建共治共享的社会治理格局"。这里的三个"共"字说明社会治理方式应该是多元互动、类型多样的，因此更加需要人类学的参与式观察与针对特定类型社区的"深描"，才有可能提炼出新的治理理念、发现多种社区发展模式。我认为杜实博士毕业论文的优点和特点主要体现于此。

杜实在博士论文中讲述的"转型故事"，较细腻地呈现了20世纪80年代以来国有（营）企业的市场化改革过程。在这一过程中，不仅汽车厂工人生活区社会结构层面发生了转型，还进一步引发了职工居民生活文化层面的转型。文中指出，汽车厂工人生活区的基本转型走向本应从"单位办社会"过渡到社区建设与发展模式，但多年的转型实践却体现出多方合力完成的社区共建共治共享，这恰恰是国家、市场、社会等多方力量作用的结果。中间组织的激活有助于增强国家与个人之间的纽带性作用，新居民群体的认同与自治思维的培育则有助于社会治理的良性运行。全文关键的理论思考最终汇聚到关于"东北地区传统单位社区的新公共性"的讨论上，即如何让人们在刚性的制度变迁中仍能够体验到柔性的人文关怀，从而复合出东北老工业社区新的社区公共性，并为社区治理的有效运行提供稳定的社会基础和精神动力，这种思考亦反映出经济人类学的研究旨趣。

2016年，杜实博士毕业时，因成绩优秀本有较好的留京发展机会，但他最终还是选择了回到家乡的高校工作。老师和同学们虽感到不舍，但非常理解他的决定。毕业后，杜实不仅继续生活在自己所熟悉的"工业田野"，而且进入了"企业社会工作"等新领域。像在读博期间一样，他踏踏实实积累资料，认认真真修改完善博士论文，最终形成了本书。捧稿细读，我感到本书较三年前又有了明显提升，理论视野更为宽阔且逻辑性加强，案例资料进一步丰富翔实，文句表达清新流畅，在尝试结合人类学、社会学等多学科开展综合性研究方面富有新意。

当下，中国人类学、社会学等学科日益呈现一种动态开放的特点，我认为，这种开放不应是简单地"向外开放"，即吸纳借鉴国际学术界的研究成果，同时也应该"向内开放"，努力将学科理论与中国本土实际经验结合，使其深深扎根于中国特色社会主义文化发展实践的沃土之中。正因如此，我非常高兴地看到杜实的博士毕业论文付梓，也衷心希望他不忘初心，一直保有对学术的热忱，在东北家乡努力开拓工业人类学、企业民族志等园地，为中国经济人类学的学科发展贡献力量！

施　琳

于中央民族大学寓所

2019 年 10 月 28 日

CONTENTS 目 录

第一章　引言

20 世纪五六十年代，一座大型现代化汽车厂在我国东北地区创建，它所处的城市也因此获得"汽车城"的美名。由于"第一个五年计划""汽车工业从无到有""东北老工业基地建立"等时代烙印的铭刻，汽车城中汽车厂①的历史地位注定不平凡，而这种不平凡除了体现在这个传统工业国企的经济发展与转型之上，还体现在其职工生活和居住文化结构的生成与变迁之上。经济转型背后蕴藏的社会与文化转型正是当今人类学和社会学研究的重要议题。

由于新中国成立之初计划经济时期的特殊历史背景，汽车厂自建厂以来有过几十年"单位办社会"的历史，一度建立了工人宿舍、幼儿园、学校、医院、商店、俱乐部、公园等公共设施，俨然成为汽车城西南部的一座"城中之城"，工厂为其职工提供的福利或生活照料可谓无处不在。老街区的整体面貌是清一色的红砖楼群，三四层楼那么高，充斥着苏联重工业的建筑风格元素。汽车厂当时的工人生活区范围就已经包括 13 个街区之多，可谓一处工业化、现代化程度极高的城市景观。

但事实上，如此之大的生活区域面积还是远不能满足 20 世纪中后期汽车厂所有职工的居住需求，很多尚未分配到宿舍的职工每日上下班只能往返于汽车厂和市区之间。那时的交通并不发达，只有一部分人愿意购买车票乘坐有轨电车，能够骑上一辆自行车则要算很体面的事了，而更多人还是选择以步行的方式上下班。似乎因为市民们的不断往来，汽车厂

---

① 汽车厂并不是该社区的真名，笔者采用这种命名策略，一是考虑到学术伦理问题，有意对其厂名以及后文出现的地名等进行匿名技术化处理；二是借用当地人惯用的"言语序列"，还原其原汁原味的日常生活世界，强调社会学质性研究应有的人文特性。

这个独特的存在逐渐成为汽车城这一"有机体"交通往来和城市发展的"心脏"。

但今时不同往日，从城市景观来看，当今汽车厂工人生活区①的街路风貌更加繁荣，学校、医院、公园、酒店、大型商场等城市设施种类齐全、风格现代，公共交通较过去也更为发达，时时都有很多人驾车、乘车频繁穿梭于汽车厂和汽车城各处。如果人们想从市中心到达汽车厂工人生活区，只需半个多小时的车程，即便是从距离较远的城东或者城北出发，一个多小时也足矣！

随着汽车厂及其工人生活区的不断扩建，如今的职工宿舍已经扩展到 54 个街区之多，汽车城还专门成立了名为"汽车区"的开发区，开发区的主要任务之一就是负责汽车厂工人生活区的统筹治理，并对其进行社会治理实践的优化。而随着汽车厂工人生活区治理转型的持续推进，2015 年 10 月，国家在制定"十三五"规划时，提出新一轮"东北振兴"战略。2016 年 4 月 26 日，《中共中央 国务院关于全面振兴东北地区等老工业基地的若干意见》全面出台并付诸实施，提出"要坚持把保障和改善民生作为推动东北老工业基地振兴的出发点和落脚点，使发展成果更多更公平惠及全体人民，让人民群众有更多获得感"。② 其中，保障民生的重要依托就是提高基层社会治理能力，使人民生活水平不断提高。而东北老工业企业所属的工人生活区是东北地区基层社会的一种重要社区类型，对其进行治理实践转型和创新方面的研究将是新一轮振兴东北过程中的重要课题！

一　研究缘起

中国改革开放以来的经济与市场转型可谓"牵一发而动全身"——它除了涉及各大企业引入市场机制以外，还涉及不同行业人群必须经历的社

---

① 汽车厂工人生活区，即本书书名中所谓的传统工人生活区，这片职工居民的生活场域最早可追溯到 20 世纪 50 年代的汽车厂创建时期，具有较为浓厚的单位社区治理传统。这里也是本研究的田野地点，可以将汽车厂工人生活区作为传统工人生活区的缩影，考察其社区治理的转型实践。

② 《中共中央 国务院关于全面振兴东北地区等老工业基地的若干意见》，http://www.gov.cn/zhengce/2016 - 04/26/content_5068242.htm，2016 年 4 月 26 日。

会与文化转型。21世纪初东北老工业企业在进行公司制、股份制改革的同时，还对其所辖的工人生活区进行了社会重组，将企业经济范畴的市场转型进一步落实到传统单位社区与职工居民的维度，即将以往的"单位办社会"过渡到现在的"社区办社会"，将企业原有的社会管理职能放权给市场与社会，减轻其财政"包袱"。

经过多年来的转型实践，东北大部分的工人生活区虽然从制度上脱离了单位的管控，但却很难完全跳出"单位办社会"的思维与行为定式，从而步入"后单位时代"。在经历过"突降式"的社会转型之后，很多传统产业工人还是会回望过去，留恋计划经济时代高福利的熟人社会，并经常回望以往"无忧无虑"的生活状态，导致当代东北老工业基地的单位社区治理工作还需要进一步的调适。众所周知，东北地区的传统产业工人曾为我国的经济增长挥洒了无数辛勤的汗水，自20世纪50年代以来，他们"先生产、后生活，为国家做出了不可磨灭的历史贡献，可以说是勒紧裤腰带，付出了令人难以想象的艰苦劳动"①，为此我们应该去了解职工居民的诉求，关注市场化改革给国企职工带来的生活世界、邻里交往和社会结构等日常范畴的文化变迁，进而减轻市场、社会与文化转型带给他们的压力。

综上所述，本书缘起于国企改制战略下东北传统单位社区内在结构的变迁，以职工居民群体为研究对象，意图思考和回答以下问题：在经济与市场结构发生巨大变化的改革时期，传统工业国企的职工居民赖以生存、发展的生活区域发生了何种社会转型？这种社会转型又将社区治理方式的创新引向何处？同时，本书重点想要追问的是，在单位社区治理创新的大背景下，职工居民的日常生活中又进一步发生了怎样的文化转型？汽车厂"单位办社会"的历史给他们留下了怎样的集体记忆与文化惯性？这些"文化遗留物"对他们生活实践中的价值判断有什么影响？在当下的"后单位时代"，职工居民为何对过去的生活心生怀念，他们的日常生活、社会行动和人际网络又经历着哪些变迁？与此同时，汽车厂工人生活区的治理方式对东北老工业城市的一般社区治理问题有何借鉴意义？回答这些问题的过程实际上也是不失特点地描述和解释汽车厂工人生活区的历史变迁和

---

① 李克强：《振兴东北最终要靠改革激发内生动力》，http://www.gov.cn/guowuyuan/2014-07/31/content_2727929.htm，2014年7月31日。

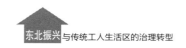

现实面貌的过程，通过田野民族志的文本形式阐释出它在微观的"社会－文化"结构上与一般的城市社区的多样性差异所在。

二　研究意义

改革开放以来，中国之市场转型引发的社会与文化转型受到人文社会科学的多方关注，笔者以一家国有汽车厂的工人生活区为切入点，探究国企改制背景下该厂进行企业分离"单位办社会"职能与社会治理创新的实践经验。这不论对学术界关于单位社会研究、城市社区建设与发展、人类学本土化的理论探索，还是对东北老工业城市基层社会的现实发展，都具有一定的研究意义。

（一）理论意义

综观我国以往对单位（国有企业）及其职工生活的研究，相关学者大多将研究焦点定位于国家的权力运作、制度建立和管控手段等，其中内容多以社会学的范式和框架为主，着重从宏观上探讨"国家—单位—个人"自上而下的社会控制模式。随着研究的深入，一些学者逐渐以中观的社会学视角开展单位社会的研究，强调中国的社会体制转换是单位（企业）对社会的放权，以及社会对单位（企业）的承接，并根据社区转型中存在的问题进行理论与对策解析。本研究则通过田野调查和人类学"看"社会的独到眼光对东北工人生活区进行"微距"意义上的探索，增强研究内容的"接地"性和"故事"性，达到对"人"本真意义的探讨，进而使该类研究从整体上呈现宏观、中观、微观的多层次面貌。

另外，目前国内已有一些人类学专业的学者着眼于城市社区的建设与发展问题，并通过田野作业对 2000 年前后"社区建设运动"的具体运作过程进行"深描"和论述，但他们的调查地点往往都选在国家当时指定的试点城市，主要关注居民自治、公民民主和基层政治等具有社会普遍意义的问题，间接地忽视或者遮盖了全国不同地区社会与文化转型的差异和特点。本研究认识到这一重要问题，并且希望通过对典型案例的调查积累东北老工业城市社区的丰富个案，使人类学的研究范围和方法扩展至工业社会和职工日常生活领域，从而对我国社区建设与发展的普适性观点进行理论与经验上的补充，提供一种当代城市基层社会变迁的"传统单位社区发展"路径，为我国城市社区研究的"宏大叙事"添加详细生动的类型化观点。

同时，自 20 世纪中叶人类学"反殖民主义"倾向以来，西方人类学家开始将研究视角投射到现代社会，大量进行"本土"的"异文化"研究，开阔了人类学的研究视野。经济人类学正是在这一时期发展起来的一门典型新兴交叉学科，近年来在国内外发展迅速，特别是在工商领域获得了日益广泛的关注与具体应用，逐渐催生了工业人类学、企业人类学、工商人类学等众多亚分支学科，以及市场民族志、工业民族志等新型调查和书写文本。相比于国际上经济人类学应用研究的突飞猛进，国内相关领域研究仍处于起步发展时期，特别缺乏相关田野调查与典型案例，研究的深度和广度亟待拓宽。正因如此，本书立足于东北老工业基地的工人生活文化，有利于拓展国内经济人类学的研究视野，积累丰富的工业社会与单位社区治理民族志个案。

（二） 现实意义

东北地区的工人生活区转型植根于国企改制背景下分离"单位办社会"职能的国家宏观政策，同时这一问题也与"全面振兴东北地区等老工业基地"[①]"加强和创新社会治理""打造共建共治共享的社会治理格局""加强社区治理体系建设，推动社会治理重心向基层下移"[②] 有着千丝万缕的联系。本书正是以汽车厂的第一手田野材料关注"企业－社会"分离带来的现实问题，从实践层面关注工人生活区转型的细节，以当地民众的视角提出本土化的观点和看法，致力于减轻转型的阵痛，促进改革创新的深入。

21 世纪以来，作为国企改制的重点和难点，重组东北地区的工人生活区一直处于国家意志的重要位置。2005 年初，时任国务院国资委主任的李荣融指出，做好分离企业办社会工作，是深化国有企业改革，解决国有企业人员多、负担重的历史遗留问题，增强国有企业竞争力的重要措施。为此，中央决定先在东北地区试点，为解决这一问题积累经验[③]。本文所研

---

① 《中共中央国务院关于全面振兴东北地区等老工业基地的若干意见》，http://www. gov. cn/zhengce/2016 – 04/26/content_5068242. htm，2016 年 4 月 26 日。
② 习近平：《决胜全面建成小康社会 夺取新时代中国特色社会主义伟大胜利》，人民出版社，2017，第 44～50 页。
③ 费伟伟：《央企不再办社会》，《人民日报》2005 年 1 月 14 日，第 3 版。

究的汽车厂在 2005 年就与所在省签署了分离"单位办社会"职能的协议,并与市委市政府共同建立了"汽车区",用以承接被汽车厂分离出去的社会职能。但由于汽车厂受"单位办社会"影响的历史长、范围广、项目繁,可以说到目前为止,企业与社会的分离工作仍在继续:汽车厂工人生活区还存在未进行产权私有化改革的公有住房;职工社保和"三供一业"(供水、供电、供暖和物业管理)两大块的移交也处于过渡调整阶段。更重要的是,从改革至今的 10 多年来,厂属工人生活区居民思维中的"单位情结"并没有因时间的推移而消失。思考其中缘由,首先是汽车厂工人生活区中"单位-宿舍"式的生产、生活格局未曾改变,邻里之间维持 60 多年的旧有生计方式仍在继续,人们很难突破既定环境的制约。其次,汽车厂工人生活区房产的所有者大多是工厂的老职工,作为单位的工厂仍与他们保持工资、医疗、养老等方面无法切断的实际联系,他们思维中的"单位认同"观念依旧根深蒂固——汽车厂工人生活区脱离了单位,职工居民却离不开单位。

这样一来,国家意志与社会现实的碰撞就使汽车厂工人生活区的治理方式发生了根本的转变,面对汽车厂工人生活区中由于房屋产权和生活服务等现实改革引发的一系列社会问题,如现在一些已经获得工人宿舍产权的老住户选择将房屋进行出售或出租,使街区内原本相对稳定的邻里关系网络被打破,加快了汽车厂工人生活区的社会原子化进程。同时,传统的工人宿舍楼内部年久失修,居民们普遍认为目前由工厂组建、实行市场化运营的物业公司难以达到他们的维修要求与标准。另外,汽车厂的离退休人员负担较重,大多数老人的余生都将继续在这片工人生活区中度过,其中的老龄化问题较一般社区更加严峻。

上述社会事实反映出研究汽车厂工人生活区的治理转型问题具有的重要现实意义。在新时代的基层社会治理中,传统的工人生活区必然面临社区治理实践的创新,着力打造"共建共治共享"的治理格局,建构"国家-市场-社会"多元治理主体的合理运作逻辑,体现出关注这一课题的必要性与紧迫性。

三 研究综述

从宏观来看,汽车厂工人生活区当下经历的"转型故事"首先是我国经济体制改革的缩影，即国有企业如何从计划经济过渡到社会主义市场经济，这就从理论观点上涉及了中国的市场转型研究。其次，由于市场机制发挥作用，作为"单位宿舍大院"的汽车厂工人生活区在社会结构上跟着发生转型——尽力从原先的"单位办社会"转为全国通行的社区建设与发展实践，这其中必然涉及中国城市基层社会的社区建设运动研究。最后，汽车厂工人生活区的转型又从微观、具体的层面蕴含了日常生活意义上的文化转型，其实是对职工居民思维意识中单位宿舍生活文化发生变迁的一种适应与调适，即探究中国本土单位社区的治理转型，这必然能够从人类学、社会学等人文社会科学的相关论著中得到启发。

（一）中国特色市场转型的社会学研究

汽车厂工人生活区转型的根本动力是社会主义市场经济体制下的经济转型，这意味着汽车厂工人生活区要从计划经济时代的"高政府福利社会"体制转向中国特色社会主义市场经济时代的"强市场自律社会"体制。在这样的现实背景下，国内外社会科学界的一系列关于市场转型的研究成果可以为汽车厂工人生活区的转型问题提供一定的学术积累。

关于现当代政治与经济转型的状况，著名经济人类学家卡尔·波兰尼（Karl Polanyi）有过经典论述——其代表作《巨变——当代政治与经济的起源》讨论了"欧洲文明从前工业时代转型到工业化社会的历史巨变，以及伴随而来的思想、意识形态、政治、经济政策的转变。当时欧洲文明所经历的转变，今日看来就如同当代世界各地发展中国家所面临的转变一样，以至于这本书几乎就像是在评论当代议题"①。而作为发展中国家，中国改革开放以来所经历的市场经济转型实践同样应当受到上述著作的启发，并有助于将政治、经济层面的转型上升到社会与文化层面。卡尔·波兰尼以19世纪的西欧为例，探讨其市场从"孤立隔离、有外力节制"变为"自律"的过程，这同时也意味着其"社会之结构的全面转变"。作为核心论点，他认为"自律性市场的信念蕴含着一个全然空想的社会体制，假如不放弃社会之人性的本质及自然的本质，像这样的一种制度将无法存

---

① 卡尔·波兰尼：《巨变——当代政治与经济的起源》，黄树民译，社会科学文献出版社，2013，第3页。

在于任何时期，它将摧毁人类，并将其环境变成荒野"①，即自律的市场无法较好地适应人类社会发展的基本规律，在市场观念大行其道之初，我们必须重新认识政府干预的重要性。

当然，已有的研究也不乏对社会主义国家进行资本主义转型的实践进行讨论。吉尔·伊亚尔（Gil Eyal）等人在《无须资本家打造资本主义——后共产主义中欧的阶级形成和精英斗争》一书中对中欧社会主义国家引入市场机制的转型过程进行论述，此书涉及的转型是在资产阶级分子缺位的情况下建立资本主义市场社会的过程。在经历"巨变"以后，这些中欧国家的社会性质已经转为资本主义。通过比较分析，孙立平进一步总结出中国市场转型的独特之处。第一，中国"居于支配地位的政体和意识形态是连续性的；第二，由于政体和意识形态的连续性，许多重要的改革和转型过程是使用渐进式的变通方式实现的；第三，在变通的过程中，特别是在开始的阶段，新的体制因素往往是以非正式的方式出现并传播的；第四，非正式体制的生长和发育，往往是发生在体制运作的过程当中"②。因此，我们发现对中欧国家的转型研究同样对认识我国1978年以来的社会主义市场经济改革分析具有一定程度的可鉴之处。20世纪80年代末，吉尔·伊亚尔等人以中欧地区为例，认为该地区在市场机制引入之前不存在私人所有者阶级。在从社会主义到资本主义的转型过程中，技术－知识精英采纳了新的、独特的转型策略，即"没有资本家打造的资本主义形成路径"。这种向资本主义转型的研究从布迪厄对不同资本类型的理解开始，"首先是经济资本，然后是文化资本、社会资本（在这里政治资本属于制度化的社会资本）和符号资本（偶尔也会使用艺术资本、学术资本等）……一个人要拥有各种类型的资本才可能在不同的时代都保持成功：他们要学着处置那些贬值的资本类型，获取那些升值了的资本；还要学会将旧的、现在已经贬值的资本转换成新的、更富价值的资本"③。从资本的不同类型出发，作者认为古典资本主义是由拥有物质性财富的经济资产阶级建造起来的。而后社会主义的资本主义则是由致力于资产阶级社会和资本主义经济制度的知识分子

---

① 卡尔·波兰尼：《巨变——当代政治与经济的起源》，黄树民译，社会科学文献出版社，2013，第52页。

② 孙立平：《实践社会学与市场转型过程分析》，《中国社会科学》2002年第5期。

③ 吉尔·伊亚尔等：《无须资本家打造资本主义——后共产主义中欧的阶级形成和精英斗争》，吕鹏等译，社会科学文献出版社，2008，第24~26页。

促成的。更重要的是，书中认为"无须资本家打造的资本主义"并不是仅具有地区性意义的，其核心假设是"从社会主义导向资本主义的轨迹是多重的……资本主义最好应该被理解为各种可能目标的一种变体——一个由各种各样阶级关系和制度安排的社会经济体制所组成的世界"①。在这里，中欧政体转换的历史虽为极其特殊的个案，但如果我们先将其中的政治维度"悬置"，就会看到一个从"共产"到"市场"、从"计划"到"自律"的演变脉络，这也正是今日汽车厂工人生活区所经历之转型的基本路径。

关于中国国有企业的市场转型研究，倪志伟（Victor Nee）于 1989 年在《美国社会学评论》中发表了《市场转型理论——国家社会主义从再分配向市场的转变》一文并引起论争。其主要观点是"国家社会主义社会中再分配经济体系向市场经济体系的转变将有利于市场资本、人力资本和文化资本，而不利于政治资本；同时，有利于直接生产者而相对不利于再分配者，直接生产者所面临的机会、他们的劳动积极性以及对剩余产品的支配权力都会增加。他坚持认为，随着市场化改革的完善，干部的权力必然会被削弱，市场转型具有一种平等化效应。在接下来的讨论中，他的研究引来了众多反对意见，因为后来的许多经验性研究都得出了与之相反的结论，主要包括：（1）权力维持论：在市场改革的同时，党的领导和城市单位制度仍然保持，政治资本的回报仍然维持；（2）权力转化论：在私有化的过程中，干部将再分配权力转变成社会网络资源并最终转变成私有财产"②。这种论争使研究者认识到市场转型所带来的结果是多元的而不是单一的，这种多样性的结果是由中国多样性的制度背景所决定的。

到 20 世纪 90 年代，关于中国市场转型的论述仍然蕴含着与上述分析主线相符的思路，即市场与政府之间的交互运动。边燕杰和罗根的文章提出了"再分配与市场改革共存"③的观点。白威廉和麦谊生认为，"不仅经济市场在改革之后实现了开放，政治市场同样也在发生变化"④。

① 吉尔·伊亚尔等：《无须资本家打造资本主义——后共产主义中欧的阶级形成和精英斗争》，吕鹏等译，社会科学文献出版社，2008，第 1～18 页。
② 陈那波：《海外关于中国市场转型论争十五年文献述评》，《社会学研究》2006 年第 5 期。
③ 边燕杰、罗根：《市场转型与权力的维持：中国城市分层体系之分析》，载边燕杰主编《市场转型与社会分层：美国社会学者分析中国》，生活·读书·新知三联书店，2002，第 427～459 页。
④ L. Parish William, Ethan Michelson, "Politics and Markets: Dual Transformations," *American Journal of Sociology* 1996 (4): 1042-1059.

边燕杰和张展新则强调国家与市场互动中的两个方面："首先，市场化是一个多面的、历史的过程；其次，党和国家实行转变的目的是保持其自身利益和影响"①。吴晓刚和谢宇基于1996年的全国抽样数据，以微观和具体的视角提出"以往对国有部门和市场部门个人收入的比较研究忽略了一个事实，那就是这两个部门之间并非相对静止，而是流动的。他们试图将政治与市场的互动体现在人员在国有部门与私营部门之间的流动中"②。周雪光提出的市场－政治共生模型认为"国家在设定市场所运作的制度性规则中起到了关键性的作用：一方面，市场的扩张并不是一个自我演进的过程，而是受到社会背景和历史变迁进程制约；另一方面，国家总是积极地根据自身利益和偏好来主动地影响市场而不是被动地接受"③。由此可见，中国社会自20世纪80年代市场化改革以来，"建立在计划经济基础上的单位制社会与市场经济社会之间的关系，已不是后者渐进地取代前者，而是前者以局部地区和行业为依托形成与后者的相持、渗透和互动"。因此，相对于城市和农村的老二元社会而言，刘平于21世纪初将传统计划体制的社会机制和市场化社会机制共生的社会结构界定为"新二元社会"。他认为，"如果说以往是把传统体制与市场机制的并存理解为改革过程的一种过渡性现象，那么现实的发展要说明的是，即使在不断深化改革的前提下，计划体制和市场体制的并存可能并不是过渡性的现象，起码在现阶段，它是中国社会相对稳定的特殊的社会结构的表现形式。与实体的稳定性相联系，两种社会机制并存的社会结构已具有认知中国社会的分析工具的意义"④。

通过对上述观点的理解与消化，我们可以明确地将汽车厂工人生活区当代的转型动力归结为国家层面的经济体制改革，即国有企业进行的公司制和股份制改革。在这种条件下，原来受国企管理的工人生活区也必然要被放权到社会与市场。但是转型不可能一蹴而就，至少从本书的田野经验

---

① 边燕杰、张展新：《市场化与收入分配——对1998年和1995年城市住户收入调查的分析》，《中国社会科学》2002年第5期，第97～111页。

② Wu Xiaogang, Xie Yu, " Does the Market Pay Off Earnings Returns to Education in Urban China," *American Sociological Review* 2003（vol. 68）：425–442.

③ Zhou Xueguang, " Reply: Beyond the Debate and toward Substantive Institutional Analysis," *American Journal of Sociology* 2000（vol. 105）：1190–1195.

④ 刘平：《新二元社会与中国社会转型研究》，《中国社会科学》2007年第1期，第104～117页。

来看，汽车厂工人生活区内的产权、制度和管理等一系列硬性指标还处于新旧之交的并存与过渡阶段，而这也是我们进行田野调查与定性分析的基础性共识。

（二）中国特色的社区建设运动研究

从社会结构上看，汽车厂工人生活区的转型是不断迈向本土社区建设与发展的长期过程，因此我们有必要将其放置在当代社区建设运动与发展的研究主题之下进行探讨。中国特色的社区建设运动缘起于改革开放以来社会结构层面的转型。随着20世纪八九十年代国企改制的实施，作为社会转型的社区建设运动就成为一种社会改革实践，打破了计划经济时期"单位办社会"的模式。"自20世纪80年代起，中国大陆开始提出'社区建设'，社区作为国家治理和基层社会的基本单元被提上议事日程。在社区实践上，一方面，跟随国际趋势，全国范围内的社区实践探索如火如荼地开展，取得了很多实践成就和具体经验；另一方面，整个社区建设的浪潮之中，存在着诸如社区发展、社区服务、社区建设、社区管理、社区营造、社区治理等概念，一直到当下的'三社联动'概念的提出，一时间在社区实践层面的概念丛林蔚为大观。"①

一般认为，中国本土的"社区建设"应当从属于西方学术与政策语境中的"社区发展"概念，社区发展（community development）一词由美国社会学家法林顿于1915年率先提出，是指"社区居民在政府机构的指导和支持下，依靠本社区的力量，改善社区经济、社会、文化状况，解决社区共同问题，提高居民生活水平和促进社会协调发展的过程"②。到20世纪50年代，社区发展的理念被联合国采用，并成为一种政策趋势。夏学銮认为社区发展"是国际社会统一使用的共同话语体系和社会发展战略，用国际上规范的社区发展话语和理论来审视中国的社区建设，目的在于使它迈上国际上统称的社区发展之路"③。

在社区发展概念的演进过程中，"在北美出现了侧重于社区基础设施

---

① 任文启：《社区治理抑或社区营造："三社联动"的理论脉络与实践反思》，《社会建设》2017年第6期。
② 臧冬娅、郭安：《论社区建设与构建社会主义和谐社会》，《中国劳动关系学院学报》2006年第6期。
③ 夏学銮：《中国社区发展的战略和策略》，《唯实》2003年第10期。

建设的 community building 和空间结构建设的 community construction……越过大洋，community building 和 community construction 传到中国就被翻译为社区建设"①，但是，上述两个西方概念和中国本土的社区建设概念有较大不同之处。马西恒指出，"中国的社区建设理念主要围绕'区'做文章，'区'就像一只箩筐，政治、经济、文化、社会都包含进来，从而社区可以从宏观社会中被边界清晰地分割出来，自成体系，更加着重于实际事务和物质投入，其价值意义保持模糊。西方社区发展理念主要围绕'社'做文章，通过剥离政治、经济等因素凸显出社会特性，从而社区与宏观社会相互交叉、边界开放。增进居民福利就不仅是一种实际事务，更有强大的人权价值予以支撑"②。因此，中国本土的社区建设实践是带有强烈的中国特色"自上而下"的行政化推进道路。就我国的社区建设实践而言，20 世纪 90 年代以来，中共中央办公厅、国务院办公厅陆续在公开讲话和政策文件中提出社区建设的要求，所谓城市社区建设，是指在党和政府领导下，依靠社区力量，利用社区资源，强化社区功能，解决社区问题，促进社区政治、经济、文化、环境协调和健康发展，不断提高社区成员生活水平和生活质量的过程。当时的社区建设实践主要从一些试点城市开始，如上海的城市管理体制改革、武汉对自治性社区的探索等。

当然，除了实践层面的演进，作为学术研究层面的社区建设研究很快引起了社会学科的关注。通过对相关文献的梳理，我们能够总结这一时期的主要观点是社区建设有助于加强城市居民的民主自治。当时多数学者都将调查地点选在社区建设的试点城市，研究主题以"政治、权力、民主"为主。朱健刚以民族志方法在上海进行"吴街平民村"社区建设的研究，试图"揭示中国城市基层社会中地方权力的文化逻辑，并从更大的范围里探索当代中国民主化道路，尤其是基层民主化的动力机制"③；何艳玲以广州一个"看起来平淡无奇，但可能会更真实和更具有代表性"的社区"乐街"为调查地点，希望"观察后单位制时期中国都市街区中的国家与社会

① 任文启：《社区治理抑或社区营造："三社联动"的理论脉络与实践反思》，《社会建设》2017 年第 6 期。
② 马西恒：《理念与经验：中国与北美社区建设之比较》，《上海行政学院学报》2011 年第 1 期。
③ 朱健刚：《国与家之间：上海邻里的市民团体与社区运动的民族志》，社会科学文献出版社，2010。

关系及其互动逻辑，并以此揭示不同街区组织在互动中所缔结的街区权力结构"①。可见，当时的社区建设研究是与基层民主政治和城市基层权力的具体运作方式紧密结合在一起的，学者们发现社区（居委会）具有上通政府、下揽居民的双重性质。王颖认为，"上下结合的两种合力持续推动社区的自治和城市的同治，一方面政府向社区授权、让权，此为社区的第一推动力；另一方面社区居民的自治行动和政治参与，对现有城市管理体制形成强有力的冲击"②；桂勇用"粘连"一词描述这种现象，他认为居委会与居民的接触方式主要表现在"私人化接触与城市基层的本土性权力操作策略"③上；朱健刚则用"自治的张力"来形容社区（居委会）的运作方式，其中"人情、礼物与关系""求情、象征和女性"是具体运作的润滑剂。

　　同时，这些有社会学专业背景的学者都以"结构""实践""行动者"等现当代社会理论为指导。杨敏认为，"参与是现代社区形成的机制，不同的参与实践建构出来的是不同的社区，不同居民群体出于各自需求而选择参与不同的社区事务"④，其中社区形成的机制代表了社区建设的目的——建构出不同于以往的社会结构，而参与则指向所有与此相关的行动者的互动实践。余冰除了像其他研究者那样主要从"结构与功能、行动与过程的角度进行观察和分析外，还引入人类学大、小传统的概念，以此考虑社会运作中的观念和文化层面"⑤的问题。至于这类研究的结论走向，学者们都将调查材料上升到了国家权力操控的层面，并持中立的辩证态度，但是具体表述略有差异。余冰认为，"国家与社会共治"是今后社区建设的方向，而具体的操作还需"将实证观察到的过程与关系置于宏观、中观、微观的理论视野中予以进一步的解释、理解和运用"⑥。何艳玲则根据我国的现实和西方的经验提出，"从我国的情况来看，集中控制一直是治理这个庞大国家的基本手段……只有能够在承担政治纠错与利益协调任务的时候，民主才是有价值的"。她的观点强调党和政府的首要位置，并

----

① 何艳玲：《都市街区中的国家与社会：乐街调查》，社会科学文献出版社，2007。
② 王颖：《社区与公民社会》，载李培林主编《社会学与中国社会》，社会科学文献出版社，2008。
③ 桂勇：《邻里空间：城市基层的行动、组织与互动》，上海书店出版社，2008。
④ 杨敏：《作为国家治理单元的社区》，《社会学研究》2007年第4期。
⑤ 余冰：《街坊变迁——城市社区组织的国家性与社会性》，人民出版社，2012。
⑥ 余冰：《街坊变迁——城市社区组织的国家性与社会性》，人民出版社，2012。

认为"问题的根本性解决，有赖于宏观政治权力结构的改变，而这无疑将是一个艰巨与漫长的过程"①。

另外，上文提到的社区发展概念的传播、嬗变还存在另一条路径。"二战后，日本被美国接管，美国的 community building 传到日本，即被翻译为'社区营造'，作为社区发展理念下的日本实践，起于日本的'造乡运动'"②。佐藤滋教授认为，"社区营造就是以地域社会现有的资源为基础，进行多样性的合作，使身边的居住环境逐渐改善，进而提高社区的活力，为了实现'提高生活品质'所做的一连串持续的活动"。因此，社区营造是日本在二战后经济快速发展的同时社会反省力量增强的表现，也是使日本能成为人们长居久留之乡的根本力量。"1993 年 12 月，台湾的文建会提出'社区总体营造概念'，其目标在于'建立社区文化、凝聚社区共识、建构社区生命共同体的概念，来作为一类文化行政的新思维与政策'。这一概念是为了整合'人、文、地、景、产'五大社区发展面向而产生出来的政策性名词，至此，台湾社区营造开始走上加速发展之路。"③ 目前关于社区营造的研究主要分为两类，一类是介绍日本和我国台湾地区社区营造的优秀经验，如刘晓春、胡澎、牛君④等人的研究；另一类是我国对社区营造理念的本土化情况进行案例描述与分析，罗家德⑤、钟晓华⑥、井世洁⑦等人根据中国大陆的社区实际情况对社区营造理念本土化的应用展开分析，其中的具体做法更多参考我国台湾地区，认为同根同源的社会、文化背景更加容易相互借鉴与吸收。其实，我们大可以认为，不论是社区建设还是社区营造，都是社区发展概念与实践的一种"西学东渐"，只是社区营造经历了中国大陆以外的东方"本土化"，它相对于社区建设

---

① 何艳玲：《都市街区中的国家与社会：乐街调查》，社会科学文献出版社，2007。
② 任文启：《社区治理抑或社区营造："三社联动"的理论脉络与实践反思》，《社会建设》2017 年第 6 期。
③ 任文启：《社区治理抑或社区营造："三社联动"的理论脉络与实践反思》，《社会建设》2017 年第 6 期。
④ 牛君：《台湾社区营造政策及其对大陆社区治理的启示》，《岭南学刊》2017 年第 5 期。
⑤ 罗家德、梁肖月：《社区营造的理论、流程与案例》，社会科学文献出版社，2017。
⑥ 钟晓华：《"嵌入"还是"搅动"外部精英介入社区营造的路径》，《南京社会科学》2018 年第 7 期。
⑦ 井世洁、高秋烨：《义文化与社区营造：基于南京市 Y 街道的行动研究》，《社会建设》2017 年第 5 期。

更强调乡愁式、人文性等社会文化层面的优势，因此在近些年中国大陆的民政部门、社会组织、"街道－社区"组织积极学习和消化，以规避社区建设运动以来社区行政化带来的一些弊端。

如果说社区营造是一个"舶来品"，那么还有一个与之相关的"土生土长"的中国概念，二者都强调社区建设与发展中的"社会"力量，它就是"三社联动"。可以说这一概念是由中国学者根据中国实际建构出来的，叶南客和陈金城于2010年底提出了这一概念，认为可以"通过社区建设、社会组织培育和社会工作现代化体制建立"形成"三社"资源共享、优势互补、相互促进的良好局面，加快形成政府与社会之间互联、互动、互补的社会治理新格局，分层次、分步骤逐步推进"三社联动"发展，从根本上使各种社会矛盾和冲突在基层得到有效的预防和解决，实现社会的和谐发展①。这一概念的提出有助于解决我国多年来社区建设程度的不平衡、社区服务工作行政化倾向严重、社区居民对社区活动参与度不高、社会组织与社会工作人才发展尚处于初级阶段等问题。关于其实践探索，2015年10月时任民政部部长的李立国在全国社区社会工作暨"三社联动"推进会上进行总结说明，指出各地在"三社联动"的政策、机制、路径等方面积极开展创新探索，有效发挥了"三社联动"优势，为加快发展社区社会工作、全面推进"三社联动"奠定了良好基础。由此，这一概念在我国社区建设与发展的过程中被凸显出来，成为学术界研究的重点话题。随后，徐永祥和曹国慧对这一概念进行了更加详细的界定②，明确了"三社"的具体所指、功能定位和互动关系，进而重新定义"三社联动"的概念与内涵——社区应指居委会，社会组织是狭义的社会服务组织，社工是受过专业社会工作训练的工作者。与此同时，王思斌和顾东辉则对"三社联动"概念进行了更加深入的理论思考，如提出"主体联动"和"要素联动"③两种解构视角、"三社联动"的"博弈性协同"④等，其目的都是试图将理论

---

① 叶南客、陈金城：《我国"三社联动"的模式选择与策略研究》，《南京社会科学》2010年第12期。
② 徐永祥、曹国慧：《"三社联动"的历史实践与概念辨析》，《云南师范大学学报》（哲学社会科学版）2016年第3期。
③ 顾东辉：《"三社联动"的内涵解构与逻辑演绎》，《学海》2016年第3期。
④ 王思斌：《"三社联动"实践与社会治理创新和社区建设》，《清华社会学评论》2016年第7辑。

与社区实际更好地进行结合，为解决实际问题而"联"，以协同的方式而"动"，切实加强社区治理，促进社区建设。

另外，还有一些与社区建设相关的实践概念，如果以其为基准点，那么一般认为社区服务更早提出，而社区治理则更晚提出。社区服务概念于1986年由民政部首次提出，但是其含义尚未涉及制度、体制层面的社会改革，仅限于满足居民的社会生活需求。社区治理概念则是对以往社会管理概念的改进，治理追求多方角色共同参与管理，2013年党的十八届三中全会强调"社会治理体制创新"之后，社区治理的相关研究数量大幅增长。社区治理是指"政府、社区组织、居民及辖区单位、营利组织、非营利组织等基于市场原则、公共利益和社区认同，协调合作，有效供给社区公共物品，满足社区需求，优化社区秩序的过程与机制"。2017年，党的十九大报告中又进一步明确提出"加强和创新社会治理""打造共建共治共享的社会治理格局……加强社区治理体系建设，推动社会治理重心向基层下移，发挥社会组织作用，实现政府治理和社会调节、居民自治良性互动"。可见，社区治理是社会治理理念在社区层面的应用，多元主体、社会组织参与、协同互动治理等是其核心要义。

作为小结，我们认为社区建设始于社区治理方式的转型实践，今日的汽车厂工人生活区正经历着同样的社会结构变迁，对这一工业田野的研究应当放在社区建设的宏大背景下，发挥人类学质性调查的特点与优势，通过街区民众、社区工作人员、工厂社会事业管理人员的"多声部"访谈材料描绘出社区建设运动对单位社区治理的影响，并将最新的"社区营造""三社联动"等理念应用于社区治理实践的创新之中。

（三）中国本土单位社区的治理转型研究

事实证明，虽然经历了社区建设运动的改革，但汽车厂工人生活区的居民并没有顺利地从"企业小社会"时代过渡到社区建设与发展的时代，而是陷入了"剪不断、理还乱"的"后单位社会"。由这一话题继续深入下去，我们则可以搜集中国（尤其是东北老工业基地地区）本土单位社区的治理转型相关研究。这部分内容既涉及中国特色的单位制度，又与体现东北区域文化特质的基层社区的社会转型问题相关——社区建设与发展必须注重本土化，只有触及居民的内心，人们真正从思想意识和文化理念层面认识到社会转型的必要性，并认同符合当地人的本土化转型路径时，社会转型才能通过一段时间的调适最终顺利完成，可见社会转型的"内涵支撑"应当是文化转型。

具体而言，中国本土单位社区的治理转型研究一方面涉及中国特色的单位制度研究，另一方面涉及计划经济时期的国企单位职工宿舍区（单位社区）的治理方式变迁研究，而文化研究的视角让我们从文化传统的"连续性"角度展开梳理，即从单位现象的发现，到单位制度研究、单位社会研究、"单位办社会"研究以及"后单位时代"研究等多个时期的研究主题加以评述。

中国的"单位"一词具有本土文化特色，是新中国成立以来计划经济时期①对人们工作场所的一种指代，因为当时的多数经济组织都是国有性质，是国家意志的具体表达，所以人们对其具有高度认同感与自豪感。改革开放以来，中国特色的单位现象率先成为国内外学者关注的对象。20世纪80年代初，美国《纽约时报》的记者弗克斯·巴特菲尔德率先以"客位"的视角描述了作为"异文化"的单位现象，认为"单位是中国社会高楼大厦的砖瓦，几乎是中国人仅次于国籍的身份证"②。而作为一个学术话题，学术界一般认为对单位的研究发端于美国哈佛大学的社会学教授华尔德③，他把中国的单位（国有企业）定位于完全不同于西方企业的独特组织形式。

随后，更多学者以学术论著的形式从不同方面对单位进行研究，从社会学和人类学角度出发的研究成果主要可以分为以下几类。

一是将单位研究的焦点集中在制度层面，通过对单位体制和组织的分析来把握单位现象。路风认为单位是"我国各种社会组织所普遍采取的一种特殊的组织形式，是我国政治、经济和社会体制的基础"④，这种提法突

①　虽然在中国社会主义市场经济条件下，公司制形式的民营企业、小微企业如雨后春笋般出现，传统国有企业的比例相对大幅度降低，但人们还是根据文化习惯称自己的工作场所为"单位"，而不是"公司"，保留了计划经济时期的习惯用法，这正是一种现代社会中"文化遗留物"的表现，同时也说明经济与社会方面的转型，最终还是要落到文化转型的层面，只有从文化上顺利过渡，才能完成经济与社会的转型目标。

②　弗克斯·巴特菲尔德：《苦海沉浮：挣脱十年浩劫的中国》，张久安等译，四川文艺出版社，1989。

③　华尔德：《共产党社会的新传统主义》，龚小夏译，牛津大学出版社，1996。

④　路风：《单位：一种特殊的社会组织形式》，《中国社会科学》1989年第1期。

破了华尔德将单位研究仅限于企业的局限，而将其拓展至政治、经济和社会等更广阔的领域，为社会学意义的单位制研究播下了种子。关于单位制度层面的研究，李猛等人也认为，"单位是再分配体制中的制度化组织"。同时，杨晓民和周翼虎立足于本土的实证研究，采用"制度"这个"在中国社会具有本体意义的核心概念"①，认为单位制度重在它的政治特性，具有强大的政治动员和政治控制能力。刘平以东北老工业社会为切入点，认为"国有企业在市场化以后由于延续性的产权关系、工业生产的组织形式和相应的人事身份制度，成为仍然还有清晰边界的单位制孤岛。但是它已不是传统意义上的单位制，而是在国家限制介入的条件下，在外部可以与市场接轨，在内部则凭借经营管理国有资产的各种权力，形成了一种新单位制。这种新单位制的实质，是使传统的由外部化管理的以再分配为主的全民所有制，演化为以内部化管理为主的特定单位或行业集团所有制。这是当下国有垄断行业高福利现象的制度基础，也是新单位制条件下组织成员对单位新依附关系的利益基础"②。以上研究都是将单位制度作为切入点，从制度的起源、流变的角度展开研究，倾向于对经济组织、企业组织进行社会学研究。

二是将单位研究的焦点集中到社会结构的调查和分析上，即单位社会的思路。李汉林认为可以把 1949 年以来的中国社会理解为单位社会，这是"由于当时单位垄断了资源的分配机制，个人与单位的关系变得异常的紧密。人们从摇篮到墓地，生生死死都离不开单位……长期以来，国家对社会的整合与控制不是直接面对每一个单独的社会成员，更多地是在这种独特的单位现象的基础上，通过单位来实现的"③。

田毅鹏、刘杰则通过单位社会的建立轨迹④将单位社会的发展分为如下阶段：1948～1953 年是单位社会的酝酿探索和初步形成时期，这一时期带有明显的"社会革命"色彩，共产党人希望通过社会的再组织化来改造旧社会，完成现代民族国家的建构；1953～1956 年是单位社会的形成时期，中国由此形成了"国家－单位－个人"的社会组织体系和以超大型国

①　杨晓民、周翼虎：《中国单位制度》，中国经济出版社，1999。
②　刘平：《新二元社会与中国社会转型研究》，《中国社会科学》2007 年第 1 期。
③　李汉林：《变迁中的中国单位制度——回顾中的思考》，《社会》2008 年第 3 期。
④　田毅鹏、刘杰：《"单位社会"历史地位的在评价》，《学习与探索》2010 年第 4 期。

企为主体的经济体系；1957～1976 年是单位社会的扩张和顿挫时期，此时单位社会的发展达到巅峰状态，而"文革"时期的政策又使社会走向凝固，延滞了生产力的发展；1980 年至今是单位社会的变异和消解过程，伴随着中国市场化的改革步伐，各单位组织由"管理型单位"向"利益型单位"转化，并逐渐成为一个福利的共同体。

而从 20 世纪 90 年代开始，随着改革开放的深入，单位社会面临着彻底的转型，田毅鹏认为这必然是一个复杂的过程——传统的单位组织赖以存在的宏观社会管理体制发生了巨大的变化，并已被一种新的社会管理体制所替代。作为小结，我们认为单位社会一词相较于上文提到的单位社区而言，是更加宏观性的概念，它强调在一种社会主义国家特定政治背景下存在的由单位制度延伸出的社会结构状态，包含政治背景、职业环境和生活方式等多重维度，是单位社区治理转型问题的上层逻辑归属。

三是将单位研究的焦点集中到职工居民的生活方面，"单位办社会"一词虽然只比单位社会多出一个字，但其含义已经大不相同——这一概念将国企工厂中工人职业、工作、生产方面的内容排除出去，进而着重对职工居民的生活领域进行研究。关于计划经济时期"单位办社会"的社会运作方式，李汉林认为"新中国成立初期，单位不仅通过社会成员的工作使之取得一定的经济报酬，还通过分配住房保证单位成员基本的生存空间，通过公费医疗制度满足人们基本健康的需要，通过兴办托儿所、幼儿园、食堂、澡堂"[1] 等措施全面办社会。

田毅鹏、漆思以东北地区的单位社区为调研对象，"将单位研究与社区研究联系起来"，揭示"单位体制这一转型过程的复杂性和长期性"，他的观点包括一系列命题，如计划经济时期单位社会的终结，揭示"单位社会的终结实际上是……一个不可逆转的必然过程。"[2] 但同时，这种"终结"与"转型"的复杂性与长期性表现在单位制度的消失不一定意味着与此相关的社会结构、传统、观念、行为方式等方面也随之消失，即传统单位社区在当代还具有"后单位社会"或"逆非单位化"的特点，表现为单位制的反向运动——单位向社区释放责任的同时，社区却又反拉住单位，

---

[1] 李汉林：《中国城市社区的整合机制与单位现象》，《管理世界》1994 年第 4 期。
[2] 田毅鹏、漆思：《"单位社会"的终结——东北老工业基地"典型单位制"背景下的社区建设》，社会科学文献出版社，2005。

希望它能继续承担社会服务的责任。另外，田毅鹏也强调，后单位社会"不是一个完整的社会样态的概括，而是一种对原有社会体制消解过程中那种复杂蜕变过程的描述与概括，在后单位社会中，旧的社会运行机制开始逐渐消解，而新的社会运行机制尚未成型"。而关于回应问题的社会学策略，田毅鹏、吕方选取 Y 厂作为研究的个案，认为该厂的单位认同一方面被持续地作为情感动员手段，希望以此来促进工人积极的行动，甚至是应对单位组织在市场经济年代遇到的挑战。另一方面，单位认同又是一种对旧有体制的强烈依赖，成为改革的现实阻力。当然，调查个案并不是最终目的，他最终将此类个案拓展到"单位共同体"的变迁与城市治理这一问题上，认为东北传统工人生活区的实际情况关系到单位社会变革的深层命题：我们应当警惕"企业－社会"分离后社会变迁中的原子化倾向以及可能导致的"社会失灵"，找到社区行政化与居民自治间的二元交叉点。同时，"社会组织和社会团体建设乃是单位社会走向终结过程中社会再组织化的核心和关键"，应当推进丰富的社区活动，提倡"政府、市场和社会共在"的中国气派"和谐公共性"①。

还有学者从文化遗产保护的角度深入洞察东北地区的传统单位社区，这也在一定程度上起到了优化社区治理的作用。于冬波、黄祖群、王春晖以城市街区保护的视角对本书汽车厂工人生活区内的历史文化街区进行研究，他们认为在社区发展中，"城市历史街区是一个城市的缩影和象征，集中体现了城市深厚的文化底蕴，反映城市的文化特质和精神气氛。历史街区保护是一个动态过程，必须兼顾历史与现在、物质与非物质关系，同时要处理好保护与利用、继承与更新等多方面的关系"②，从区域文化的角度展开社区研究有助于从精神文化的层面助力社区发展，凝聚社区力量。同时沈阳铁西区的工人村也是东北国企工业文化遗产的典型代表，周大鸣、刘家佶认为这里三代的工人经历了工人阶级的辉煌、改革的阵痛、反思后的腾飞等几个阶段，他们的生活就是东北老工业基地发展历程的缩影，他们的"工人精神"③更是工业城市沈阳的精神内核。工业遗产的保

① 田毅鹏、吕方：《单位共同体的变迁与城市社区重建》，中央编译出版社，2014。
② 于冬波、黄祖群、王春晖：《城市历史街区的动态保护规划研究——以中国汽车厂历史街区为例》，《城市发展研究》2011 年第 5 期。
③ 周大鸣、刘家佶：《城市记忆与文化遗产——工业遗产保护下的中国工人村》，《青海民族研究》2012 年第 2 期。

护不仅仅是将冷冰冰的机器和厂房封存起来，而是将一座工业城市发展的历史展现出来，是将使这些机器喷发出火光的工人阶级的生活展现出来。刘家佶继续以民族志的形式对该工人村 60 多年的生活变迁史①进行研究，他认为新中国成立后的工人阶级生活史可展现国家、阶级概念如何在中国工人阶级日常生活中进行渗透，建构阶级印象，并由此推动国家建设和社会改革的进程。当代工人村能够在新的社会环境下继续存在的根本原因在于人们情感认同意义上的文化自觉，工人村的历史既有成功的喜悦，又有历经苦难的辛酸，这对社区发展和繁荣具有重要意义。周大鸣和刘家佶选取沈阳的铁西工人村作为田野地点，其调查对象的性质与本研究具有较强相似性，并将共时性层面的工业遗产保护深化到历时性的生活史与城市记忆范畴，为人类学进入东北国企工人生活区开辟了研究路径。

综上所述，不论是作为一个整体，还是突出其中的具体个案，东北老工业城市的单位社区都能受到社会科学的持续关注。以上述研究观点为引导，本研究将进一步以人类学民族志研究的形式总结出汽车厂工人生活区从"单位办社会"到"后单位时代"的社会结构特点，并将这一个案拓展到东北地区传统单位社区的宏观范畴，提出东北区域社会的转型基本方向和基层社区的治理逻辑，最终做到以生动的案例支撑总体的论点，并希望以得出的观点为社会现实的优化提供帮助。

（四）对所梳理文献的总结与本书的创新之处

综上所述，从以往的研究中可以看出，学者们在进行单位及其所属社区的治理转型研究时，有以下几种普遍倾向。

一是存在一种分段式的整体目的论视角，认为从"单位办社会"到"社区办社会"是社区治理发展趋势的前后接续状态，研究的元问题在于如何使社区顺利进入后一种社会状态之中。当然，单位社区治理研究应当建立在这样的问题的提出之上，但我们同时要追问的是：这类社区当下正在发生着什么，应当适时把眼光先投放在"脚下"，观察所看到的"后单位社会"状态对未来的治理走向有什么影响。

二是已有的研究突出社会学"社会结构"与"社会转型"的基本概念

---

① 刘家佶：《工人村的变迁——铁西区工人村六十年生活变迁史》，博士学位论文，中山大学，2012。

与理论指引，这说明改革开放以来，社会学家已经从市场经济转型的背景脉络中梳理出一条社会转型的研究路径，力图在当代社会的发展变迁之中展现社会学独到的研究笔触。同时，我们应该认识到，在社会学内部的研究领域划分中，相较于由社会理论指导的研究，文化理论研究同样有助于逐渐开辟新的单位社区治理思路——文化转型在于人的自身思维、行动和生活方式的转变，是社会转型的"内在化"过程，任何社会转型最终都应当落实到文化转型之上。

从对上述两种研究倾向的总结中，我们能够得出本书预期达到的创新之处。一方面，对"分段式的整体目的论视角"的回应，此种视角过于强调阶段的递进式转换，急于探讨单位社区民众如何能够跨越到单位社区治理的"下一阶段"。而本书通过层层铺垫最终想要强调的是当下"后单位社会"的文化绵延状态，正如田毅鹏教授所谓的"长期性"与"复杂性"，这种思路是在深刻了解"是什么"的基础上再去探讨"怎么办"，而非单纯地讨论阶段的跨越，这同时也符合民族志式研究的节奏，在"故事"的讲述中展开讨论。另一方面，目前的社会学研究缺少对文化转型问题思考的回应，一般性的社会理论视野容易忽略人的本真性的需求和观照。而一旦从人类学田野调查的视角展开研究，我们就要从文化敏感性的角度去参与观察，力图用体察入微的心态去发现职工居民具体生活世界的运作逻辑，通过对他们生活状态的"理解"，进而展开解释与反思，用更加人文的方式去勾勒和描绘一段民众生活故事。

四　研究架构

在研究架构方面，本书共分为八章，而通过概括与归纳，笔者又可以将它们划分为四个部分。

第一部分是对研究的整体思路进行概述。其中第一章先以引言的形式阐明本书的选题缘起、研究意义、研究综述、内容框架等内容。第二章进行田野地点的定位、相关概念的解释、相关理论的借鉴以及研究方法的思考。

第二部分是对田野时空和调研人群进行深描。其中第三章对汽车厂工作场景下的厂史厂情展开历时性描述，笔者认为该厂经历了创建和成长、换型改造和结构调整、现代化企业建设等历史阶段，并一步步地走到了市场化改革的最前线，在细微之处展现了传统产业工人 60 多年来集体生产状态的历史画面。接下来，第四章中汽车厂工人生活区的共时性描述体现出人类学置身其中的参与式观察视角，并有助于建构独特的城市社会空间——密集的工人宿舍群、各类公共设施和职工居民的日常活动淋漓尽致地表现出东北工业社会的生活场景。

第三部分探讨汽车厂工人生活区社会治理的具体社会与文化转型过程。第五章的内容深入汽车厂工人生活区的社会史层面，对职工居民"单位办社会"时期的集体式生活进行还原，从居住情况、街区场景、街区管理方式几个方面分别讨论，并总结出这一时期居民的生活世界具有"父爱式集体主义"的特点。第六章以局部放大的形式凸显出汽车厂工人生活区新旧社会治理结构转型的关键节点——汽车厂及当地政府采取一系列政策对该厂"单位办社会"的各项职能进行分离，如将工人宿舍产权进行私有化改革、建立离退休老居民的志愿公益组织、通过社区建设运动承接汽车厂工人生活区的各项社会管理工作等，是对社会治理方式过渡的特写式描绘。第七章直面汽车厂工人生活区当下迎来的"后单位时代"，近年来，区内的城市景观都经历了从"计划"到"市场"的经济变迁，其最早建成的宿舍群也于 2015 年被评为国家级历史文化街区，这些宝贵遗产在见证工人已逝集体记忆的同时，其内部存在的社会原子化、严重老龄化和职工居民面临的文化不适问题必将值得我们去关注。

第四部分是结论。第八章首先阐述了在"工业田野"中的具体发现，包括汽车厂工人生活区的社会转型与职工居民的文化转型是该厂市场化转型的连锁反应；作为转型过程的当下状态，区内"后单位时代"的特征将在较长时间内成为一种常态；而该地新居民群体的形成则催生了东北地区传统单位社区当代文化的生成。同时，以汽车厂工人生活区的当代转型为基础，我们能够将此个案进行拓展。在当今的"后单位时代"中，东北地区的传统单位社区都应在近年来的社区治理转型中尽力谋求国家、市场与社会之间的平衡，通过社会组织的培育、社区居民群体的认同与共建共治共享社会治理新格局的构建探寻适合单位社区发展的转型之路。第九章提出了本书的最终结论，东北老工业城市的单位社区应当谋求国家主体治理引导下的治理主体多元化合力逻辑，并注重单位文化，特别是东北老工业基地的单位社区文化，开辟以文化为基底的基层社会治理路径。

第二章　田野与学理聚焦

一座城市之所以能够为人所知，往往是因其非凡的发展历程与独特的社会文化基底。汽车城能够成为一座集汽车研发、生产、销售、服务等功能于一身的现代化汽车工业城市并为全省的经济增长提供不懈的动力，绝大部分是因为汽车厂辉煌的创建过程与进取的发展步伐，因此二者从历史时空上紧密地融合在一起，成为研究东北老工业城市传统单位社区的文化"生境"。同时，对现代工业情境的城市社区进行民族志研究还需要进行相关理论与研究方法的思考，方能对田野对象展开合理的深描与解释。

一　田野定位

汽车城地处中国东北地区中部，隶属于吉林省，该省北接黑龙江，南接辽宁，西邻内蒙古，东部与俄罗斯接壤，东南部以图们江与鸭绿江为界河和朝鲜相望。据《吉林通志》① 记载，吉林是满文"吉林乌拉"的简称，"国语吉林谓沿，乌拉谓江"，即该地名的由来是取其与松花江毗邻之意。直至清代以前，此区域一直地广人稀、森林茂密、草原丰美，但经济开发较差。清顺治年间，清政府曾颁发招垦令，鼓励华北破产农民来东北垦荒。但到了清乾隆五年（公元 1740 年），清政府又颁布"流民归还令"，开始了封禁政策，阻滞了东北地区经济的发展。此时法令虽禁止百姓在此生息，但仍有大批汉族农民因生活所迫"闯入关东"，涌入吉林安家落户。

---

① （清）长顺修《吉林通志》，吉林文史出版社，1986。

直到清嘉庆八年（公元 1803 年）封禁才被正式废止。

关于汽车城的历史，如果从有其真实地名开始算起，距今仅有 200 多年。清嘉庆五年（公元 1800 年）汽车城始设厅制，置理事通判，隶属吉林将军，治所位于伊通边门附近（距今汽车城以南约 20 公里）内的"新立城"，当时人口仅有 28000 多人。清道光五年（公元 1825 年）由于移民不断北移，原有管辖多有不便，同时为避伊通河水患，清政府将厅治北移至"宽城子"（今汽车城南关大桥以西），这就形成了城区内最早的居民中心。清光绪十四年（公元 1888 年），汽车城升厅为府。1913 年，府改称县，置县公署。震惊中外的九一八事变以后，整个中国东北地区逐渐沦为日本的殖民地，1932 年 3 月，汽车城开始由日本帝国主义扶植的伪满洲国屈辱统治。到 1945 年 8 月 15 日，日本宣布无条件投降，伪满洲国随之垮台，同年 12 月 20 日国民党中央政府在汽车城设置市政府。解放战争之后，1949 年 5 月 9 日汽车城在中国共产党的领导下建立人民政府，至此该市的发展进入了新的历史时期。

1949 年 12 月，毛泽东主席前往苏联与斯大林就援助中国建设一批重点工业项目进行会谈，此次会谈成为汽车厂选建在汽车城的历史起点。该厂之所以选建于此，主要存在以下几点具体原因：一是为改变旧中国形成的工业过分偏于沿海的不合理格局，国家倾向于选择在内陆地区建厂；二是经苏联专家论证认为，东北地区的历史、地理情况适合建立汽车厂，这里有丰富的矿产资源和较为雄厚的工业基础，符合汽车厂建设的基本条件；三是中苏相关负责人在东北进行了细致的实地调查，认为汽车城西南部贯有京哈铁路，将汽车厂设于此，既便于建厂时大量苏联设备的输入，也便于投产后利用附近的钢铁、煤炭、木材、水电资源，这些都是建设工厂的有利条件。另外，此处原是日寇投降前关东军盘踞之地，残存着细菌工厂的建筑物，其道路、上下水、供电条件较好，有较大的工业发展余地。以上多方面的综合原因使汽车厂最终在汽车城得以建立，该城也由此逐渐发展为一座工业化程度较高的大型城市。

汽车厂于 1953 年建厂，同年第一批工人宿舍破土动工。从此，汽车厂的职工居民在这片区域内开辟了工业城市社区的新生活。从初建到 20 世纪 80 年代初，职工宿舍住宅面积达到 84 万平方米，其他生活福利设施也日趋完善。1983 年 4 月，汽车厂又开始兴建第二生活区，"各种现代服务设施如百货商店、邮局、银行、新华书店、饭店、药店、照相馆、文体设施集中在居住区中部，形成一个商业、服务业及文化娱乐中心。菜场、粮油店、托儿所、幼儿园、小学校等分散在街区的内部"①。时至今日，汽车厂工人生活区的独特社会结构与文化传统仍在不断传承，除保持原有老工业社会的"文化遗留"外，还加入了房屋所有权改制、物业水电等生活服务市场化运营以及当代社区建设与发展等多方面的社会与文化变迁，这些"变"与"不变"共同交织成汽车厂工人生活区的当代面貌。

另外，之所以将汽车厂工人生活区作为本研究的田野地点，具体原因如下：汽车厂自建厂至今一直效益良好、改革顺利、发展稳进，其厂区和生活街区面积庞大、各类公共设施齐备，职工居民的认同感较高。加以总结，这片街区具有工业田野范围"大"、工厂发展处于"常态"、工业街区文化处于"活态"的特点，具有较强的"正向代表性"。

二　概念探讨

（一）社区

社会科学往往用"社区"一词框定城市基层社会的边界，社区概念最早来源于滕尼斯的德文名词"Gemeinschaft"（共同体），后被美国芝加哥学派的学者译为英文名词"community"，逐渐脱离共同体的本意，开启了城市空间研究的新阶段。20 世纪 30 年代初，该学派代表人物帕克来华到燕京大学访问，吴文藻用"社区"一词进行翻译，是为此概念传入中国的开始。后来，吴老在介绍社区概念时认为：

> "社区"一词是英文 community 的译名。这是和"社会"相对而称的。我所要提出的新观点，即是从社区着眼，来观察社会，了解社会。因为要提出这个新观点，所以不能不创造这个新名词。这个译名，在中国字汇里尚未见过，故需要较详的解释。社会是描述集合生活的抽象概念，是一切复杂的社会关系全部体系之总称。而社区乃

---

① 汽车厂史志编纂室编《汽车厂厂志》第一卷（上），吉林科学技术出版社，1991，第115 页。

是一地人民实际生活的具体表词，它有物质的基础，是可以观察得到的。①

根据上述"社会"与"社区"的区分，我们认为前者有助于从宏观上把握某类具有共同点的"集合生活"，囊括范围上至"国家 – 社会"体系，下至各种区域社会类型，是一个概括性概念；后者则是指微观上具体某地的空间界定，以一处具有独特性文化的专属空间为背景去解释相关的社会行为与情境。

（二）单位社区

单位社区是"计划经济时代与城市单位制组织相配套的社会制度安排，它是单位通过对社会资源的控制和配置，为单位体制内的人设置的日常生活空间"②。当然，这是一个经过学者理性概括与科学表达的学术性概念，也是经过韦伯所谓"理想类型"化了的概念，根据概念表述，我们能够联想到单位社区实际上是新中国成立以来，我国传统国有企业"单位办社会"时期遗留的历史传统，绝大多数工厂的周围都会配有较大的居住区和生活服务区，国企居民在此生产、生活，形成独具特色的单位社区。

进一步来讲，以单位社区概念为基准，加之早前学者的论述，我们还可以延伸出一系列辅助性概念，如果加以总结，能够建构出以下一套二元对立的概念队列（见表2 – 1），其中单位现象、单位制、单位人等概念通过字面即可理解，以下仅对部分概念进行介绍。

表2 – 1　关于"单位"的二元对立概念队列

单位社会	后单位社会
单位现象	后单位时代
单位制	后单位制
单位人	去单位化
……	……

---

① 吴文藻：《现代社区实地研究的意义和功用》，载吴文藻主编《吴文藻人类学社会学研究文集》，民族出版社，1990，第144～151页。
② 马学广：《"单位制"城市空间的社会生产研究》，《经济地理》2010年第9期。

1. 单位社会

李汉林认为，单位社会是一个"没有陌生人的社会，人们彼此之间相互了解，甚至在日常的生活中朝夕相处、相互影响和依赖……单位社会的生活成了人们社会生活和社会行为的常态"①。田毅鹏、吕方认为"单位办社会"实际上是"单位内部形成的一个微型社会体系"，单位社会将"地缘和业缘关系紧密结合，实现了职住合一，单位人生于斯、长于斯，长期密切互动，声气互通，形成了具有极强同质性的社会网络和社区文化"②。可见，单位社会这组概念分别从社会现象、社会制度和社会中的人等不同角度进行延伸，概念的所指内容有较强的关联性，目前学界对它们的引用也比较常见，可以将其作为本文的关键概念来使用。在不同的上下文中，笔者将根据上下文选择性地使用单位社会、单位制度、单位现象等相关概念。

2. 后单位社会

在承认单位社会已经走向消解和终结的前提下，学界开始使用后单位社会来表示中国城市社会当下的变迁。田毅鹏、吕方认为，后单位社会主要是指20世纪90年代全面市场化改革以来，单位功能弱化与单位返祖现象交织，单位运作机制与市场运作机制并存的社会发展阶段及其运行状态。③与后单位社会概念相关的还有后单位时代概念，这一概念有助于我们从时间上把握单位社会的历史变迁。何艳玲认为，"后单位时代是1978年至今，单位体制对城市社会的影响趋于弱化但又尚未完全消失的一段过渡时期"④。同时，去单位化概念以动宾形式的短语强调单位要素的"去除"过程。王建民认为，20世纪80年代以来计划体制向市场体制的转型和城市化的加速使原来"单位办社会"的模式弊病百出。在这样的语境下，去单位化的过程是一种表现在社会整合方式上的经济改革实践。⑤

综上所述，后单位社会的一组概念所表述的内容也基本一致，只是几种提法的时间起点不尽相同。但我们还是能够从这些不同时间点中找

---

① 李汉林：《变迁中的中国单位制度——回顾中的思考》，《社会》2008年第3期。
② 田毅鹏、吕方：《单位共同体的变迁与城市社区重建》，中央编译出版社，2014，第68页。
③ 田毅鹏、吕方：《单位共同体的变迁与城市社区重建》，中央编译出版社，2014，第218页。
④ 何艳玲：《都市街区中的国家与社会：乐街调查》，社会科学文献出版社，2007，第4页。
⑤ 王建民：《去单位化：社区记忆的缺失与重建——资源枯竭型城市社区建设的社会学分析》，《甘肃社会科学》2006年第6期。

出相同的历史动机，即改革开放以来社会转型的推动力量，因此并不妨碍将它们当作辅助性概念来使用。在本书中，笔者将这组概念宽泛地界定为 20 世纪八九十年代市场、社会转型以来，单位对城市街区的影响从明显、直接和具有普遍意义转变为隐蔽、间接和仅具特殊意义的现象。根据不同的语境，可选用后单位时代、去单位化、后单位社会等不同的名词。

（三）工人生活区

众所周知，社会学理论在古典和现代阶段强调理性的科学主义方法，对于概念的界定也是讲求学术性的抽象与概括，上文提到单位社区的概念正是经过学术思维建构出的结果。但到了社会学的后现代阶段，现象学社会学、常人方法学等理论学派则反其道而行，力求以人们在其中生存并进行各种日常活动的具体社会环境即"日常生活世界"为基本研究时空，从"意义"和"被研究者的角度"来解释经验的实在。

而本书的目的正是要揭示汽车厂职工居民对其生活区间社会治理转型问题的本土化逻辑，尤其是在社会互动中形成的习惯性方面，勾勒出职工居民日常的生活世界是一个互为主观性的世界，这个世界是由多重实在构成的，而非通过学者的理性概括得出的学术意义上的科学抽象世界。一旦进入这种视角，工人生活区概念就成了可以替代单位社区的一个充满生活实践意义的概念，它是对现实中汽车厂职工传统宿舍、生活区的泛指，其实该市的行政区划中并没有与此绝对对应的地理范围，经过换算，汽车区内大概 12 个社区的总和相当于所谓的工人生活区。笔者倾向于使用工人生活区一词的原因，一是想要将学术性的社会学研究归于民众的生活世界，使读者能够对汽车厂职工居民的思维逻辑感同身受，近距离体察他们的日常生活。同时，下文还将使用当地民众的习惯性用法，如工人历史街区等概念。二是为了避免名称混淆，尽量使用不同的词汇表示社会理论中的社区、现实中具指的社区居委会（简称社区）和泛指的工人生活区。笔者将借用列维－斯特劳斯结构人类学中的"烹饪三角"[1]（见图 2－1）的形式，建立符合本研究主题的"城市组织三角"（见图 2－2），并对上述三个概

---

① C. Levi-Strauss, *Structural Anthropology*（New York：Doubleday and Company, 1967）, p.31.

念进行详细区分。

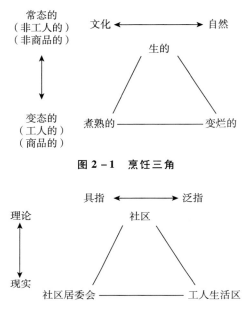

图 2-1　烹饪三角

图 2-2　城市组织三角

　　社区的概念属于社会理论的范畴，是由滕尼斯开始不断建构的一个抽象理论名词。与此相对应的则是现实中的两种城市社会组织——工人生活区和社区居委会，此二者又可根据所指内容的具体或宽泛做进一步区分。在本书中，前者泛指现实中的职工居民生活世界，后者则具指我国基层社会的居民自治组织——社区居民委员会（计划经济时期的居民委员会），如今日汽车区内的 12 个真实具体社区。在本书的概念表述中，笔者将根据学术语境、行政文件、政策语境与职工居民生活世界语境的不同而使用单位社区、社区居委会或工人生活区等具体概念。

（四）西方学界相关概念

　　老工业国企的工人生活区虽然是中国特有的一种本土化社区类型，但西方学术界也存在类似概念，如果说中国本土的单位社区更强调计划经济传统中的国家、集体、政治等象征性要素，那么西方社会的相似城市社区类型则更强调行业、阶层、社区网络等要素。

　　美国芝加哥城市社会学学派的伯吉斯基于同心圆模型提出了"工人之

家地带"或"工人住宅区"① 概念，这一社区类型位于贫民窟（退化地区）与伫立着高级公寓楼房的住宅区之间，是以工厂工人和商店店员为主的聚居区，这些人有技术专长、生活节俭，一般为移民的第二代，他们从贫民窟中逃离、分化出来，构成了自己的聚居区。

马勒则提出"工人阶级社区"（蓝领阶级社区）② 的概念。美国蓝领工人的地理流动性较小，他们往往把自己的家园视为永久性的居住地，更乐意与当地居民加强联系。他们对公共户外空间的高度利用大大促进了社会互动的地方化，个人取向的生活方式也强化了社区的内聚性。

怀特则提出"工业郊区"③ 的城市社区类型，认为这类社区起源于19世纪后期，其典型特征是破旧的工业用房、家庭式住宅与公有资金新建的公寓房相互毗邻，家庭与工作地点之间联系紧密，人们的社区意识强烈。但公共住房分配程序的变化和许多城市的反工业化现象正在瓦解原有的传统。同时，许多工人阶级家庭已搬迁到外围新开发的公共住房生活，使这类郊区逐渐变成了由老年人和移民组成的工业郊区。

西方学术界提出的上述社区类型，主要以社区的市场（经济）主体性特征为分类标准，强调处于相同行业的群体具有居住、消费等经济方面的一致性，同时侧重于其社会主体，注重彼此之间的业缘、地缘关系网络，形成固定的互动模式，而相对忽视国家主体。

三　理论思考

（一）建构主义与知识社会学交织

零散和不系统的建构主义思想古已有之，如苏格拉底著名的助产术和柏拉图的理念论中都包含知识来自人类思维建构的观念④，而知识社会学

---

① 伯吉斯：《城市发展：一项研究计划的导言》，宋俊岭译，载帕克、麦肯齐主编《城市社会学：芝加哥学派城市研究文集》，华夏出版社，1987，第48～62页。
② Muller, *Contemporary Suburban America* (Englewood Cliffs: Prentice-Hall, 1981).
③ P. White, *The European City: a Social Geography* (London: Longman, 1984).
④ N. Spivey, *The Constructivist Metaphor: Reading Writing and the Making of Meaning* (San Diego: Academic Press, 1997), pp. 5 – 9.

的思想渊源可以追溯到欧洲启蒙运动以来的怀疑论传统和维科的《新科学》①。1924 年，马克斯·舍勒在《知识社会学问题》中首先创用了知识社会学一词，此后经过更多学者不断地完善，这一领域的研究日趋成熟。到 20 世纪 20 年代末，曼海姆所著的《意识形态与乌托邦》一书则见证了知识社会学与建构主义向社会学的延伸。两种思想碰撞出的观点认为，实体是社会建构的结果，而建构过程受到社会、历史与文化因素的影响，在不同的条件下，对于社会实在的建构是不同的。②

从 20 世纪 60 年代开始，建构主义传统与知识社会学交织出的"理论丛"，又在彼得·伯格、托马斯·卢克曼、加芬克尔、布迪厄、吉登斯、赫勒等学者的贡献下，继续将现象学社会学、常人方法学、日常生活理论、生成结构主义、结构化理论等多种理论囊括在内，构成了本研究对汽车厂单位社区民族志建构的理论基础。如彼得·伯格和托马斯·卢克曼在 1966 年出版的《现实的社会建构》一书中明确提出"社会建构"一词，承袭了现象学传统，尤其是阿尔弗雷德·舒茨的现象学社会学理论，分析论述了日常现实如何被社会普通成员在世俗的社会行为中建构出来，认为日常生活世界以人们解释的事实呈现自身。日常生活的知识基础是主观过程的客观化以及透过客观化过程而建构的互为主观的常识世界，即是说，表现为客观实在的社会现实除了由行动者构成的客观内容之外，更是由思想、信念、知识等主观过程所进行的社会建构。到 60 年代末，美国学者加芬克尔提出常人方法学③理论，意在说明普通人在日常生活中利用其期待网络理解并作用于他们周围的环境，正是这些理解实践构成了他们正在描述的东西。常人方法是通过不言而喻的、实践的知识取得的，而非推论或理论的知识。在常人方法学研究者看来，传统的结构功能主义研究是一种"结构规范至上主义理论"，它把社会成员沦落为"丧失了判断力的人"，并在规则和秩序面前显得无能为力，忽视了日常生活社会行动复杂的组织过程和行动者的主观能动性。

接下来，建构主义与知识社会学的交叉领域又出现了有关日常生活研

---

① 维科：《新科学》，人民文学出版社，1997。
② 叶浩生：《社会建构论与质化研究》，《自然辩证法研究》2011 年第 7 期。
③ H. Garfinkel, *Studies in Ethnomethodology* (Englewood Cliffs, New Jersey: Prentice-Hall, 1967).

究的理论，其中马克思主义哲学家赫勒的论述值得一提。她致力于对现存世界的批判和对人类生存困境的思考，其所著的《日常生活》一书以对日常生活异化的揭露和人道化的探寻为主线，对日常生活的内容做了完整而系统的表述。赫勒认为，日常生活变革的关键在于对异化现象的克服。按照她的答案，克服异化必须首先实现个体本身态度的转变，以此重建日常生活的价值序列。但个体本来就存在于日常生活中，受到其日常认知模式与思维范式的影响，所以绝不可能一蹴而就。针对个体进行的引导可能是个体内在的自我要求，也可能是外在的强制行为，而这两种方式最终也都共同作用于日常生活中的实践主体，为态度的可能转变做好铺垫，为日常生活的变革提供方向。

20世纪80年代，布迪厄的理论也具有该领域的思想倾向，他的观点始于对法国结构主义知识论的批判性反思，更被英国学界评价为"生成结构主义"，他对结构主义语境中的"社会"和"知识"范畴予以重新表述。关于社会，布迪厄没有简单地沿用"社会结构"的范畴，而是引入"场域"概念对其进行理论性的描述。较之前者，"场域"是动态的、生成性的，突出客观现实的建构性质。它不仅包括客观差异，还包含这些差异和区隔的主观生成过程。关于知识的界定，布迪厄基本继承了结构主义的表述，即围绕"图式""心智结构""分类系统"等概念展开。不同的是，他将结构主义的"图式"和"结构"概念予以了经验化和历史化的处理，使知识成为"生成图式"和"建构性结构"，具备了同社会因素联结的条件。同时，吉登斯以其结构化理论试图克服客观主义和主观主义、整体论与个体论、决定论与唯意志论之间的二元对立，用结构的二重性去说明个人与社会之间的互动关系。简而言之，结构二重性就是指人们在结构的制约中再生产了制约他们的结构，结构兼具能动性和制约性。他认为社会不是一个预先给定的客观现实，而是由社会成员的行动创造的；创造社会的行为必然需要表现出专门的技能；行动者不能自由地选择如何创造社会，而是受限于他们无法选择的历史位置；结构具有制约人类行动和促成人类行动的双重能力，社会学考察的焦点就是结构化过程——通过行动构成结构而行动又被结构性地构成。

通过建构主义社会学和知识社会学的交融，我们能受到以下几点理论启发。一方面，汽车厂单位社区已经形成独特的社会结构与历史，对其进行的描述与解释应当建立在田野的、质性的和民族志的撰写之上，以典型社区"如何建构而成"的视角对其进行共时性与历时性并存的"深描"。另一方面，除了对该社区进行应有的描绘与建构之外，还应当注重对区内职工居民进行社区治理变迁文化意义上的发掘，透析社区百态的符号象征系统，了解社区从过去到现在的变迁对人们来说意味着什么。上述这些考虑有助于以"他者的眼光"揭示出当地人的本土化实践逻辑。

（二）卡尔·波兰尼的"双重发展"理论

在经济人类学家卡尔·波兰尼的理论视角中，"双重发展"的概念专门用来描述现代性条件下的经济现象特点。两种对立的力量在这一概念中被体现出来，即自由放任的动向以扩展市场，以及反向而生的保护主义以防止经济脱嵌。自由放任的动向正是亚当·斯密所谓的"看不见的手"，指出现代社会之经济的基本动向之一就是任其以市场自律、无须约束的方式自由发展，其效果自当使经济态势向更蓬勃的状态迈进。而保护主义则指代与前者反向而生的反作用力，建立"社会保护器"，时刻提醒人们不要为了无限发展经济而引起社会问题、引发社会动荡。卡尔·波兰尼以他身处的现代资本主义社会为例，认为与整个人类文明数千年的存续时长相比，资本主义的出现只是近百年来的事，在漫长的历史长河中，经济都是"嵌入"于社会关系、政治和宗教之中的，并不占据重要地位，而只是到了现代资本主义经济体系建立以来，自由放任的经济才一跃成为最为瞩目的要素，但卡尔·波兰尼担心的是经济从"嵌入"状态中的脱离（"脱嵌"）会引发社会的混乱，如历史上的世界大战和经济危机。保护主义的存在就是一种社会自愈的诉求和可能。

"双重发展"理论虽然以现代资本主义市场建立及发展为历史背景，但我们能够根据上述分析提炼出其基本理论模型，即揭示了经济发展之中"市场－社会"之间的力量博弈，一旦市场力量过于放任，社会力量就会给以反向拉扯的动向。其实今日我国的社会主义市场经济转型完全可以受此启发，汽车厂单位社区的社会治理变迁也符合这一理论的旨趣。20 世纪90 年代以来的国企改制使单位社区脱离了企业的管控，这是一种市场经济改革的"自由放任"动向；而已有学者提出后单位时代、后单位社会紧随其后的到来，则说明保护主义开始运作起来，这意味着一种谨慎的改革态度，防止操之过急而引起单位社区治理的"脱嵌"。因此"双重发展"理论意味着社会与市场之间的力量较量。但需要注意的是，作为一个本土化的单位社区民族志研究并不限于去印证西方的某种理论，我们更想通过当地的视角和田野的发现去反思一手调查材料与理论之间的关系，进而得出具有原创性的观点。

笔者认为，在分析中国特色的单位社区治理问题上，原有"市场－社会"的推拉之力并不具备应有的解释力，应在这二者之外再加入"国家在场"视角，将卡尔·波兰尼的广义的"社会"概念进一步划分为代表政治、政府、纯计划经济模式含义的"国家"和狭义社会概念（非政府组织、非营利组织、第三方平台）的社会组织，进而形成"国家－市场－社会"的三元互动模型。从"双重发展"到"三元互动"的转变，有助于我们更好地理解本书的田野素材，具有更加适用的解释力。

（三）公共空间理论中的民众生活问题

公共领域概念最早由思想家汉娜·阿伦特提出，后经德国哲学家哈贝马斯在《公共领域的结构转型》一书中充分阐释，在社会现实和学术理论上都产生了广泛的影响。笔者将凭借对这一概念的厘清，进一步摊开包括政治领域（国家）和私人领域（社会）在内的整幅"概念地图"（见图2－3）。作为"概念地图"中的核心概念，公共领域是指介于国家和社会之间的一个公共空间，公民们理论上可以在这个空间中不受控制和干预地自由讨论公共话题并参与公共事务。在一个良好的社会氛围中，私人领域应当与公共领域、政治领域相互分离。正如汉娜·阿伦特、哈贝马斯以及桑内特在著作中阐明的那样，我们有必要对以家庭关系为中心的日常生活在交往规则与行为意义上与公共领域及公共生活相区分。但是需要明确的是，公共领域与私人领域的界限又如此模糊，也许公共领域发展的动力正是由于日常生活领域情感关怀的促动和私人领域的不断膨胀。

对于公共一词，汉娜·阿伦特认为"它首先意味着任何在公共场合出现的东西能被人看到和听到，有最大程度的公开性；其次公共也表示世界本身，世界对我们所有人来说是共同的，并且不同于我们在它里面拥有的一个私人处所。可以说，作为共同世界的公共领域既能把我们聚拢在一起，又可

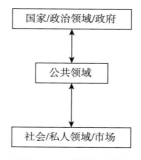

图 2 – 3   "概念地图"

以防止我们倾倒在彼此身上。而私人一词则从它原初的'被剥夺'意味上获得了意义——过一种完全私人的生活就意味着被剥夺了从被他人看到和听到中产生的实在性，私生活的贫乏在于他人的缺席，就此而言，私人无法显现，以至于它的存在就如同不存在一样"[①]。事实上，汉娜·阿伦特对公共和私人的区分是从反思马克思主义的角度提出的，她认为二者的混淆从柏拉图时代就已开始，并最终导致人们对"劳动"、"工作"和"行动"三个概念未经反思的使用。在她看来，行动总是以语言为中介，也只有行动和言说具有平等和差异的双重特征，并建立在主动的基础上，它们不像劳动那样是必然强加于我们的，也不像工作那样是被"有用性"促迫的，它们是要追求人类本身的归属感。在行动和言说中，人们表明了他们是谁，积极地揭示出他们独特的个人身份，从而让自己显现在人类世界中。因此，汉娜·阿伦特认为人生的意义在于公民要参与到公共领域中，与同类一起行动，从而超越劳动与工作达到不朽，政治就是教会人们如何达到伟大与辉煌的艺术。一个忙于劳动和工作而无暇参与行动的人，绝不可能是真正自由、幸福的。

而哈贝马斯关于公共领域[②]的研究则重点采用民主理论的视角，强调公共领域对实现民主的重要作用，崇尚公民拥有对公共事务自由发表意见、交流看法的空间和权利。他继承了汉娜·阿伦特把公共领域视为"观点的竞技场"的思想，同时提出"代表型公共领域""文学公共领域""政治公共领域"等不同的概念，从而进一步发展了公共领域理论。从字

---

① 汉娜·阿伦特：《人的境况》，王寅丽译，上海人民出版社，2009，第32～36页。
② 哈贝马斯：《公共领域的结构转型》，曹卫东、王晓珏、刘北城等译，学林出版社，1999。

面上看，哈贝马斯和汉娜·阿伦特所说的公共领域概念相差不大，都是指在政治权力之外，作为民主政治基本条件的公民自由讨论事务、参与政治的活动空间，总之哈贝马斯的公共领域理论是指作为公众的私人聚集在一起，就公共事务进行讨论，最后形成意志、达成共识。公共领域承担了市民社会在从重商主义乃至专制主义控制之下获得政治解放的语境当中的一切政治功能，它用公共性原则来反对现有权威，使私人物主的旨趣与个体自由的旨趣完全一致，因而很容易将马克思所说的政治解放与人的解放统一起来。

作为汉娜·阿伦特的学生，桑内特则把研究视角直指当代社会公共领域的萎缩与公共人的衰落，他认为城市中的日常行为变得越来越和他人无关，就心理层面而言，由于人们将他们自身视为个体，其心理体验变得贫乏了，人们也变成了具备更少表达性的自我，开始受到"亲密性"的专制统治，缺乏陌生人与他者性的刺激，即人们开始利用私人空间的一套做法来弥补自我的空虚，其所处的社会被"自恋"的气息充斥①，以至于在公共生活遭到侵蚀的年代，共同的行动和集体身份之间的关系破裂，我们有必要对这种社会通病进行矫治。

上述理论以抽象分层的形式将私人空间与公共空间、国家政治空间相分离，其实也是在讨论社会学、人类学的一个基本论题，即探讨从个人过渡到社会的可行路径。相关学者从人与人交流、互动的空间视角入手，而没有停留在符号互动论、现象学社会学等应用性稍显欠缺的理论上。这种空间模型能够让我们将理论与汽车厂工人生活区的社会实在相连，将"国家""公共"等概念用于社会治理问题，这就可以使原先相对理论性的话题进入实际应用空间。由此，我们能总结出一个基本的社区发展演进历程。在当今的社会转型条件下，汽车厂的职工居民应当积极投身到社区建设与发展中，通过参与社区居委会和各类第三方社会组织的公共互动，促进人与人之间的互动，而不是被市场经济带来的原子化生活方式侵袭，使原有计划经济时期"工作－生活"一体的生活关系在新的公共性中得以转型重构，建立适合当下经济社会状态的良性关系。

---

① 桑内特：《公共人的衰落》，李继宏译，上海译文出版社，2008，第 2～7 页。

四　研究方法

　　本研究以田野作业①为基础对汽车厂工人生活区开展系统调查，并力图将所得的田野民族志资料与东北地区传统单位社区治理方式创新的问题意识相融合，形成具有问题意识的民族志调查与分析文本②。具体来讲，田野作业或田野调查法是收集民族志素材的途径，是基础性的研究方法，属于社会学大类中的定性或质性调查方法，在这一方法的名目之下，还可以细分出文献法、访谈法、参与观察法三种具体方法。除此之外，为强调以问题为中心，本研究进一步通过归纳法和演绎法对调查所得材料进行分析，建立起描述性材料与问题意识、相关理论之间的逻辑联系，即通过"深描"和意义分析的方式展开对民族志的解释。

　　（一）文献法

　　进入田野之前，调查者应该事先做好较充分的案头工作，必要的知识储备能够省去为获取当地常识性材料而进行的不必要的调查，对已有相关文献的发掘和整理可以使我们快速地进入田野，不用再去重复调查一些前人已经掌握的信息。文献法是指根据一定的调查目的而进行的收集和分析书面或声像资料的方法。文献是人们专门建立起来储存与传递信息的载体，是人们从事各种社会活动的记录，它包括了用文字、图像、符号、音频、视频等手段记录人类知识的各种物质形态。本研究适当引用了与汽车厂及其工人生活区有关的史志材料、文学作品、厂办报刊报道、网络媒体宣传资料、离退休老职工的回忆录等文献——汽车厂工人生活区职工居民的生活史大多都以上述形式较为完整地保存下来，这些材料为本研究提供了十分重要的素材。另外在现代生活中，网络大数据为大众提供了诸多便利信息，如汽车厂的官方网站会定期更新工厂创建发展以来的"大事记"

---

①　田野作业，又称田野调查法，是人类学、民族学、民俗学常用的方法，是指研究者深入研究对象所生活的场域，在与研究对象一起生活的过程中，进行细致观察和深入访谈，以求达到对研究对象及其文化的全貌性研究和深刻理解。田野作业对于研究一些小型社区、特定群体的文化特征及其变迁来说，具有非常重要的意义。

②　本研究如此设计研究方法的目的，一是避免文章沦为一般的社会调查报告，二是最大限度地突出文章问题意识，使其符合学术专著的写作规范。

和当下企业战略、企业文化的最新信息；作为政府管理部门的汽车区也会通过其官方网站发布社区治理、民生保障方面的新闻报道等，这些都能为本研究带来文献方面的支撑。

（二）访谈法

访谈法就是对选定的调查对象进行有关问题的深入或反复交谈，这种方法能够提供大量有血有肉的民族志材料，揭示对方的思想感情及他们对生活世界的看法。2012～2016 年，笔者分数次在汽车厂工人生活区进行田野调查，其间完成了对 50 余人的访谈，访谈对象包括居住在这里的普通职工居民、老年志愿者精英代表、离退休管理部门干部、计划经济时期的居委会主任、生活福利部门管理者、集团公司宣传部门负责人和现任社区居委会的书记、主任以及居民中活动积极分子等。依照学术伦理，本研究对上述社区的名称和被访者姓名都进行了匿名化处理。访谈法是田野工作中的基本方法，在汽车厂工人生活区中，笔者根据调查对象的身份地位、知识结构、语言习惯等因素选择不同的访谈策略，如社区居委会的主任和书记、汽车厂离退休工作站的站长等在平时的工作中积累了较多受访经验，更倾向于接受结构或半结构访谈，这样做效率更高。而面对汽车厂工人生活区的普通职工居民、居委会专干、社区志愿者等受访经历有限的调查对象，我们往往会收起记录本和采访提纲，进行非结构访谈，使访谈在较为自然和轻松的环境下进行。另外，由于大多数市民对陌生调查者的出现和询问都保持合理的警惕，因此哪怕是经熟人介绍的访谈对象，笔者一般都会事先表明自己身份和访谈目的，并告知将会对受访者身份进行匿名化处理，用以减少调查对象的疑惑和担忧。

（三）参与观察法

参与观察法也是田野调查的重要一环，是"指在田野调查中主要依靠调查者参与当地人的生产、生活活动，对他们的各种文化现象和社会问题进行直接观察，或调查者居住于当地社会之中，对当地人的实际生活进行体验的一种方法"[1]。它要求研究者在进行客位"观察"的同时还要加入主

---

[1] 孙秋云：《文化人类学教程》（第二版），北京大学出版社，2018，第 23 页。

位的"参与",这种方法不仅常用于前现代的文化场域,而且在城市社区的现代性调查场域中同样适用,尤其是大多数市民工作繁忙、重视隐私、生活节奏快,因此就更加需要研究者尽可能地进入、参与到他们的工作和生活中。通过总结调研经历,我们不难发现,若研究者只顾询问或观察,得到的结果往往是"我没想过这么多"或"这事儿就是这样的,我也不知道为什么"等消极答复。但当我们真正参与到调查对象的日常行为实践中,就可以获得更加生动的田野资料,如笔者跟随社区居委会的工作人员参与到汽车厂工人生活区的日常社区管理工作中,就更容易获得文章所需的一手材料;通过参加离退休工作站组织的各类老年志愿者活动,便可以在与"银发一族"的零距离互动中亲身感受到很多口头交流以外的生动细节,这些素材都是形成研究结论及观点强有力的生动印证。

(四)归纳法和演绎法

从研究的角度来讲,通过上述三种方法获取到的调查材料远远不够,我们还需要对这些材料反映出的问题进行分析与论证,即通过归纳和演绎的方法得出令人信服的结论。因此,归纳法和演绎法的应用,有助于使本研究涉及的社会、文化理论与所得田野材料之间尽可能地达成融合与均衡。

一方面,系统的田野调查可以得到关于汽车厂工人生活区社会治理的实证经验,但作为研究者,我们还必须把这些调查材料上升至研究观点的层面,并将提炼出的观点进一步以理论的形式拓展出去,使其具有社会现实意义。这就涉及归纳法——从许多同类的个别事实中概括出一般原则的思维方法,将感性的一手材料转化成理论观点。另一方面,任何的调查都不可能面面俱到,只能算是社会、文化现象的某个侧面,为避免田野局限,我们都要借鉴相关的理论视角,从知名学者的代表性观点出发,指引调研的具体走向,而这种方式正是演绎法的核心所在——它要求研究者从一般性的原则(理论)出发引出具体结论。

当然,此两种方法辩证统一,将二者运用到汽车厂工人生活区的研究中,首先要对已经搜集到的文本、口述和观察材料进行归纳,从同类素材中概括出一般性的论述,如工人居民的单位认同、经济转型背后的社会与文化转型、后单位时代来临等学术发现。其次要以西方社会理论与文化哲学相关流派为基础，指引对东北地区传统单位社区治理转型进行研究的相关结论，如依据卡尔·波兰尼的"双重发展"理论思考国家与市场互动下的社区发展状态，依据公共空间理论思考建立何种良性的社区治理格局等。归纳法和演绎法相互补充与渗透，最终达到研究目的。

第三章　汽车城中的汽车厂

　　汽车厂地处汽车城西南（见图3-1），是一家大型国有工业企业。概括来讲，该厂于1953年兴建，1956年制造出中国第一辆解放牌卡车，是我国建立最早的汽车制造企业，被称为"汽车工业的摇篮"。20世纪90年代，汽车厂通过股份制和中外合资等多种形式开始生产轿车及多种类型汽车，"产销量一直位居中国汽车行业前列，2004年销量突破100万辆，首次进入世界500强企业行列。2011年销量260万辆，在世界500强企业中排名第197位，中国500强企业中排名第14位"①。因此汽车厂在中国乃至世界均有一定知名度。而细究其"艰苦创业、自力更生"的发展史，我们则会发掘出该厂创建发展60余年的独特"知识谱系"。

图3-1　汽车厂在汽车城中的位置

---

① 汽车厂厂志编辑部编《汽车厂厂志（1987—2011）》上卷，汽车厂集团公司，2013，第1页。

一 汽车厂的创业史

从 1953 年破土动工到 1956 年第一辆国产解放牌卡车诞生，这一时期是汽车厂的创建时期，亦被称为第一次创业时期。从商定到策划，再到工厂实际建立并顺利投产，汽车厂经历了"新中国汽车工业从无到有"的过程，在短短三年内创造了建厂并投产的奇迹。

1953 年 7 月 15 日，是汽车厂人毕生难忘的日子。太阳从东方冉冉升起，灿烂的朝霞映照着建设工地，在奠基典礼大会背景台上，两面五星红旗中间悬挂着毛泽东主席的巨幅画像。上午 9 时整，奠基典礼大会在鼓乐齐奏、鞭炮齐鸣声中开始。当时负责汽车厂筹建的中方政府领导和苏联方面的驻华商务代表团、专家组代表都参加了大会。在大会开始前，汽车厂的建设者陆续在一匹红绸上签名，职工代表也将一札札决心书送到主席台，以表自己为国建设的坚定决心。在大会上，汽车厂的领导宣读了大会致毛泽东主席书，承诺一定以国家主人翁的态度，发挥积极性和创造性，为新中国的汽车工业开辟道路，为建设工业化的新中国而努力！大会还举行了奠基仪式，由六名共产党员代表抬着刻有毛主席亲笔题词的基石进入会场，安置在厂址中心广场，会场欢声雷动。这时，推土机、掘土机扬臂挖土、推土，一辆辆翻斗车往复穿梭，建厂工程①就此拉开帷幕！

在建厂期间，苏联为中国提供了所需的生产设备、工艺装备、所有的工厂设计图纸和产品设计资料，并派遣专家来厂进行生产准备、指导工厂建设和培训实习生，充分体现出苏联对中国的友谊和援助。为协助汽车厂在计划时间内建成，苏联专家能够在具体和细节问题上及时伸出援手。无论白天黑夜，无论高空地下，也不论是在建筑工地还是机床旁，哪里有困难，哪里就有苏联专家的身影。其中波里斯·希格乔夫和卡切特科夫两位专家组组长认真负责的态度正是苏联专家组的真实写照。

波里斯·希格乔夫是苏联派驻汽车厂的第一任专家组组长，人们

---

① 1953 年 7 月 16 日《人民日报》发表文章指出："汽车厂的建设是中国人民生活中的一件喜事……为了使我国第一个汽车制造厂能按计划完成，今后我们全国人民更要以更高的热忱和努力来支持这个巨大的建设工程。"

习惯地称他是总专家。希格乔夫不仅是汽车生产专家，也是建造汽车厂的专家。他1953年6月来到汽车城，并参加了汽车厂的奠基典礼，和中国的建设者们一起为汽车厂破土动工。土建开始正逢多雨季节，地下水位升高，影响施工。希格乔夫身穿雨衣，在现场指导，提出挖深坑积水、布置排水，保证了基础工程的顺利施工。在设备安装工作中，他及时指导制定设备安装工作按计划完成。他在自己身体力行的同时，还经常深入第一线，检查专家们的工作，对他们提出具体要求。

调整试生产工作开始后，许多工艺专家来到厂里。1954年10月到厂的工艺专家组组长卡切特科夫，同分布在各个车间的工艺专家一起，组成了工厂强有力的调整生产的技术指导网，哪里有问题，他们就到哪里去解决。同时，卡切特科夫以他丰富的经验，帮助工程技术人员开展开工生产的各项技术准备工作，建立健全各项规章制度。正是在他们的指导帮助下，各个机械加工车间能够在短时间内完成试生产调整任务，为全面开工生产奠定了基础。①

苏联专家们正是这样无私地将宝贵的经验传授给汽车厂的建设者们，汽车厂的领导和职工也对苏联专家的每一项建议都非常重视，使他们的专业技艺和敬业精神在工厂的生产建设中开花结果。

当然，除了来自苏联的国外专家，国内各地的优秀干部和技术工人也纷纷来到东北支援汽车厂的建设。20世纪50年代初，来厂参加建设的干部就达到4000多人，其中除东北地区的干部外，还有不少从南方城市来东北进行支援的干部。同时，来自上海、大连、北京、天津等地的大学应届毕业生和技术工人更是踊跃前来，华东、中南等军区还抽调了700多名子弟兵参加工厂建设。大家抗严寒、战酷暑，创造了一个又一个奇迹。据第一批从上海交通大学分配到汽车厂工作的大学生过仲珏回忆：

1953年8月31日，一列专车满载着我们参加第一个五年计划建设的几百名大学毕业生离开上海驶向东北……一个月来，毕业生集中

---

① 马淑媛整理《苏联专家在汽车厂》，载全国政协文史和学习委员会编《汽车厂创建发展历程》，中国文史出版社，2007，第152~155页。

学习，听了有关第一个五年计划建设情况的报告，展开了热烈的讨论，纷纷表态志愿到祖国建设最重要、最艰苦的地方去。很多同学未离开过家乡，论生活条件东北要艰苦得多，有些同学家庭还有困难，如一位同学的父亲当时还在失业，分配去东北工资才190分，合39.5元，而留在上海工资为65元。但大家以祖国建设的大局为重，不计较个人得失，踊跃报名到东北参加建设。他们在填报志愿时大多是这样写的："第一东北、第二西北、第三华北"。同学们热爱祖国的豪情壮志是何等可贵！①

为了建设汽车厂，很多普通百姓也参与进来。"九台县饮马河的农民赶制了29180片草帘子方便工人冬季施工；一位老大娘送来了几十个鸡蛋给建筑工人吃；江苏省崇明县新东小学全体学生拣了45斤稻穗卖了3.66元钱寄到汽车厂，信中说：叔叔们，请收下这笔钱吧，这是我们为祖国伟大建设事业贡献的一分力量！这些事例充分体现了全国人民对汽车厂能够顺利建成的心愿和期望。"② 经过三年的开工建设，汽车厂在其工厂区安装完成了所需电网、铁路专用线、机械设备等，并建有十大工场，分别是铸工场、锻工场、压制车身工场、摩托工场、底盘工场、木工场、辅助工场、有色修铸工场、模型工场和整径工场。1956年7月，在对汽车厂进行参观与访问之后，我国的"石油文学奠基人"李若冰在散文中写道：

在汽车厂里，我们的人民显示了怎样的劳动本事和生活魄力啊！这里有成千成万的人，同时进行着一种和谐的而又豪迈的劳动。虽然，我不能把各个工厂和各个车间的生产情形都一一地写出来，但是我却能够说这是一座真正的规模巨大的近代化工厂。

最引人注目的是总装车间，这是全厂活动的中心。我一走近这个又宽又长的车间里，就看到了一排一排的汽车前轴、后桥、发动机、驾驶室以及各种各样的部件，都摆在好像一条长河似的总装配线的旁

① 过仲珏：《来自上海的大学生》，载全国政协文史和学习委员会编《汽车厂创建发展历程》，中国文史出版社，2007，第113~115页。
② 乔杨：《全国人民支援汽车厂建设》，载全国政协文史和学习委员会编《汽车厂创建发展历程》，中国文史出版社，2007，第91~94页。

边。我挤在人群中，兴奋地看着工人们装配解放牌汽车。总装配线是自动向前运转的：工人们在第一站翻放着的车架上装上了汽车的后桥；第二站装上了储气罐、传动轴；第三站装上了前轴；在第四站，车架自动地翻了个身，好像大鲤鱼冲出海面翻了个大跟斗似的；接着一站，两个女工进行喷漆、烘干；以后各站装上了发动机、排气管、水箱和前后车轮；一直大约在十七站上，几个工人把驾驶室套在底盘上，以后又装上前灯后灯，装上油和水——于是这时候，一个中年司机双手在裤子上擦了擦，笑嘻嘻地跳上了车，他动情地向人们扫视了一眼，就双手抓起方向盘，脚蹬起了油门。瞬间，马达发出了吼声，车头摆动着，车轮向前移动了。接着，当汽车喇叭鸣叫了一声，就开出了总装配线，向厂外驶去了。

三年以前，当毛主席为汽车厂奠基题字的时候，这里还是一片荒凉的长满高草的地带。仅仅只有三年，我们的人民就在这里建立起了规模宏大的一座汽车制造厂，这是怎样的一个奇迹啊！①

借助苏联的援助，汽车厂创建初期的现代化程度就达到了较高水平，工厂吸收了苏联汽车工业最新的技术成就，各生产车间均采用了先进工艺、技术和装备。在锻工车间，过去那些抡锤打铁的"铁匠"如今正操纵新式的蒸汽锻造机器；过去被称为"翻砂匠"的铸造工也变成了新模样，从浇注铸件到清理全部是机械化；总装配车间那100多米长的汽车总装配线则汇集了各车间几百条流水生产线上生产的总成、零合件，装配工人只需操作自动化设备，每隔六七分钟便有一台油光发亮的墨绿色解放牌卡车开出总装配线。至此，汽车厂在"边生产边建厂"的状态下如期顺利建成，中国第一辆解放牌卡车的下线也结束了中国不能自主生产汽车的历史！

二 自力更生中的成长

从1956年开工生产到1978年末，是汽车厂的成长和发展时期。在这

---

① 李若冰：《汽车城散记》，载李若冰编《山·湖·草原》，中国青年出版社，1964，第215~219页。

个时期，汽车厂有过"乘东风、展红旗"制造国产轿车的创举，同时也经历了"大跃进"时期急于求成的错误、中苏之间的关系破裂以及"文化大革命"十年对生产工作的阻碍。汽车厂在这一时期虽然经历了前所未有的困难，但也获得了勇渡难关的毅力和独立自主的生产能力。

1958～1959 年，汽车厂流传着一个非常响亮的口号："乘东风、展红旗，造出高级轿车去见毛主席！"它表达了汽车厂人敢想敢干，不但能造卡车，而且能造轿车，为中国人民争气的强烈政治责任感和民族精神。从1957 年开始，汽车厂参照进口样车，展开"仿造为主，适当改造"的轿车试制方针。在全国"大跃进"形势的鼓舞下，全厂加快试制步伐，创造了"晨造型、午浇铸、晚清理""三天任务一天完，四十天任务七天完"的奇迹①。关于我国第一辆国产轿车设计和试制的记忆，曾任汽车厂研究员级高级工程师、副总工程师、轿车厂副厂长的史汝楫说：

> 载重车投产后，人们就盼望着生产轿车。1957 年，我任产品设计处副处长，此后，我的精力就投到轿车上来了……对我们搞技术的人来说，没有比搞新产品再感兴趣的事了。能够经我们手搞出中国的轿车来，是我们梦寐以求的事，从心里感到中国人被人瞧不起的时代已经过去了。在厂长亲自主持下，我们很快投入轿车的设计，只用几个月的时间，就画出来上万张图纸，并做了一些生产设备，干出不少模具，这是干轿车最重要的一项技术装备。1958 年春天，党的八大二次会议召开，我们的轿车造出来了，取名叫"东风"。这部车在设计时参照了法国的"西姆卡"和德国"奔驰190"，车身外形做了大的改动，可以说是自行设计的，车头上装上一条昂首的金龙，跑起来挺精神的，很有点民族风格。②

1958 年 5 月，国产 CA－71 东风牌小轿车在机修车间试制成功，该车为流线型车身，上部银灰色，下部紫红色，6 座，装有冷热风，车灯是具

---

① 这种试制轿车的"奇迹"也潜藏了"大跃进"时期急于求成的弊病，只待日后经过深刻反省被整顿和整改。

② 史汝楫：《毛主席坐上我们生产的小轿车》，载全国政协文史和学习委员会编《汽车厂创建发展历程》，中国文史出版社，2007，第 245～248 页。

有民族风格的宫灯，发动机罩上方有一个小金龙装饰，发动机最大功率为70马力，最高车速每小时可达128公里。同月，中共八大二次会议期间，东风牌小轿车打扮得像新娘子一样被送到北京，"东风"经过部、局领导观看后，驶入中南海，停在中南海的花园，据史汝楫回忆：

> 更使我难忘的是，毛主席在一个下午开会前的一小时左右来看车了，事前我们没得到任何通知。毛主席走过来了，我迎了上去，和毛主席握手。毛主席来到"东风"小轿车旁，问我一些关于车的情况，还问我在厂里是干什么的，我一一作了回答。这时我给毛主席打开车门，他那高大的身躯一下坐了进去，陪同他的林伯渠秘书长也坐了进去，这时司机同志忙进入驾驶舱，发动了汽车，经警卫员允许，围着怀仁堂花园跑了起来，跑了几圈，车子停在原来的地方。毛主席走下来，高兴地说："好呀，好呀，坐上我们自己的小轿车了！"①

这段记忆回顾了"东风"在中南海待了短短的十来天，其间的5月21日下午毛主席和林伯渠乘坐了该车，虽然时间不长，却在中国汽车工业发展史上留下了创业的足迹和难忘的回忆！

东风牌轿车回厂后，全厂立即掀起"大干轿车"的群众运动，在试制东风牌轿车的基础上，开发了红旗牌轿车。在新车试制过程中，全体员工日夜兼程用"赶庙会"的办法"张榜招贤"，将所需的技术任务认领到人，并逐一攻克。1958年8月1日，红旗牌高级轿车最终如期诞生，该车的装饰富有民族风格，车身黑色，呈流线型，式样美观、庄严、大方，车内的发动机在当时较为先进，最大功率为200马力，最高车速为每小时185公里。红旗轿车受到省、市领导的称赞和肯定，后经机械工业部领导决定汽车厂只生产红旗牌高级轿车，生产准备过半的东风牌轿车因此停产。

红旗牌轿车成功试制后，汽车厂的全体领导、职工又经过一年的奋力攻坚，在1959年国庆前夕生产出第一批红旗牌轿车，准备向祖国献礼。据参与此项任务的范恒光回忆：

---

① 史汝楫：《毛主席坐上我们生产的小轿车》，载全国政协文史和学习委员会编《汽车厂创建发展历程》，中国文史出版社，2007，第245～248页。

当年"红旗"进京献礼厂里定有三项任务：一是保证两辆敞篷检阅车在国庆检阅时用上，二是让"红旗"参加游行队伍，接受毛主席的检阅，三是请中央领导和有关部门看车，让一部分中央领导在节日中用上"红旗"……当时，北京的广大市民事先从报纸上知道"红旗"进了北京，又在这繁忙的试车活动中看到了"红旗"，都十分高兴，常指着身边掠过的车影大喊"红旗""红旗"。①

随着国庆礼花的消逝，第一批"红旗"进京献礼的任务顺利完成，这次活动给新中国成立十周年大庆增添了一份喜悦，也激发了国人蕴藏已久的、对早日坐上国产轿车的热情。

20世纪50年代末，中苏两国在斯大林问题和国际共产主义运动的政策上出现分歧，苏共领导更是蓄意破坏两国关系、停止对华援助，使得两党、两国关系出现恶化。1960年，苏联政府在事先未同中国政府商量的情况下单方面决定在一个月内撤走全部在华专家，并带走全部的图纸和资料，汽车厂也不例外。据厂里老工程师回忆：

> 这个（中苏）破裂都是政治上层的事儿，突然他（苏联方面）就变卦了，撤专家、要账。那时候我们都挨饿啊。他们撤了以后呢，咱"拐棍儿"没了，真就是自力更生了，尤其还没到改革开放，国家"闭关自守"。那时候我刚入厂，技术人员很缺，我们就加班加点地干哪！每天晚上那楼（设计部门）灯火不断啊！有的在那干一宿（一整晚），工人加班加点的时候特别多。②

祸不单行，这段时期也处于"大跃进"期间，由于忽视客观规律、急于求成，汽车厂在自行加速生产汽车期间，很难保证产品质量，甚至在20世纪60年代初几乎处于停产状态。直到1962～1964年，按照党中央"调整、巩固、充实、提高"的八字方针和《工业七十条》的精神，汽车厂进

---

① 范恒光：《第一批"红旗"牌轿车进京》，载全国政协文史和学习委员会编《汽车厂创建发展历程》，中国文史出版社，2007，第253～256页。

② 被访谈人：Z工程师（男，75岁，退休工程师），访谈人：杜实，访谈时间：2012年8月17日，访谈地点：岱山公园北门内。

行了全面整顿，才使生产秩序和经营管理稍有恢复。随后，该厂又修订完善相关规章制度、转变工作作风，令整体生产和管理情况有所好转。

然而好景不长，从 1966 年下半年开始，汽车厂进入"文化大革命"时期。在这样的背景下，汽车厂的"生产发展进度被推迟，汽车产量从 1966 年的 46601 辆锐减到 1967 年的 15068 辆和 1968 年的 16698 辆。1968 年，随着'深挖深揭阶级敌人'斗争的开始，一起又一起的冤假错案被制造，当时全厂有 3500 名干部和工人受审查，1143 人被隔离，469 人被抄家。许多被怀疑有'叛徒'和'特务'问题的人员受到刑讯逼供，在精神和肉体上饱受摧残，数十人含冤自杀，60 多人非正常死亡，上百人致病致伤"①。据我国汽车工业奠基人之一、曾在汽车厂被冤枉的陈祖涛老人回忆：

> 在被关押的日子里，我每天要做的就是接受批斗，那时候我的帽子是苏修特务，被带到厂区游街，再进一步就是带到厂外去游街。1968 年 5 月，"文革"进入"清理阶级队伍"阶段，我被正式关进"1 栋"，即"专案组"办公楼，专门关押问题严重的"政治犯"。整栋楼由解放军武装看守，外人不得入内，楼房共三层——一层是"专案组"和军代表的办公地；二层关押"政治犯"；第三层则是刑讯室，里面放了各种看了就让人不寒而栗的刑具。我关进去后曾一连十天整夜被毒打，天亮以后还要交代苏联的特务组织开展了哪些特务活动……1970 年，我被非法关押了两年多，他们对我的所谓苏修特务问题拿不出任何证据，于是采取把我赶出汽车厂的办法，将我送到了我爱人当时所在的农村。至此，我噩梦般的日子结束了，重新得到了做人的人格和尊严。1971 年底，县里来人拿着一机部（全称为第一机械工业部）的调令，通知我回单位继续工作。②

"文革"后期，全厂上下开始对"左"的错误进行抵制和斗争。1972 年，汽车厂开始贯彻周总理"狠抓产品质量"的批示，取得了明显成效；

---

① 陈继信：《"文革"中的汽车厂》，载全国政协文史和学习委员会编《汽车厂创建发展历程》，中国文史出版社，2007，第 306 页。
② 陈祖涛口述、欧阳敏撰写《我的汽车生涯》，人民出版社，2005，第 199~220 页。

1975 年贯彻邓小平指示，进行了初步企业整顿；1977～1978 年，进行了平反冤假错案、落实党的政策、恢复性整顿、重建大庆式企业等工作，使各项经济指标又恢复到"文革"前的最好水平。

1978 年上半年，汽车厂党委遵照党中央拨乱反正的精神和省、市委的部署，大刀阔斧地开展了平反大量冤假错案的工作。为遭到迫害的 1320 名干部、群众恢复政治名誉，重新安排了工作，补偿了经济损失。受到株连的亲友也得到了安抚，彻底解除了强加在他们头上的政治压力，消除了不良影响，真正调动了这一批人的积极性……5 月，平反工作在汽车厂全面展开。5 月 19 日，厂革委会召开了有 5 万人参加的平反大会……对所有因受迫害而致伤、致残、致病以及造成经济困难的职工，都依照党的有关政策规定作了妥善处理……拨乱反正，平反冤假错案，全面落实干部政策，使许多人解除了身背多年的沉重政治包袱，清除了人与人之间的隔阂，促进了职工队伍的团结，促进了工厂的各项工作。①

经过平反冤假错案，汽车厂逐渐走出了"文革"的阴霾，步入经济发展的正轨，也由此进入下一个高速发展时期。

三 技术升级的换型攻坚

1978 年，党的十一届三中全会提出把全党工作重心转移到经济建设上来。改革给企业带来了一线生机，计划经济时代束缚企业的枷锁开始松动，产品换型、工厂改造的课题重新提上了议事日程。1979～1987 年是汽车厂生产解放牌卡车的换型改造时期，又称第二次创业时期。此时处于改革开放初期，对外开放程度有限，因此汽车厂没有国外考察和咨询的机会，唯一能够进行学习的机会就是从相关杂志上了解一些关于国外汽车发动机的发展情况。但面对激烈的市场竞争，自建厂以来从未更新换代的汽车厂产品必须进行技术升级。在对西方国家的先进技术进行模仿后，汽车

---

① 陈继信整理《汽车厂全面开展平反冤假错案》，载全国政协文史和学习委员会编《汽车厂创建发展历程》，中国文史出版社，2007，第 344 页。

厂的工程师逐渐摸索出符合解放牌卡车特点的新型核心部件，使"三十年一贯制"的卡车产品得以进一步更新换代。据当时 CA141 汽车主管设计师、汽车研究所副总工程师、研究员级高级工程师田其铸回忆：

> 1980 年 7 月 17 日，总厂以汽车厂规字 235 号文下达了 CA141 型 5 吨载货汽车和 CA6102 型顶置气门汽油发动机的设计任务书，并任命我为车型设计主师，全面负责车型研制开发过程中的技术工作。经组织部分设计人员走访一些用户后，于 10 月开始了方案设计工作……在全体设计人员的日夜奋战下，第一轮试制图纸于 1981 年 5 月全部发出，当时负责整车总布置和发动机设计的同志累病了仍然坚持工作……1981 年 12 月 30 日，厂里召开了第一次工厂鉴定会，会议认为 CA141 和 CA6102 设计图纸可以作为汽车厂换型改造扩初设计的基础……第二轮设计工作于 1982 年 4 月初结束，并发出了试制图纸……1982 年下半年共试制出样车 7 辆。为检验改进的效果，重新进行了整车性能试验、台架扭转疲劳试验、道路模拟试验、5 万公里可靠性试验和部分零件的台架性能和可靠性试验等 11 项试验。到 1983 年 8 月，除使用试验刚刚在一个试验点开始进行以外，其他鉴定试验工作已按计划完成。[①]

由此可见，自 1980 年 10 月开始方案到 1983 年 9 月产品定型，汽车厂利用不到 3 年时间完成了"解放"第二代产品 CA141 和 CA6102 发动机的两轮的设计、试制、实验和定型。据汽车厂的老工程师回忆：

> "老解放"一直生产了 30 年，这是不行的，后来要换型，转折点就是改革开放，70 年代末 80 年代初，解放卡车再不换（型）就卖不出去了。老解放是机械变速，一挂挡是嘎嘎直响，两个齿轮必须旋转着才能对上，要是主动件儿和被动件儿不同步的话它就咔咔响个没完。为了研究新的变速箱，当时是大连搁（从）美国收来一堆废钢铁，里面就有一个完整的变速箱总承，美国是卖废钢铁的时候没有破坏，大连当时就来电话让我们去看，咱们拿回来像宝贝一样地分析

---

① 田其铸：《解放换代车 CA141 开发的回忆》，载全国政协文史和学习委员会编《汽车厂创建发展历程》，中国文史出版社，2007，第 411~415 页。

啊。后来设计出来的车挂挡就非常柔和，就有了第二代解放卡车。①

为了更充分地考验 CA141 的性能，在全厂进行正式生产准备的同时，试制部门继续试制一批 CA141 样车，先后发往"内蒙古乌兰浩特、湖北襄樊、新疆乌鲁木齐、云南保山、海南海口和甘肃兰州等地运输公司进行使用试验……又于 1985 年和 1986 年分别在湖北和云南召开了由各试点和协作厂参加的电器、非金属产品质量工作会议，研究落实了改进措施。同时，还将两辆 CA141 样车发往日本，委托日野汽车公司进行试验评价，从中学到了外国对汽车进行试验和评价的方法"②。

终于，汽车厂甩掉了"老解放三十年一贯制"的帽子，换型改造全面成功。1987 年元旦，第一辆 CA141 新车在人们热烈的掌声中驶出了装配线。汽车厂这次产品换型与工厂改造成果丰硕、意义深远，开发了新产品，使汽车厂进入了系列开发的新阶段，产品水平跨越了 30 年，并具备了较高的自我改造与自我创新的能力。同时，这也是一段充满挑战的历史，这是因为汽车厂是在不减产、不停产的条件下完成了技术升级，基本上仅通过对老生产线的改造完成了所有的生产和换型任务，而没有另外新建生产线③，汽车厂也因此走出了一条在改革开放条件下老企业进行自主技术改造的路子。在这段艰苦奋斗的岁月里，有不少为厂无私奉献的汽车厂人谱写了无数激励后人的故事，曾任汽车厂党委统战部部长、高级政工师的张新科回忆：

> 铸造厂工程师何明必看到铸造铁水手段落后，不能适应新车的技术要求，向厂里提出了引进国外先进检测技术等建议和实施细则。厂领导决定引进美国贝尔德公司的直读光谱仪，准备派他去美国学习培训，负责该项目的引进工作。可是当他知道去美国培训需要大量外汇时，毅然放弃了去美国培训和顺便到美国和香港看望亲人的机会。为了弄懂、吃透光谱仪的几千条微机程序英文软件，他把全部周日和节

---

① 被访谈人：Z 工程师（男，75 岁，退休工程师），访谈人：杜实，访谈时间：2012 年 8 月 17 日，访谈地点：岱山公园北门内。

② 田其铸：《解放换代车 CA141 开发的回忆》，载全国政协文史和学习委员会编《汽车厂创建发展历程》，中国文史出版社，2007，第 411～415 页。

③ 汽车厂这样做的原因是受到资金限制，尽量做到换型资金的节约。

假日都用在研究这台设备上，写了数万字的读书笔记，白天时间不够，晚上把资料带回家看，经常干到深夜一两点钟，脑子里装的全是外国资料。有一次回家买了2斤熟牛肉，到家后竟然忘了从兜里拿出来，第二天上班又带到厂里，这样来回好几天，直到牛肉变质了，才忽然想起来。新设备调试安装以后，准确度提高一倍，时间缩短三分之一，人员减少一半，每天获经济利益20万元以上。

工具厂锻工、高级技师、归侨韩易成忘我地工作，带领全班同志大干，5年干完了12年的工作量。正当换型紧张的时候便血了，开始瞒着领导挺着干，后来领导知道后，硬把他送到医院。诊断是胃出血，可是第四天他就偷着跑回车间又干起来。一次，他干急件，工件打在自己手指上，造成粉碎性骨折。他强忍着疼痛，没休息几天就上班了。不料，刚接上的骨头又被锻锤一震，又断了，结果断了三次接了三次，至今他的小手指还伸不直。①

汽车厂胜利完成了CA141新型解放牌卡车的转产，又实现了质量、产量双达标，通过了国家的工程验收。汽车厂"这次换型改造工程的投资效果、经济效益、社会效益都比较好，在三年换型改造期间，向国家上缴利税和能源交通基金10.39亿元；新车仅节约油耗、提高车速和提高汽车大修里程三项改进，每辆汽车每年就可节约使用费用6000~7000元，按设计纲领计算，年社会效益达4.5亿元"②。在换型改造的同时，汽车厂还不忘为下一步的改革发展做准备，在扩建厂房、扩大产品销路、研发多种类型汽车上做好前期功课。

产品换型改造是汽车厂人梦寐以求的夙愿，也是传统的自力更生在新的历史条件下的运用，是掌握了自主权和自我改造能力的自力更生。在这段时期内，几万名职工克服了无数的困难，付出了难以想象的艰巨劳动，许多任务的完成是在业余时间进行的。这说明在职工心中工厂的命运与发展比金钱更重要，"厂兴我荣，厂衰我耻"成为共同的口号。一个工厂改

---

① 张新科：《为换型改造贡献智慧和力量》，载全国政协文史和学习委员会编《汽车厂创建发展历程》，中国文史出版社，2007，第439~440页。

② 冯云翔：《一吨重的奖章》，载全国政协文史和学习委员会编《汽车厂创建发展历程》，中国文史出版社，2007，第464页。

造的大舞台，吸引了几代创业者为之奋斗。在奋斗中，创业者自己的精神世界也得到了改造，理想信念得到了升华。

四　市场转型与结构调整

1988～2001 年是汽车厂的"结构调整时期"，也被称为以发展轿车、轻型车为主要标志的第三次创业时期。80 年代末，汽车厂开始建设二厂区，这项工程和老厂区的部分改造工作使汽车厂实现了多种汽车类型同时发展的理想，为其长远发展打下了坚实基础。为更好地适应市场经济的运行规律，汽车厂又在 90 年代初陆续进行了"集团－公司"化改革、中外合资项目和企业股份制改革。历经十年的改革，汽车厂基本达到国家规定的目标和要求，建成了一个集中、重、轿、轻、客、微六大系列产品于一身的特大型汽车企业集团公司。

酝酿建设新的厂区，是汽车厂多年的憧憬。而老厂区原有的有限空间已经开始阻碍汽车厂的持续发展，工厂领导深刻认识到，建设新厂区迫在眉睫。于是，1985 年底，建设二厂区的前期准备工作如火如荼地开展起来。到 1988 年，一期建设的 3 个新厂全部竣工。随后，二厂区又启动了一系列的新工厂建设，二厂区建于老厂区西侧，呈东西长、南北窄的广阔矩形，共征用土地 530 万平方米。1991 年 2 月，汽车厂成立了与德国大众公司合资的控股子公司，厂址就位于二厂区东部，成为当时我国最大的汽车合资企业，开始生产大众公司具有国际先进水平的轿车。中德合资项目的建成，不仅使汽车厂成为国内主要的轿车生产企业之一，还使其综合实力和技术水平大幅提高，缩短了与世界先进汽车工厂的差距。据曾任汽车厂合资办负责人回忆，这期间也有一段在艰难中前行的故事：

> 要建设面积 116.59 万平方米，建筑面积 43.2 万平方米，与建厂初期的建筑面积相仿，而年产量 15 万辆的轿车厂，其难度之大可想而知。我们是在一个比较艰难的客观环境下开始建设的：在资金上没有像第一次创业时得到国家的全面支持而要靠自己筹措；在技术上也没有像当时那样苏联的无私援助，而是要与合资伙伴打交道；在合资方面我们缺乏经验，由于中西文化和体制的差异，合作中难以避免出现

工作矛盾和利益冲突。然而建设合资企业是根本和长远利益所在，再难也要全力以赴……汽车厂合资子公司的注册资本是22.5亿元，其中汽车厂要承担60%，这对汽车厂当时的经济状况来说是很困难的，只能千方百计地筹措。

在合资公司成立一开始就实行边建设边生产的方针，这样做既可很快有销售收入，又可使产品早日进入市场，接受用户考验。合资公司是在1991年9月1日正式开工的，12月5日第一批合资轿车就是在当时的汽车厂二轿厂装配线上下线。二轿厂为了支持合资公司，克服了在同一生产线上装两种完全不同轿车的困难，甚至影响自身的产量，保证合资轿车以最快的速度推向市场。[①]

可见，汽车厂合资子公司的建立，不仅使汽车厂成为国内的主要轿车生产企业之一，圆了多年来"大厂干小车"的轿车梦，而且使汽车厂的技术水平和综合实力大幅度提高，缩短了与世界先进汽车工业企业的差距，向现代化企业迈进了一大步。

与此同时，为响应国家号召，汽车厂也开始推行"集团－公司"化改革。20世纪90年代初，汽车厂开始转型为集团公司，实现向现代企业制度的改革，明确了董事会、监事会和行政领导的职责和权力，其组织结构由母公司、子公司和关联企业（协作厂）组成。汽车厂集团公司与各成员企业可以通过规范的资产联结纽带，形成大型控股公司控制下的多层次管理结构。

汽车厂在进行集团化改革之后，还勇于开展企业股份制改革的尝试，开辟了其S子公司成为第一块"股份制改革的试验田"，据曾任S子公司总经理兼党委书记、集体企业管理处处长、集团办公室副主任的冷延昆回忆：

回顾这次股改，我经历了从1992年末组织科研，到1993年发起、决策、筹建、试点、上市和初期发展的六年多的时间，兼任两届汽车厂S股份有限公司董事长，在上级领导和社会各界的帮助下，同董事

---

① 韩玉麟、秦世安：《建设汽车厂合资子公司中的"两个全心全意"》，载全国政协文史和学习委员会编《汽车厂创建发展历程》，中国文史出版社，2007，第571~573页。

会、监事会、总经理班子和广大员工股民度过了这段艰苦、紧张而有意义的岁月……1996 年是股票能够上市的关键一年。这一年，开局仍然很好，头三个月销售收入 4259 万元，利润总量 1070 万元，是历史同期的最好水平，而后更加看好……然而，要上市必须有上市额度，当时这是一道很大的难题。要取得额度是很困难的。尤其是有一段股市有些低迷，有的职工内部股发出去又退回来了，后期发行都有一定难度，一些同志对上市缺乏信心……我们的思路重点调整为：确保企业高速稳定运行练好内功；抓住机遇积极做好上市准备。

1996 年 8 月 1 日，证监会以证监发字〔1996〕135 号文批准汽车厂 S 股票公开发行，8 月 12 日在上交所（上海证券交易所）网上向社会公开发行普通股 1550 万股，每股定价 8.18 元……8 月 26 日，股票正式挂牌交易，每股定价人民币 13.51 元，最高达到 24 元多。一周之内募集的 1.2 亿多元资金就划到公司的汽车城账户上。[①]

经过不懈的努力，汽车厂 S 股票终于在上海证券交易所上市，汽车厂成为汽车行业最早上市的企业之一。当时，S 股票的上市提高了汽车厂的声誉，增加了可观效益。然而，汽车厂的上市目标并不仅限于此。按照计划经济时期的说法，S 子公司是汽车厂办的一个集体所有制企业，一旦 S 子公司的股份制改革取得成功，汽车厂则开始筹备其最具优势的全民所有制企业——J 子公司上市，这也是一个不断发展、壮大的过程。

1997 年，汽车厂 J 子公司成功在深圳证券交易所上市，J 股票的上市筹备工作完成较好，不仅上市股票额度较大，而且工作进展较快、筹集资金较多。经过上述努力，到 20 世纪末，汽车厂集团向资本多元化迈出了坚实的一步，实现了从单一的投资结构到多元化的投资结构的转变，加快了规范化公司的调整改组。当然，汽车厂仍然在实践中不断探索，并逐步完善。

五　现代管理方式的应用

进入 21 世纪，汽车厂迎来了新的机遇与挑战。21 世纪是一个崭新百

---

① 冷延昆：《企业股份制改革的尝试》，载全国政协文史和学习委员会编《汽车厂创建发展历程》，中国文史出版社，2007，第 617～621 页。

年的开始，人们对它充满着进步与发展的期待；21世纪是计算机网络技术蓬勃发展的时代，任何人都要凭借互联网使工作和生活变得更加高速和便捷。同时，中国加入世界贸易组织，也为汽车厂带来了国际化、全球化的经济目标。在这样的大背景下，汽车厂从2001年开始进入其建设"三化"时期，即努力实现"规模百万化、管理数字化、经营国际化"。这一时期的首要任务是把企业规模在保证实力的前提下进行扩大，同时将现代计算机技术引入技术研发、财务管理、日常工作等各个领域，通过信息技术建立数字化的管理机制，进而让汽车厂融入世界经济循环的大环境之中，将其建设为具有国际竞争实力的汽车工业集团。

党的十六大曾提出"发展要有新思路，改革要有新突破，开放要有新局面，各项工作要有新举措"的要求。结合企业实际，汽车厂于21世纪初提出建设"三化"的目标。

建设"三化"一是销售量目标要达到"规模百万化"，即建设产销量百万级的现代化企业，把企业在做强的基础上做大，在做大的同时做强，并利用整车形成的规模效应，拉动零部件企业及相关衍生经济的发展。汽车厂也如愿将其生产企业和科研院所自东北腹地延伸至渤海湾、胶东湾、长江三角洲、海南岛和广西、广东、云南、四川，形成东北、华北、华南和西南四大生产基地。2004年销量突破100万辆，汽车厂首次进入世界500强企业行列。曾任汽车厂报社记者部主任的于春燕介绍说：

然而，2004年对整个汽车行业来说都是不平凡的，经济软着陆带来的银根收紧、购车贷款紧缩，入市5年的保护期临近结束，消费者寄希望于车价迅速和国际接轨而持币观望，频繁进行的价格战和汽车使用成本（油价、停车、保险）的提高等，造成汽车市场急剧滑坡……汽车厂的一百万辆旗帜在一次次挑战面前没有动摇，集团公司全体员工在这场艰苦卓绝的战役中战而能胜，正是源于百折不回的必胜信念……2004年的汽车市场没有规律，说它跌宕起伏一点也不过分，在非常严峻的市场环境下销售百万辆确实是一次挑战，没有集团的整体运作，销售百万辆目标是不可能实现的——卡车形势不好，轿车挺身而出，集团实现了90万辆的销售目标；中、高档轿车形势严峻，卡车、经济型轿车、轻型车又上去了，形成了"小家托大盘"的局面。可以说东方不亮西方亮，旱路不通水路行……销售百万辆目标的实现是汽车厂开发、采购、生产、销售、后勤保障方面工作的全面胜利，是汽车厂整个管理体系的胜利。[①]

二是信息化目标，要做到"管理数字化"，即通过对企业信息资源的开发、整合和利用，借助计算机和网络，通过信息技术，加快企业信息化进程。我们知道，21 世纪初互联网在中国飞速崛起，信息化的发展使得网络、电子商务已经成为一个企业发展的重要支撑。当时，"汽车厂在加快信息化建设中做了许多有益的探索，基础网络建设取得初步成效：CAD[②]、CAM[③]、CAE[④] 等技术已经在产品、工装设计中广泛应用；PDM[⑤] 系统的推广和应用，已经在研发部门和生产准备部门实现了 CAD、CAPP[⑥] 数据集成；引进和自主开发的 ERP[⑦] 系统，已经在集团公司和基础较好的子公司运作"[⑧]。在这一阶段，汽车厂已经做出许多有益的探索，如

---

① 于春燕：《汽车厂实现销售百万辆》，载全国政协文史和学习委员会编《汽车厂创建发展历程》，中国文史出版社，2007，第 726 ~ 730 页。

② CAD（Computer Aided Design，计算机辅助设计）是指利用计算机及其图形设备帮助设计人员进行设计工作的技术。在图形设计过程中，设计人员可以快速做出图形，使设计人员及时对设计做出判断和修改；利用计算机可以进行与图形的编辑、放大、缩小、平移、复制和旋转等有关的图形数据加工工作。

③ CAM（Computer Aided Manufacturing，计算机辅助制造）主要是指利用计算机辅助完成从生产准备到产品制造整个过程的活动，即通过直接或间接地把计算机与制造过程和生产设备相联系，用计算机系统进行制造过程的计划、管理以及对生产设备的控制与操作的运行，处理产品制造过程中所需的数据，控制和处理物料（毛坯和零件等）的流动，对产品进行测试和检验等。

④ CAE（Computer Aided Engineering，计算机辅助工程）是指用计算机辅助求解分析复杂工程和产品的结构力学性能以及优化结构性能等，把工程（生产）的各个环节有机地组织起来，其关键就是将有关的信息集成，使其产生并存在于工程（产品）的整个生命周期。

⑤ PDM（Product Data Management，产品数据管理）是一门用来管理所有与产品相关信息（包括零件信息、配置、文档、CAD 文件、结构、权限信息等）和所有与产品相关过程（包括过程定义和管理）的技术。

⑥ CAPP（Computer Aided Process Planning，计算机辅助工艺过程设计）是指借助计算机软硬件技术和支撑环境，利用计算机进行数值计算、逻辑判断和推理等来制定零件机械加工工艺过程。

⑦ ERP（Enterprise Resource Planning，企业资源计划）是由美国 Gartner Group 公司提出的一种供应链的管理思想。企业资源计划是指建立在信息技术基础上，以系统化的管理思想，为企业决策层及员工提供决策运行手段的管理平台。

⑧ 竺延风：《建设"三化"新汽车厂》，载全国政协文史和学习委员会编《汽车厂创建发展历程》，中国文史出版社，2007，第 664 ~ 665 页。

互联网建设取得成效、计算机制图软件在产品设计中广泛应用、产品数据管理系统的推广和应用、企业资源规划系统的引进和自主开发、办公自动化系统的启用等。同时，厂内还树立了全新理念，加快创新步伐，建立汽车工业的自主创新体系，依托高新技术推动汽车产业升级，加快体制和机制改革，推进技术创新和科技进步。

三是全球化目标，要走向"经营国际化"，即加快与世界经济的融合步伐，推动整车及零部件出口，加大对外合资合作力度，增强企业参与国际竞争和国际分工的能力。"经营国际化"就是将企业融入世界经济循环的大环境之中，增强企业参与国际竞争和国际分工的能力，将汽车厂建设成一个具有国际竞争实力的汽车工业集团。21世纪初正值中国加入世界贸易组织的历史阶段，因此汽车厂必须迅速融入世界市场，而不能再依靠保护政策享用独立的国内市场。为顺应国际化的发展潮流，汽车厂加大与国外企业的合资力度，学习国际汽车企业的新技术，提高自身的生产和管理能力。同时，该厂不断完善自己的品牌，以质量取胜，持续发展壮大，加快企业的创新升级。至此，汽车厂已经与数十家外资企业合作，引进、应用了一系列先进的产品、技术和管理手段，提升企业的国际化水平，以一个面向国际的姿态展露在世人面前。

六　自主品牌战略的实施

汽车厂的故事是一次次创业的故事，这里所强调的创业其实是永恒的拼搏奋斗精神，从建厂到转型，再到经济结构调整，都经历了羽化成蝶的多次蜕变。而2007年至今，汽车厂又进入了第四次创业的新时期，这一时期的"创业"目的可谓回归了本土工业企业的初心——通过原创技术打造自己的品牌，而不再是单纯地凭借模仿、合资去盈利，任务是将"自主事业"做实、做强、做大。

自"第二次创业"完成结构调整、打开轿车市场以来，汽车厂一直处于"合资强、自主弱"的局面，要具有真正的国际竞争力，发展自主事业是重中之重，厂领导多次指出"自主事业是目前最为核心的事业"。2010年，汽车厂更是以"战略规划"的形式展开对"第四次创业"的具体诠释：汽车厂的最高战略是"自主品牌战略"，该战略以研发、产品、制造、营销、管理五大体系为重点，打造强有力的品牌支撑体系。

如果对汽车厂品牌核心价值进行具体阐述，那么首先是"品质承载责任"。汽车厂追求仁爱智信的治企美德，信守"争第一、创新业、担责任"的核心价值理念，不仅要承担起国有企业的政治责任、经济责任和社会责任，更要把核心价值观融汇在产品品质中。其次是"技术创造优势"。技术优势是品牌立足的根基。汽车厂能够把握前沿科技，掌握核心技术，建设自主掌控的汽车标准体系，用有竞争力的自主创新体系，打造成熟的汽车产品，让用户充分享受新技术带来的驾乘乐趣。最后是"创新引领未来"。汽车厂追求的创新，是不断掌握新知识、应用新技术、推出新产品，不断为用户提供口碑相传的满意产品，为用户创造物有所值的生活享受。

同时，在最高的"自主品牌战略"之下，汽车厂还提出了"蓝途＋挚途"的双擎驱动模式，实现"两条腿"走路，抢先完成对"中国制造2025"的战略布局。

一方面，汽车厂开展了研发低碳新能源技术的"蓝途"战略，该战略追求汽车节能环保技术的研发，注重传统节能技术和新能源技术的结合，力求搭建完整的新能源体系框架。为此，汽车厂建立了国际先进的汽车试验基地，并积极推进新能源汽车的规模化、产业化和商品化。同时，汽车厂在自主创新体系支撑下，全面提升传统动力低碳节能技术，并进一步突破核心技术，掌控关键部件，加速新能源车开发，全力推进新能源汽车战略。

另一方面，汽车厂还积极推进追求互联网智能技术的"挚途"战略，"挚"常指"亲密、诚恳"，预示其用户能在驾驶汽车中体验到高科技带来的切身便捷。在大部分汽车制造企业的"互联网＋"技术还停留在概念阶段的时候，"挚途"已经给我们呈现了一个看似科幻但已接近现实的画面：汽车不只是代步工具，它最终的形态会是智能终端。"挚途"可以向人们展示包括手机叫车、自主泊车、拥堵跟车、自主驾驶等在内的智能功能，让人领略智能汽车生活的便利性。当然，"挚途"的规划远不止于此，汽车厂希望"挚途"在不久的将来能够再度升级与完善，尽快实现智能商业服务平台运营。

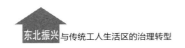

七 汽车厂老厂区的今天

通过上文的梳理，我们感受到，1953 年汽车厂第一次创业，结束了中国不能生产汽车的历史，创造了中国汽车工业从无到有的历史。第二次创业带来了垂直换型转产的汽车生产奇迹，实现了我国汽车工业从老到新、从落后到现代化的转变。第三次创业在改革开放后，中国汽车开始步入轿车时代，通过合资合作，中国汽车结束了轿车几乎空白的历史。现在，随着中国汽车进入了第四次创业阶段，汽车厂力图做强做优自主事业，为实现我国汽车强国梦做出新贡献。时至今日，依然坐落于汽车城西南的汽车厂老厂区虽不再承担最主要的生产任务，但走进这里的人们都会用心领略这座老厂 60 余载的沧桑变化，感受眼前这些厂房背后的共和国工业故事。汽车厂老厂区的正门前（见图 3 - 2），毛主席当年挥毫留念的奠基石和建厂时期的大门原址仍保留在宽阔的广场上。在草坪和花坛的衬托下，装饰一新的华灯、门楼、老厂房、高烟囱更是承载了汽车厂的峥嵘岁月。

图 3 - 2 汽车厂老厂区正门广场

一进老厂区大门，便是宽阔的中央大道，大道两旁栽种着成排的松树、柳树、桑树和桃树。如果没有严整的红砖厂房和机器发出的轰鸣声，人们定会以为走进了一座花园。走到距正门 500 米处，人们就会看到路面上不时出现三五辆正在试驾的最新型卡车，通过驾驶员的检验，它们就可以投放市场了！从整体上看，老厂区厂房排布有序，成行列式布置，保留了建厂时期的原貌。道路格局为方格网状结构，并以垂直相交的道路划分和连接。厂房的结构则采用轻钢框架结构，高开窗、立面简洁、中式设计突出，凸显出新中国成立初期的工业建筑风格。厂区内高耸的烟囱、鳞次栉比的厂房和密如蛛网的运货铁轨，散发着钢铁和机械的气息。

　　走进不同的车间，根据翻新和装修程度，我们能够将它们分为两类。一类是自建厂以来翻新度较低的，车间基本保持 20 世纪七八十年代的装饰风格，现在看来难免略有阴暗和破旧，这类车间大多负责一些辅助性的工作；另一类是装修风格较为现代的，这类车间往往承揽技术含量较高的任务，引进了高科技的设备与生产线，整体条件符合国际水平。如位于厂区正门直行 1000 米左手边的总装车间，该车间呈"西南—东北"走向，为狭长布局，车间采光较好，屋架全部采用钢铁支撑结构，车间一侧设有办公室、会议室、工人休息区和备品存放箱，另一侧则置有各种机床和自动生产线，中间是涂有豆绿色油漆的安全人行道。整个车间人力资源运用较少，大部分设备都已具备自动化的组装功能。总之，汽车厂老厂区正一如既往地作为一种符号象征承载着一代代汽车人的文化认同，并为汽车城不断地提供本土汽车工业经济与文化发展的持续动力。

第四章　汽车厂的工人生活区

　　汽车厂的工人生活区位于老厂区以北,这里最早的居民正是1953年建厂时迁来的第一批汽车工人。到目前为止,这片面积约1万平方米的工人生活区拥有5万多户家庭、将近20万人、2个街道办事处和12个社区居民委员会。很多"土生土长"的汽车厂人从出生到退休都未曾搬离这片区域,更有一些家庭已经是祖孙四代"生于斯、长于斯"。他们的衣食住行、生长病老等一切所需均可以凭借工人生活区内的各种设施完成。法国思想家亨利·列斐伏尔认为,城市中的"休闲、娱乐、交通、公共设施等无不涉及空间的概念。城市空间作为历史的产物,时刻都表现出社会属性,与生产力、技术、知识、社会分工、自然、国家以及上层建筑都是分不开的"[1]。可以说,20世纪50年代中国发展汽车工业的客观要求造就了汽车厂及其工人生活区的空间布局;而职工居民60余年的社会实践反过来又维持了现有空间的社会与文化再生产。

　　作为城市社会空间,汽车厂工人生活区并"不是单纯的自然物质或外在于人类活动的静止平台,它产生于有目的的社会实践,是社会关系的产物,内含某种意义,人们能够在空间中看到社会活动的展开"[2]。亨利·列斐伏尔区分了感知的空间(the perceived space)和构想的空间(the conceived space)[3],前者即物理形态的社会空间,如汽车厂工人生活区内的道路和建筑等,可以借助一定的仪器和工具进行量化的精确测量、描绘和设计;而后者则体现现实生产关系的要求,它本质上是一个被政客、专家和城市规划者创造出来用以维护现有统治秩序的抽象空间,它通过控制空

　　① Henri Lefebvre, *The Production of Space* (Blackwell, 1991), p.430.

　　② Henri Lefebvre, *The Production of Space* (Blackwell, 1991), p.154.

　　③ 李春敏:《马克思的社会空间理论研究》,上海人民出版社,2012,第203页。

间的符号系统和知识体系生成一种隐性的空间权力，干预现实的空间建构。如在汽车厂工人生活区中，各个街路的名称都有其蕴含的特殊意义；传统的红砖宿舍楼象征着建厂时期苏联援建的历史；街区内保留至今的雕塑、石刻和公园更有其背后的故事。下面，我们就走进汽车厂的工人生活区，近距离体验这一社会空间的基本构成及其附带的符号所指。

一　走进汽车厂工人生活区

不论今时还是往日，汽车厂工人生活区的"入口"都未曾改变。汽车城西南的宽平大路像一道隐形的城墙，将汽车厂职工的"生活世界"[①] 与市内其他地方区分开来。而一旦进入这个世界，首先映入眼帘的就是作为汽车厂工人生活区"骨架"的三条近万米的平行大道。东风大街是最南端的一条，也是开通最早的街路。毛泽东曾对国际形势有"东风压倒西风"的著名论断，汽车厂人以此典故为厂区门前的主路命名。除散布着多个街区的工人宿舍，东风大街的两侧还建有汽车厂总部大楼、职工医院、几十家大大小小的汽车厂子公司及配套公司；创业大街则是最宽阔的一条，它处在三条街的最北面，"拿出创业一般的热情"是汽车厂职工勇攀高峰的经典口号，这条街的西端直插二厂区正门，也象征着汽车厂对当年第二次创业开拓进取精神的继承；锦程大街是三条街中间的一条，取汽车厂出产的新车驶出锦绣前程之义。这条街相对最窄，两侧基本都是宿舍楼的后身，因此比较安静。三条大街相互平行，其间又有多条支路垂直穿入，形成汽车厂工人生活区的基本结构（见图 4-1）。

以这些横纵交错的不同街路为边界，汽车厂工人生活区被分割成一个个矩形单元，每个单元称为一个街区。各个街区主要由宿舍楼构成，这些楼房有的三五栋围合成封闭院落，有的十多栋按照行列整齐排布。不论是哪种形式，楼与楼之间都留有宜人的空间，还有绿地、凉亭、树木等元素，供汽车厂的职工居民在此休息娱乐。除此之外，街区周边还配有现代新式的大型商厦、游乐公园、大型公立医院、街头广场、公立中小学、各类独立商铺等，真可谓应有尽有！

---

① 汽车厂的职工居民习惯将到汽车厂以外办事称为"去趟市里"，这种语言习惯明显从认知上将汽车厂及其工人生活区与汽车城其他地区区分开来，使二者俨然成为两个"世界"。

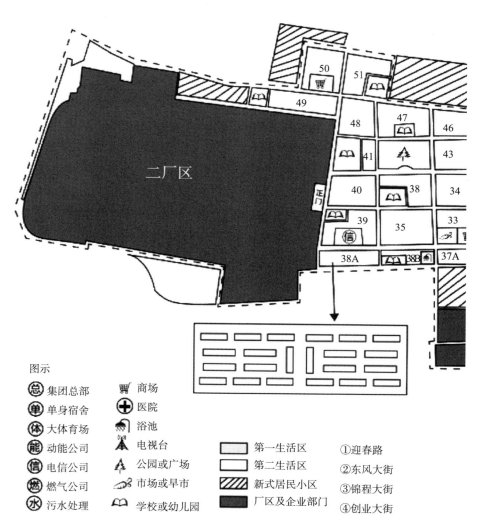

图示

(总) 集团总部　　(商) 商场

(单) 单身宿舍　　(医) 医院

(体) 大体育场　　(浴) 浴池

(能) 动能公司　　(电) 电视台

(信) 电信公司　　(园) 公园或广场

(燃) 燃气公司　　(市) 市场或早市

(水) 污水处理　　(书) 学校或幼儿园

第一生活区

第二生活区

新式居民小区

厂区及企业部门

①迎春路

②东风大街

③锦程大街

④创业大街

图 4-1　汽车厂及其

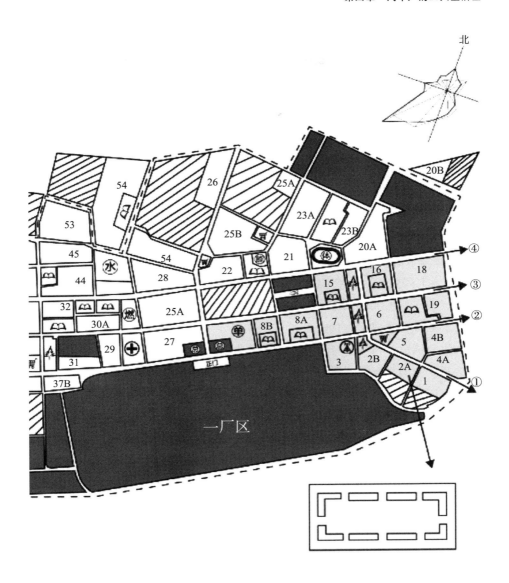

注：图中1至54号数字代表具体街区号

工人生活区的田野简图

二 汽车厂工人生活区的宿舍大院

汽车厂工人生活区的工人宿舍建于 20 世纪中叶，第一批于 1953 年破土动工，其后又通过统建、职工互助和委托建房等多种形式建设工人宿舍。房屋进行首次分配以后，职工还可申请增房、调房、串房，到目前为止，这些住房都已办理个人产权。按照建造时间和建筑样式，工人生活区内的工人宿舍可以分为两类：一类是 20 世纪五六十年代建造的 3～4 层苏联风格红砖宿舍楼，一般被本厂居民称为第一宿舍区，共包括 13 个街区，其具体范围被框定在厂区 9 号路以东、宽平大路以西、创业大街汽车厂宾馆以南、长沈铁路以北的区域内；另一类是 20 世纪 80 年代以后建造的 5～7 层混凝土宿舍楼，一般被本厂居民称为第二宿舍区，共包括 54 个街区，具体范围向西扩大到双丰东路、向北扩大到自立西街。到 2002 年，汽车厂完成了全部已建成宿舍的分配工作，结束了福利分房的历史。另外，作为国企改制试点，汽车厂于 2005 年开始逐步将其"单位办社会"的职能移交给新成立的汽车区。随后，经汽车区批准，一些房地产商以投资的方式在汽车厂工人生活区内陆续建造了多个新式居民小区，成为汽车厂工人生活区范围内的商业住宅区。

（一）第一宿舍区：苏联风格红砖楼

从宽平大桥拐进迎春路，就到了汽车厂的第一宿舍区（以下简称一区）。一区的"初步规划设计是 1952 年我国委托苏联建筑工程部城市建筑设计院进行的，该院设计的《汽车城西南区规划图说明书》（简称《说明书》）于 1953 年 4 月到厂，为一区的设计施工提供了主要依据。到 1956 年 6 月底，汽车厂按照《说明书》建设的住房全部竣工，共有 115 栋，合计 3.2 万平方米。1963 年，汽车厂又在进一步的统一规划下，学习大庆'干打垒'①的精神，建设简易平房宿舍 200 多栋，建筑面积 3 万多平方米，同时又对已有生活区住房陆续进行了续建和改造工程。人们习惯把当时在 300 工地（东风大街以南）建设的 5 个街区称为 300 宿

---

① 干打垒是土墙的一种，也称版筑墙或土夯筑墙，是按墙身位置放置模板，内倒配料分批夯打而成的一种筑墙方式。

舍区；把当时在 301 工地（东风大街以北）建设的 8 个街区称为 301 宿舍区。到 1981 年 7 月底，汽车厂一区的面积已达到 84 万平方米（包括其他区域非标宿舍）"①。

因其深厚的历史积淀和独特的建筑样式，一区分别于 2010 年和 2015 年被省和国家评为历史文化街区②，并得到制度和实践上的切实保护。吉林省非物质文化遗产保护工作专家组组长曹保明认为，"汽车厂是中国汽车工业的发源地，作为历史文化街区，汽车文化是其独有的烙印。该厂至今已有 60 多年的历史，已够文化遗产资格。在这里，有着清晰的传承性，留着汽车工人浓厚的文化印记。同时，它也是活态的存在"③。第一宿舍区房屋的整体风格融入了较为鲜明的苏联建筑风格，因此成为汽车厂工人生活区最引人注目的宿舍群。沿着迎春路一直往西走，整条路的两侧全部都是此类的三层宿舍楼（见图 4－2），这些建筑全部采用清水红砖墙④的建造工艺，并鲜明地体现出苏联欧洲古典主义建筑的美轮美奂：楼房平面规矩、对称性强，甚至楼与楼的排布都呈现别具设计的美感。同时，楼房的屋檐还开有装饰性的小型阁楼，为严整的传统工人宿舍带来了些许生动和明快。宿舍楼的顶层外墙还镶有"绶带花环"的白色石膏浮雕。为了突出视觉效果，位于突出位置的窗框还变换样式，均采用砖拱工艺的半圆形窗檐，窗檐的半圆形内部还嵌有白色的拉伸花瓣，与同楼的普通方窗交相辉映。同时，建筑的阳台、门口等细节均采用统一的装饰与构件，厨卫房间则配以小型八角窗，尽显苏联建筑风格的设计美感。

除了上述外形以外，一区的住宅楼还存在另一种形式，即在苏联建筑风格中加入了中国传统的建筑元素。行至锦程大街，这些四层房屋（见图

---

① 汽车厂史志编纂室编《汽车厂厂志》第一卷（上），吉林科学技术出版社，1991，第 114 页。

② 汽车城市政府于 2007 年开始将第一宿舍区及部分老厂区的保护纳入制度化管理范畴，并于 2009 年开展省级历史文化街区的申报工作，2010 年 3 月省政府正式致函批准将其选入省级历史文化街区。2015 年 4 月，住建部、国家文物局联合下发通知，将汽车厂历史文化街区选入第一批中国历史文化街区。

③ 王小野：《住建部、国家文物局联合公布第一批 30 个中国历史文化街区名单：汽车厂历史文化街区首批入选》，《新文化报》2015 年 4 月 23 日，第 B02 版。

④ 即红砖墙砌成后，外墙面只需勾缝，不需抹灰。这种砌墙工艺对砖的要求极高，要求大小均匀、棱角分明、色泽有质感，价钱是普通砖的 5～10 倍。在接楼手法上，清水红砖墙要保证砖缝规范、灰浆饱满、有美感，门窗洞口要使用拱、花等工艺。

图 4 - 2 第一宿舍区苏联建筑风格居民楼

4 - 3）一方面采用斗拱飞檐和青砖灰瓦的建筑形式，淋漓尽致地展现出中华民族的精湛建筑技艺；另一方面，依旧未变的对称性红砖墙和回纹阳台又将人们带回到苏联工业援建时期的特殊历史氛围中。其实，这种中苏结合风格同样与苏联的社会主义无产阶级思想相关，斯大林多次提出"社会主义的内容，民族的形式"，即"社会主义内容的无产阶级文化，在卷入社会主义建设的各个不同的民族当中，应当依照不同的语言、生活方式等，采取各种不同的表现形式和方法。内容是无产阶级的，形式是民族的——这就是社会主义所要达到的全人类的文化。无产阶级文化并不取消民族文化，而是赋予它内容。相反，民族文化也不取消无产阶级文化，而是赋予它形式"[①]。在汽车厂的一区中，斯大林的社会主义建设构想被付诸现实，中国与苏联建筑风格的结合体现出以中国本民族的具体形式来表现社会主义的普适性内容，透露出新中国社会主义初级阶段的工业文化特质。

从整体上看，汽车厂一区的建筑格局以院落住宅形式为主，每个院落呈围合布局，形成封闭的庭院，庭院中留有绿化及活动场地，给职工居民提供了良好的休憩和活动环境。这里的绿化覆盖率高、层次丰富，既有绿地，又有庭院花坛，给人以花园小区之感。

[①] 斯大林：《论东方民族大学的政治任务》，中共中央马克思恩格斯列宁斯大林著作编译局译，载斯大林：《斯大林全集》第七卷，人民出版社，1956，第117页。

图 4-3 第一宿舍区中苏结合风格居民楼

（二）第二宿舍区：定型标准式单元楼

从汽车厂老厂区正门广场往西北方向走，就能看到大片另一种样式的职工宿舍楼，即汽车厂的第二宿舍区（以下简称二区）。这些楼房建于 20 世纪的后 20 年，为 5~7 层，采用当时流行的混凝土结构。其外观与汽车城其他区域同时建造的房屋相比并没有多大区别，都是一栋栋行列整齐的定型标准式单元楼（见图 4-4）。但不同的是，第二宿舍区的宿舍楼规模更大，仅街区的数量就是一区的 3 倍之多，而每个街区内的楼房栋数也远多于一区。每个街区内的宿舍楼都是按照栋数顺序排列，各楼的侧面都有汽车厂统一的栋号标识。较一区相比，二区楼与楼之间的休憩空间相对有限，建筑也不讲求审美，更与历史文化街区无缘，但这片区域偏居一隅，街区周边较为空旷，居民的生活显得更加安静，因此同样能够呈现与众不同的特点。

20 世纪 80 年代初，"汽车厂先后制定了《第二宿舍区初步设计方案》和《第二宿舍区规划设计方案》。工厂决定在不断发展生产的基础上，每年拿出一部分资金，实施二区的规划建设。该宿舍区建筑工程于 1983 年 4 月正式开工，每年计划建成 8 万~10 万平方米，住宅均采用汽车厂自行设计的定型标准单元组合而成"[①]。到 1989 年，汽车厂"先后投入 2.2 亿元，

[①] 汽车厂史志编纂室编《汽车厂厂志》第一卷（上），吉林科学技术出版社，1991，第 115 页。

图 4 - 4　第二宿舍区居民单元楼

建设职工宿舍 402 个栋，93.8 万平方米，相当于建厂前 30 年职工宿舍建设数量总和的 1.6 倍。但由于人口增长过快，每年职工及其子女的结婚人数超过 5000 对，生育婴儿 2500 多个，每年新入厂的工人、大中专毕业生、技工学校毕业生及转业退伍军人有数千人之多，造成无房户与增房户同步上升。到 1989 年底，职工中仍有纯无房户和严重拥挤户 8000 多户，约占职工户数的 21.6%"①。为解决这一问题，汽车厂从 1990 年开始以职工互助建房和委托建房的方式进行住房建设。前者即采取职工筹资建设住宅的办法，逐步缓解居住供需矛盾。1990 年末，"厂职代会通过《汽车厂职工互助筹资建设住宅暂行办法实施细则》等文件，对互助对象、规模、标准做出明确规定。根据不同条件，职工每人每平方米缴纳互助金 3~10 元不等即可获得宿舍。1991 年，通过职工互助筹资建成职工住宅 1 个栋（694 栋），建筑面积 3771 平方米，共 60 套 119 间，每间建筑面积 32 平方米"②。而后者是指职工个人投入资金，委托汽车厂建造住房。委托建房出资标准根据房屋的建筑面积、楼层等因素，按当年住房建设实际造价确定，每年调整一次。1996~1999 年，汽车厂共筹款 4 亿元，委托建房 61 个栋，建筑面积

① 汽车厂厂志编辑部编《汽车厂厂志（1987—2011）》下卷，汽车厂集团公司，2013，第 1630 页。

② 汽车厂厂志编辑部编《汽车厂厂志（1987—2011）》下卷，汽车厂集团公司，2013，第 1631 页。

29.89 万平方米。到 2002 年为止，汽车厂的所有已竣工的职工宿舍全部完成了分配，从此该厂的福利分房历史也画上了一个句号。

（三）由房地产商开发的新式商品住宅

汽车厂虽然于 2002 年结束了福利分房的历史，其"单位办社会"的职能也于 2005 年前后被移交给新成立的汽车区，但这并不意味着汽车厂工人生活区范围内不再有新的住宅区建成。汽车区除对汽车厂的第一、第二宿舍区进行管理外，还通过市场机制引入房地产商，对工人生活区内的一些破旧街区进行拆除与重建，最终建成了多个新式居民小区，如建于一街区附近的 C 小区（见图 4 – 5）、建于原 13 和 14B 街区处的 T 小区等。这些小区分散在汽车厂工人生活区的不同位置，均采取封闭式园区管理的方式，内部楼房为 6 ~ 28 层不等，入住这里的业主则来自四面八方。至此，汽车厂的工人生活区也终于不再是汽车厂职工居民的"天下"。

图 4 – 5　汽车厂工人生活区内的新式商品住宅

三　汽车厂工人生活区的城市景观

除宿舍区外，汽车厂工人生活区在各街区周边还配有各种服务设施，并以此组成特有的城市景观。20 世纪 80 年代，这里就已经有"百货商店、邮局、银行、新华书店、饭店、药店、照相馆、文体设施，形成一个商业、服务业及文化娱乐中心。同时，菜场、粮油店、托儿所、幼儿园、小学校等设施也分散布置在街区的内部"①。而现在，这些城市景观不但在种类和数量上有所增加，而且在产权和经营方式上也都有所变迁，如原来由汽车厂子弟教育处管理的中小学、大专院校等已经交由所在的汽车区教育局来管理；计划经济时代的百货商店、新华书店、饭店、药店等现在已经彻底按照市场机制运行，并在多年经营中不断扩大与发展。

（一）消费区：商场与市场

汽车厂工人生活区内的百货商场和农贸市场是职工居民的主要购物场所，此处多个农贸市场最主要的功能是方便居民购买下厨所需的柴米油盐，而且能够保证价格的实惠和菜品的新鲜。除了能够满足居民基础性的饮食需求，工人生活区内的大型百货商场还是居民更加多元化的购物去处，售有服饰、家电等价格相对较高的商品，这里几家主要商场的规模虽然无法与市中心的相提并论，但商品的种类还是应有尽有，可以满足居民几乎全部的购物需要。同时，汽车厂工人生活区内的商场和市场有其经营的大致辐射范围，我们可以据此划分出两个消费中心。

一个消费中心的辐射范围主要是一区，其中最大的商场是汽车厂百货大楼（简称"车百"），最大的农贸市场是一个长达300多米的"早市儿"。"车百"位于东风大街和迎春路的交会处，这里是一区居民购买相对高档商品的去处，其"前五后八"的现代楼层结构加之沿街的大幅时尚广告，与周边的苏联红砖楼形成强烈的反差。同其他商场一样，"车百"的商品可谓多种多样，从各类食品到文体用品、从鞋帽箱包到各大品牌服装应有尽有。另外，对于购买每日所需的农产品和日常用品，一区居民一直习惯到15街区西侧的"早市儿"购物。每天早上5点多，来自城郊的菜农、果农和做买卖的小贩都不约而同地来到这里摆摊设点。为了买到新鲜、便宜的食物，附近的居民也早早赶来，在叫卖声和比肩接踵的环境下购买自己的所需。这些小商小贩，有的直接在地面铺上一层薄毯或塑料布摆放蔬菜、小百货等；有的支起一个简易架子，将水果、调味料、生肉、活鱼等放置在便于人们挑选的高度；有的则自带煤气罐，沿街制作浆子（豆浆）、油条、豆腐脑、油饼、拉面等食物，前来买菜的人一般都会打包

---

① 汽车厂史志编纂室编《汽车厂厂志》第一卷（上），吉林科学技术出版社，1991，第115页。

一家人的早餐，或者坐进撑起的大棚内吃上一口。而一到早上9点，"早市儿"的买卖双方都会自觉散去，使城市恢复应有的宁静。

另一个消费中心的辐射范围主要是二区，由于二区是相对新建的街区，因此这里的商场和市场在规划上更加合理，其最大的X商场和C综合市场统一位于33街区，且都在室内。X商场于1999年底成立时只是一家单层超市，经过十年的发展，于2009年初改制成董事会制，并投资2500万元进行升级改造，变为现在的两层，一楼主要经营服饰鞋帽，商品多以中低档的专卖品牌为主，并在临街一面开有各类快餐店；二楼是大型连锁超市及自制食品区，商品种类齐全，质量也有保证。而其西面的C综合市场则稍显简陋，这里本来只是一块水泥空地，市场经营者在空地上修建了多列平房，两列之间形成过道，过道地面挖有排水槽，并盖有防雨大棚。消费者可以在不同的过道内选购各种类别的商品，如蔬菜、水果、肉制品、水产品、调味料、小百货等。

（二）休闲区：公园与广场

街区周边的公园和广场是汽车厂工人生活区居民目前主要的休闲场所。按照一区和二区的地理分类，我们仍然可以在工人生活区内划分出两个休闲中心。

一区的休闲中心位于"车百"对面，代表场所分别是迎春广场和共青团花园。其中迎春广场面积达300平方米，白天基本处于闲置状态，每晚19~21时，住在一区的一些中老年人就会到此进行广场舞锻炼。而共青团花园则是汽车厂工人生活区修建最早的公园，它是一座南北500米长的狭长公园，面积约4000平方米。游人走进正门，首先会看到刻有"激情燃烧"四字的奇石，其意义在于让职工铭记工厂创建时期的拼搏与进取。绕过奇石，走过遍布绿树藤蔓的木匝道，接着又会看到一座金光闪亮的"哪吒闹海"铜雕（见图4-6）矗立在圆形水池之中，雕像中的哪吒正与一条龙扭打在一起，猛龙卷曲着身体，将巨吻伸向哪吒。而哪吒也并不示弱，正从龙尾奋力跃起，手持乾坤圈向龙的顶门砸去。理解这座铜雕的意义则要从建园的历史说起，共青团花园建于"大跃进"时期，人们欲用哪吒不畏龙的神话传说象征当时天不怕地不怕"全民大炼钢铁"的决心，而且此雕像的原材料正是当时从各家收集来的铜铁。这座雕像的后身就是花园主体，中轴线是一条过道，两侧均分布有花丛、草坪与树木。

图 4 – 6　共青团公园内的"哪吒闹海"铜雕

二区的休闲中心是岱山公园。该公园位于创业大街西端，建于 20 世纪 80 年代末，于 2010 年重新装饰一新。此公园面积较大，园内面积就有 10000 平方米，正门外又留有石板广场，十分宽敞大气。而公园名字的由来还要从一位汽车厂的烈士陈岱山①（见图 4 – 7）说起，他为抢救国家财产而壮烈牺牲。

1971 年 12 月 25 日晚 21 点多，汽车厂总装配线喷漆室突然起火，严重地威胁着人员和机器设备的安全。危急关头，正在车间工作的陈岱山大喊一声："同志们快去救火！"他扛起两个灭火器，飞速向火场跑去。这时，几百名同志也闻风而动，从四面八方赶来灭火。火势越烧越大，火焰蹿起七八米高，附近的管道和运输链烧得通红，热浪烤得人难以靠近，他冲在最前面同烈火展开近战。透过火光，他猛然发现火焰正接近喷漆室旁边的十几桶油漆。油漆如果被火烧着，就会造成更严重的后果。"快抢漆桶！"他边喊边冲了进去。他不顾随时可能

---

①　陈岱山（1947～1972 年），革命烈士，河南苑县人。

爆炸的危险，抱起近 20 公斤重的油漆桶，一次又一次地往外搬运。衣服冒烟了，裤脚烧着了，他全然不顾，一个劲儿地往外搬。就在他搬到第 7 桶的时候，意外的事情发生了，只听"砰"的一声，怀中油漆桶爆裂，滚烫的油漆喷了一身，陈岱山顿时变成了一个"火人"，但他将生死置之度外，毅然向着熊熊烈火扑去。只见他身子一晃，倒在地上。入院后，他同伤病进行了顽强的搏斗，每天换药两次，每次两个多小时，把紧紧贴在身上的纱布揭下来就像剥一层皮似的，疼痛难忍，他浑身颤抖，牙齿咬得咯咯直响。虽然医护人员日日夜夜奋力抢救，他终因伤势过重，于 1972 年 2 月 9 日光荣牺牲。陈岱山曾先后 5 次为抢救国家财产舍生忘死。一次，他到外地进行慰问演出，遇到一个单位的旧布垛自燃起火，他抢过一支水枪，带头爬上垛顶冒着随时陷入火坑的危险英勇救火。还有一次，车间喷漆室着火，他不顾顶盖塌落的危险，勇敢地爬上离火最近的高架，冒着烟熏火烤，一直到把火扑灭。陈岱山之所以被称为英雄人物，不是偶然的。1968 年到汽车厂底盘分厂装配车间当装配工，他主动要求到最紧张、最劳累的拉杆工位。他虚心向老师傅学习，勤学苦练操作要领，创造了生产纪录。为适应工作需要，他苦练成多面手，班里各工位的活儿都能拿得起来。在他的带领下，全班开展了学多面手的活动。他对技术精益求精，对质量一丝不苟。一次，下夜班时，他发现有个工位漏装了 1 个转向节锁紧螺母。当时，有人建议明天早晨再查。他知道，这个螺母漏装，汽车开动起来，轮子就会飞出去，造成重大事故。他坚决主张立即动手，在明天上班前一定要查出来。他拿着扳手和班长攀上悬在半空中的运输链防护网，查了起来。每查 1 个前桥总成，都要把轮毂盖上的 4 个螺丝拧下来，打开盖子才能看到是否漏装。直到凌晨 3 点钟，终于找到了那个漏装锁紧螺母的前桥总成。1972 年 5 月，汽车厂党委召开学习动员大会，授予陈岱山"模范共青团员"的光荣称号，根据他生前表现，厂党委追认他为中国共产党党员，并追记一等功。省委授予他"革命烈士"称号，并作出决定号召全省广大干部、群众特别是共青团员和青年向陈岱山同志学习。①

---

① 汽车厂厂志编辑部编《汽车厂厂志（1987—2011）》上卷，汽车厂集团公司，2013，第318 页。

图 4-7　岱山公园内的陈岱山烈士塑像

现在，陈岱山的半身塑像仍旧立在公园正门内的圆形广场中，时刻令人铭记曾有一位烈士在这里工作过。

（三）其他城市景观：幼儿园、学校、医院

作为五脏俱全的"企业小社会"，汽车厂工人生活区内还建有医院、幼儿园、中小学、大中专院校等，它们和前文提及的宿舍区、消费区、休闲区共同组成了区域内完整的城市景观。

汽车厂总医院现位于东风大街中段、老厂区正门对面偏西。该医院占地面积9.9万平方米，建筑面积6.6万平方米，拥有开放床位1000余张。在医疗条件方面，汽车厂总医院有临床科室30个，在岗职工1600余名，每年的门诊量达到70余万次，年住院人数近3.5万人，是一所大型的综合性三级甲等医院。同时，拥有从幼儿园到大学的全套教育设施则是汽车厂的一道独特风景。汽车厂工人生活区内幼儿园数量最多时达32所，现整合为8所，并统一隶属于汽车厂的幼教中心，该中心下属的幼儿园有"3所省级示范园、5所市级示范园，总占地面积60762平方米，建筑面积33451平方米，教职工565人，在托幼儿2400余名，是吉林省最大的专业幼教机构"[1]。另

---

[1]　汽车厂厂志编辑部编《汽车厂厂志（1987—2011）》下卷，汽车厂集团公司，2013，第1647页。

外，汽车厂建立的中小学也不在少数，到目前为止，汽车厂工人生活区范围内共有 16 所中小学，还曾建有大专院校，如汽车工业高专、职工大学、技工学校等。

四 汽车厂职工居民的日常活动

作为社会空间的汽车厂工人生活区是职工居民日常生活的承载与平台，人们日复一日的社区生活使这个物理意义上的空间被"激活"。每日清晨，天刚蒙蒙亮，汽车厂工人生活区新的一天就正式开始了。零星的灯光最先透出一栋栋宿舍楼的窗，这些习惯早起的居民，有的在厨房准备一家的早饭，有的则步行至附近公园晨练、遛狗，还有的来到"早市儿"购买新鲜的果蔬肉蛋。转眼到了早上 7 点，人们纷纷走出家门，从各个街区走向自己的单位或学校，这些人包括穿着工作服的工人、衣着西装外套的行政人员、身着运动款校服的中小学生以及便装出来散步的居家老人。这时，路面上的行人及车辆越来越多，车水马龙的嘈杂声充满整个工人生活区。上午 8 点，工厂职工开始上班，工人子弟们也照常上课，工人生活区则暂时回归安静。没过多久，各个商场、银行、书店、邮局、饭店等公共场所都有条不紊地开门营业，很多退休居民也三五成群地聚在一起打发闲暇时光。10 点多，街区周边的小商店会迎来一场购物风波，一些家庭主妇经常要购买用于午饭的必需品。当然，很多人也喜欢在这样明媚的上午出来走走。每到 12 点左右的午休时分，汽车厂的工人生活区和厂区又都喧闹了起来，很多工人从厂区走向附近的小餐馆，招呼服务员赶快端上可口管饱的套餐。为了解乏，几个要好的同事一般还要来上小菜和啤酒。除了工人，一些中小学生也走出校园，有的回家吃饭，有的来到校外的快餐店和同学共进午餐。午后的时光，人们总会产生几分困意，工人生活区也再次安静下来。直到下午三点半，第一批放学的小学生陆续走出校园，街边的玩具摊、食杂店、课后辅导班都热闹起来。不一会儿，街区周边的大小商店、超市也迎来了下班买菜的"大军"。傍晚 18 点多，大多数居民都聚到温馨的家中，坐在一起享用美味的晚餐，每日的紧张与忙碌终于在这一刻被抛之脑后。晚间 19 点，汽车厂工人生活区迎来了休闲与放松的时刻。一部分人会打开电视收看新闻或剧集节目，另一部分人则走出家门开始散步或锻炼。这时，街区周边的几个广场、花园、公园变得人来人往，有的人行列排开做起健身操，有的人摆开队形跳起广场舞，还有的人围成圆圈扭起大秧歌，哪怕天色渐暗也无法掩盖人们的欢快与热情。很多居民更是在路灯下摆出地摊，贩卖一些日用百货……夜幕下的汽车厂工人生活区成了一个灯火通明的不夜城，这种热闹的场面直到晚上21点多才会散去。当然，这里毕竟不是市中心，大多数人第二天还是要继续工作与学习。夜晚22点多，汽车厂工人生活区已经空空荡荡，大家也都回到家中准备进入甜蜜的梦乡。

第五章 "单位办社会"时期的
集体记忆

  汽车厂职工居民脑海中留存的有关"单位办社会"时期的集体记忆，并非已有的厂志、大事记所记载的内容，因此常常被官方的历史排除在外，从而导致汽车厂工人生活区计划经济时代宿舍生活的历史图景遗有大量的"留白"。实际上，该厂职工居民关于宿舍生活的集体记忆能够呈现一种普通民众的历史、日常生活的历史和极易被人忽略的基层社会历史。我们应当从人类学和民族志调研的角度还原汽车厂居民关于"单位办社会"时期最为本真的生活片段，并阐释其能够留给我们的社会与文化意义。

  法国社会学家哈布瓦赫早在 20 世纪 20 年代就提出了集体记忆这一概念①，他认为"集体记忆是活跃的过去，能够形成我们的认同"②，并在其代表作《论集体记忆》一书中继续指出："大多数情况下，我之所以回忆，正是因为别人（当然也可以是与别人或自己的某段经历相关的自然景物）刺激、促动、激发了我；他们的记忆帮助了我的记忆，我的记忆借助了他们的记忆……人们通常正是在社会之中才获得了他们的记忆的。也正是在社会中，他们才能进行回忆、识别和对记忆加以定位和规范记忆的文化框架，就是所谓集体记忆或记忆的社会框架。"③ 根据他的理论，刘亚秋④进

---

① 哈布瓦赫也区分了与集体记忆相关的一些概念，如自传记忆是我们自身经历的那些事件；历史记忆是通过历史记载影响我们的记忆；而历史则是对那些与我们不再有生机联系的过去的记忆，即一旦我们与过去失去联系，记忆就不可避免地要让位给历史。

② 杰弗瑞·奥利克、乔伊斯·罗宾斯、周云水：《社会记忆研究：从"集体记忆"到记忆实践的历史社会学》，《思想战线》2011 年第 3 期。

③ 哈布瓦赫：《论集体记忆》，毕然、郭金华译，上海人民出版社，2002，第 68 页。

④ 刘亚秋：《从集体记忆到个体记忆——对社会记忆研究的一个反思》，《社会》2010 年第 5 期。

一步提出"集体记忆生成的一个条件",即通过两个人对话所建构的氛围,使个体记忆在集体记忆中被理解,集体记忆同时也赋予个体记忆意义。在具体的田野操作层面,笔者曾多次尝试同时对两位及以上的汽车厂老居民进行访谈。从中得到的采访结果,与其说是他们对问题的"回答",不如说是他们在被唤醒对某一经历的记忆之后进行的一种"对话协商",这种协商式的田野素材最终构成了单位社区居民的集体记忆,并为我们还原出这段工人生活文化史。

汽车厂"单位办社会"的集体记忆主要依据职工居民的日常生活场景展开。在汽车厂工人生活区中,居住记忆是首位的,它为我们讲述了一个个工人家庭内部和不同家庭之间的真实故事——分房、串房和增房的记忆令人喜悦激动,邻里之间的鸡毛蒜皮更让人记忆犹新。同时,职工居民关于购物、饮食、求医、幼儿保教、子弟求学等福利生活的真实经历也构成了难以忘怀的记忆。另外,当时的工人生活区也存在居民委员会,一位八旬高龄的退休居委会主任也向我们介绍了计划经济时代的社会治理实践。通过对上述集体记忆的归纳,笔者在本章最后总结出了汽车厂"单位办社会"时期集体主义生活的特点。

一 一户多家的居住记忆

20世纪中叶,汽车厂及其工人生活区的建设可谓万丈高楼平地起,经历了从无到有的过程。建厂初期,由于建成的宿舍面积有限,汽车厂因此采取"宿舍全用于单身"的做法,即将当时仅有的300工地的5个街区全部以单身宿舍的形式分配给符合条件的职工,将每户2~4室的苏联建筑风格套房按每室平均3人的标准进行分配。

后来,随着职工人数的持续增加和大批职工家属的陆续到来,汽车厂改变了原有的住宿安排,并开始采用一户多家的居住格局,用以满足职工的住宿需求。一方面,工厂缩减单身宿舍的栋数,将套房以室为单位分配给符合条件的已婚职工;另一方面,汽车厂从整体上扩充宿舍面积,在扩建301工地的8个街区的同时,又在工人生活区外寻得适合职工住宿的房源,尽量让更多的职工家庭住进工人宿舍。这样一来,当时每套住房平均都会有3个家庭入住,此种居住格局也一直持续到20世纪八九十年代。

(一) 分房：空间有限的工人宿舍

在汽车厂工人生活区的"单位办社会"时期，职工宿舍的空间面积十分有限。据《汽车厂厂志》第一卷（上）记载，汽车厂"20世纪50年代共建有127栋宿舍，总建筑面积270540平方米，居住面积123651平方米，人均居住面积5.73平方米"[1]。当然，这些有关住房面积的数据还根据宿舍建设情况、员工人数等因素，处于不断变化之中。"从70年代中后期开始，特别是党的十一届三中全会以后，汽车厂的职工生活福利文化设施建设规模进一步扩大，到1981年7月底，职工住宅面积已达840000平方米（包括其他区域非标宿舍），人均居住面积为3.3平方米。"[2] 从这组数据我们能够看出，20世纪50年代汽车厂建厂之初，第一批建成的宿舍楼使天南海北来支援汽车厂建设的产业工人有了舒适的生活空间，由于当时的单身职工较多，还有一些职工没有将家属带来，因此人均居住面积可达5.73平方米。而随着汽车厂产量的增长，招募职工的数量一增再增，虽然职工宿舍一直在扩建，但显然无法满足职工的需求，更何况到20世纪80年代初期，大多数职工都已经将自己的亲属接到宿舍，并养育子女，因此人均居住面积非但没有增长，反而下降了，降到每人3.3平方米的程度[3]。这种情况在当时来看并不少见，在东北老工业城市的同类型社区中，这样的例子也屡见不鲜，只是当人们用今日商品化住宅的视角对其进行审视，会觉得那时的宿舍条件相对简陋。

如果用口述史的方式对汽车厂工人生活区的职工居住记忆进行梳理，我们能够得到以下宿舍大院的生活故事。1953年建厂之初，面对十分有限的住宿条件，汽车厂将所有已建成的工人宿舍都安排成单身宿舍，以"分配床位"的方式接受符合条件的在职工人住宿，一般每个房间居住3~4

---

[1] 汽车厂史志编纂室编《汽车厂厂志》第一卷（上），吉林科学技术出版社，1991，第114页。

[2] 汽车厂史志编纂室编《汽车厂厂志》第一卷（下），吉林科学技术出版社，1992，第322页。

[3] 20世纪六七十年代，越来越多的职工居民将自己的亲属接到宿舍合住，原来以单身宿舍为主的居住形式不得不变为以家庭为主的居住形式。当然，文中提供的数据是经官方途径调查而来的，而在实际的宿舍生活中也会存在亲朋好友临时居住等情况，实际的住宿情况很有可能比史志文献中所描述的情况更加复杂。

人。关于单身宿舍时期的居住记忆，汽车厂退休老工人 Q 大爷说道：

> 我 1954 年就来厂了，是市技校毕业分配的，我们那一批学生都来了，来的时候厂房还没盖好呢，只有临时车间。宿舍有，但那会儿的宿舍只给单身职工用，不分给各家。一般 300 工地的宿舍都是 3 个人一个房间，等到东风大街道北 301 工地的房子盖好了就是 4 个人一个房间。我刚开始住 26 栋，以后又到了 88 栋、85 栋，再就是 105 栋，这都是单身宿舍的时候。在汽车厂住单身（宿舍）的时候，我就挺高兴了。一个人住也觉得条件好，屋里暖和——有暖气、有热水，大家反正都挺高兴的。①

可以看出，汽车厂在 20 世纪 50 年代初采取"边建设边生产、边生产边生活"的建厂方式。为了保证生产得以进行，简易的临时车间在 1954 年已经建好，第一批入职工人可以在此从事基础性的生产工作。虽然当时的车间厂房是临时的，但最早的 300 工地的宿舍区已经建成，工厂以单身宿舍的形式安排每 3 位工人同住一室。几年以后，东风大街以北的 301 工地的宿舍区建成，由于这批房屋的房间较大，因此工厂安排每 4 位工人同住一室。后来，汽车厂的就职人数逐年增多，工人提出安排随迁家属同住的诉求，于是工厂在 1960 年前后在扩建宿舍楼的基础上，又在工人生活区之外安排了合适的房源，供职工及其家属居住。关于这段记忆，Q 大爷继续说：

> 1960 年，我家里来了 4 口人，厂里房子还是不够，就让我们先住到西朝阳路，当时那边也是汽车厂整的宿舍，后来又搬到东朝阳路。那些房子都是伪满时期留下的日本小房，是楼上楼下两层的房子。这一栋房子里我们分 5 家人住，楼上 3 家、楼下 2 家，我家在二楼。哎呀，当时房子分下来以后，我们感觉老好了，住上小洋房了！邻居也都是本厂的，互相都认识，楼下还有个小院儿，没事儿我们就坐

---

① 被访谈人：Q 大爷（男，82 岁，退休钳工），访谈人：杜实，访谈时间：2015 年 10 月 28 日，访谈地点：汽车厂第十四离退休工作站会议室。

着唠嗑儿。①

按照 Q 大爷和其他接受采访的老同志回忆的内容，1960 年左右，由于汽车厂的房源还是无法满足职工日益增长的住宿需求，因此该厂选择在工人生活区以外为职工居民提供住房。这些房屋虽然位于汽车厂的范围以外，但各项标准都与厂内宿舍一致，而此时所有这些宿舍的居住格局几乎全部都从以单身宿舍为主变为一户多家的形式——每栋楼都以房间为单位，分配给符合条件的不同职工家庭。此时，一区的宿舍楼也逐渐多了起来，更多的职工居民可以在此居住。在汽车厂的房产管理方面，工厂于1953 年 2 月成立房产组，隶属于行政处。经过历次机构调整，汽车厂规定，职工具有 8 年工龄，28 岁以上，家属为城市户口，以男方为主申请住房。老工人 W 大爷在接受采访时说：

> 我 1955 年初中毕业，1954 年上学的时候就"为汽车厂添砖加瓦"，1956 年 4 月 27 号正式到汽车厂报道，之后一直干到退休。刚进厂的时候没给我分房，1970 年底我才从原来的住处搬进汽车厂，那会儿住的是 105 栋 2 门 2 楼，两家一中门儿的（一户房屋内同住两家人），厨房、厕所、洗澡间都是共用的。搬来前儿，我家是老少四辈儿八口人儿，哎，那时上下铺啊，床挨床，出去上个厕所再回来就没地方（睡觉）了！好在我那时候在厂里头经常加班加点，实在不干啥（受不了）呢，我就到单身宿舍借一张床睡觉。②

从 W 大爷的表述中，我们一方面能够还原出当时一区居民居住情况的原貌，如每套房至少两家同住，每家的人口数量也较多，在日常生活中，两家必须共享房中的公用设施；另一方面，工人当时并不在意十分有限的住宿条件，而是将更多的精力投入到紧张、忙碌的生产活动中，这很容易让人联想到当时汽车厂工人鼓足干劲、不计较个人得失的无私奉献精神。

---

① 被访谈人：Q 大爷（男，82 岁，退休钳工），访谈人：杜实，访谈时间：2015 年 10 月 28 日，访谈地点：汽车厂第十四离退休工作站会议室。
② 被访谈人：W 大爷（男，79 岁，退休铸造工），访谈人：杜实，访谈时间：2015 年 4 月 28 日，访谈地点：W 大爷家。

从整体上看，W大爷第一次分房就能有两家一户的待遇实属不易，这在当时算得上是汽车厂工人生活区内较为舒适的居住空间，而1966年从部队转业进厂的Y大爷就没这么幸运，他说：

> 我1966年来汽车厂，之前在部队当兵，来的时候我24岁，来了两三年才结婚、有小孩，这才稳定下来，慢慢资历高了，单位才给我分房。刚开始没分到生活区里，是在开运街。隔了三四年吧，1970年前后，厂里给了我一间94栋的房子，四家一中门儿（四家人同住一户），那会儿没房子啊，就是6家挤我也得要啊！真是啊，可挤了，大家公用厕所和厨房，我那屋是13平方米，住了四口人，睡的上下铺。[①]

可见，建厂初期的宿舍面积还是相当有限的。对工人来说，能分到工人生活区内的红砖房已经是最好的归宿，至于所分宿舍的地点、楼层和同屋邻里情况则完全不在人们主观选择的范围内。但不论怎样，工人生活区内的宿舍楼还是无法满足所有工人的住宿需求，还有一部分老工人当时只能住到临时搭建的宿舍区，S大爷回忆道：

> 我是此地生人，小时候住在孟家南站的铁路宿舍——就是自己家盖的破土房，那房子漏得不行，都快塌了，家里一共四口人，还有父母和弟弟。我来汽车厂参加工作的时候才15周岁，那时候我小学六年级毕业一年在家复习呢，正好是劳动局分配，厂子（汽车厂）要人儿啊，缺人。我听说以后，赶紧到委（居委会）上开的介绍信，完了去市劳动局，就给我分配了，一入厂先当学徒开天车。1968年我结婚，单位的房不够分，就让我住到了孟家砖厂那边的简易宿舍，那都是过去伪满时候日本雇工留的砖房，在那住了十四五年。[②]

---

① 被访谈人：Y大爷（男，73岁，热处理厂二车间退休工会主席），访谈人：杜实，访谈时间：2015年10月28日，访谈地点：汽车厂第十四离退休工作站会议室。
② 被访谈人：S大爷（男，72岁，油漆车间退休安全防火员），访谈人：杜实，访谈时间：2015年10月28日，访谈地点：汽车厂第十四离退休工作站会议室。

孟家即汽车厂西南方的孟家屯，这里在建厂之前就留有伪满时期日军细菌工厂雇工的简易砖房，汽车厂建成之后，厂领导将这些砖房统一修整成简易宿舍，主要供分房资历尚浅的职工及其家属居住。这类宿舍的质量较差，全部为临时搭建的平房，房屋破损和维修更加家常便饭，甚至很多人将这里称为汽车厂的"贫民窟"。总之，汽车厂工人关于分房的集体记忆不仅印证了厂志中记载的宿舍一区之居住历史，还发掘和还原出很多厂志中并未囊括的民众生活细节，如"宿舍全用于单身"的记忆、生活区外的住房记忆和孟家附近的临时宿舍记忆，这都是"单位办社会"时期最为真实的基层社会史。

（二）邻里关系：有苦有甜的铭心记忆

在一户多家的居住格局中，汽车厂的职工居民还留有许多关于邻里关系的铭心记忆。建厂初期，一区的房屋刚分配到职工手中，他们当时对刚刚建立的邻里关系表示非常满意，Q 大爷坦言：

> 这厂里的宿舍给每家分下来以后，大家就都觉着比较宽敞了，这就很满足了，感觉住上小洋房了，邻居都是汽车厂的，平常都是一个厨房三家用，一家一个炉台，水池子就一个，反正出来进去的就这几家人。楼外有个小院儿，没事儿我们就搁外边儿坐着唠嗑儿，谁家有困难就帮帮忙。①

20 世纪五六十年代，汽车厂职工住进职工宿舍伊始，就对崭新的宿舍环境表现出强烈的满足与喜悦，并且能够与邻居融洽相处。但是由于多家人住在同一屋檐下，室内平均人数明显超标，因此房屋内部的公用设施在使用上还是比较拥挤，Y 大爷据实回忆道：

> 这个事儿你得这么说，就比如上卫生间吧，一般咱们正常人都是早上方便，那要是赶上人多的话我们就只能排队，没办法啊！要是个别的正好今天拉肚，那就赶紧出去处理，这种事儿真都有过，绝对不

---

① 被访谈人：Q 大爷（男，82 岁，退休钳工），访谈人：杜实，访谈时间：2015 年 10 月 28 日，访谈地点：汽车厂第十四离退休工作站会议室。

是笑话。另外，洗脸刷牙什么的，我有时候就早点儿走，上厂子整去，厂子里还多少容空儿（空间相对宽敞）一点儿。①

可见，当时工人"以厂为家"的意识非常强烈，他们体谅工厂的难处，并利用宿舍外的可用资源解决个人的生活问题。当然，除了工人宿舍内部公共区域较为拥挤之外，每套房屋水、电、煤气费用的公摊问题也值得一提，这些费用需要各家按照实际情况进行分担，M馆长道出了均分费用的一般规则：

> 你比如说电表吧，一家多少钱就多少钱，都比较合理。要说具体的算法呢，有的家是按人头算，谁家人多谁家就多交钱，人多用电多嘛；有的家算的更精确，他们就是事先查好了谁家的灯都有多大度数，按灯的度数算钱，谁家的总度数高，谁家就多交钱。除了电费，水费和气（煤气）费基本也都这样，暖气不花钱。②

可见，一户多家的工人宿舍虽然从全厂整体的角度节约了住宿空间，但是却给职工居民带来了某些不便，各家每月需要均摊的各项费用就是最明显的例子。但并不是所有的家庭都对费用的分摊状况表示满意，一旦某家居民提出异议，就可能使邻里之间产生争吵与矛盾，甚至工人生活区中还流传着以下这段令人啼笑皆非、亦无从查证的"趣闻"：

> 你说这邻居吧，有的矛盾挺大的，因为煤气表什么的都是共用，你用多了，我用少了，有的人就不高兴。不高兴怎么办呢？有的人他家里也没啥菜做，但是还想多使劲儿用煤气，别人家用的多，他觉着自己亏了不合适啊！结果他就在锅里煮石头，整个石头块子搁锅里煮，那能煮熟吗？他就是嫌另一家用的煤气多了。③

---

① 被访谈人：Y大爷（男，73岁，热处理厂二车间退休工会主席），访谈人：杜实，访谈时间：2015年10月28日，访谈地点：汽车厂第十四离退休工作站会议室。
② 被访谈人：M馆长（男，51岁，档案馆馆长），访谈人：施琳、杜实、王皓田，访谈时间：2014年7月11日，访谈地点：汽车厂档案馆办公室。
③ 被访谈人：W大爷（男，79岁，退休铸造工），访谈人：杜实，访谈时间：2015年4月28日，访谈地点：W大爷家。

当然，以上邻里矛盾的故事只能当作大家茶余饭后的谈资，告诫汽车厂工人生活区的邻里不要斤斤计较。虽然街坊四邻之间的不愉快真实存在，但大部分职工居民之间都能够和睦相处、互相理解，W大爷回忆道：

> 邻居之间闹矛盾这种事儿很多，有小气的都打仗，本来都是一个车间的，那打得不可开交啊，甚至到厂里都不说话。但是我们大多数的邻居都没有这事儿，我爷爷就告诉我"穷可交，富可为"，跟邻居之间不要吵。我105栋这房子呢，房门口有个仓库，本应该是我的，但我搬来之前就先被邻居给占了。领导也告诉我说这家邻居不太好处（相处），我说那行吧，让他用吧，我就在外面放东西呗。住了5年，我没跟他争仓库，后来他家搬到楼下去了，最后跟我说："老W啊，这5年咱处的都挺好，我还想跟你处，但我为啥搬走呢，就是楼下有个仓库，这5年我用仓库有点理亏，这下我把仓库给你倒下来。"所以，你让了人家，一天两天，一直到5年，总有个反思吧。①

长时间居住在同一屋檐下，邻里之间平日的磕磕碰碰不可避免，但是不论怎样，汽车厂的职工居民一直谨记只要互相能够体谅，以互相理解的心态面对邻居，大家就一定能够和睦相处，这也是汽车厂工人生活区多年来延续下来的优良传统。

（三）增房和串房：宿舍的增大与调配

随着一区301宿舍的建成和20世纪80年代后二区的开工建设，汽车厂职工居民对住宿条件的期待已经从分房转变为增房与串房，经过多年的全厂大调整，居民们的平均居住面积有了很大提高，建厂初期一直在工人生活区外居住的Q大爷说：

> 一区有房了以后，厂里给我把房换成了29栋的两间屋，是和别人

---

① 被访谈人：W大爷（男，79岁，退休铸造工），访谈人：杜实，访谈时间：2015年4月28日，访谈地点：W大爷家。

串的，这俩屋一共 20 多平方米。那时候我家里的老人也都来了，加一块儿一共 7 口人，住的是上下铺。后来到了改革开放以后呢，1986 年吧，厂里为了解决住房问题，扩建生活区，又盖了二区。完了以后，我要求调房，就到二区来了。来了以后呢，给了我 58 平方米的南北屋一整套，在 607 栋，那时候我大儿子、二儿子也都在厂里结婚分房了，我这房子就变成 5 口人了，宽敞多了！①

可见，建厂初期住宿环境的拥挤问题大概持续了 20 年。20 世纪 70 年代，尤其是 80 年代以后，随着汽车厂一区房屋的扩建以及二区的住宅楼陆续竣工，职工居民的住房条件有了显著改善。在 Q 大爷的案例中，他先是搬进了工人生活区内比原来住处更大的工人宿舍，后来又向工厂申请串房到新建成的二区，由于当时的串房政策②普遍向二区倾斜，Q 大爷所住的房屋面积在此过程中翻了一倍。

1982 年 12 月，汽车厂的房屋政策修订为"凡职工工龄满 5 年、25 周岁以上，夫妇双方户口均在本市又确属无房居住者可申请住房；夫妇双方在汽车厂工作以条件优越一方申请住房，爱人在外单位又确属无建房能力的女职工可申请住房。并规定 1949 年 10 月 1 日后出生的工人、一般干部按一室分配，1949 年 9 月 30 日前出生的工人、一般干部以及科级干部、工程师、讲师、经济师、会计师、主治医师等按一室、一室半和两室分配；初级干部、高级工程师、教授、主任医师根据工作需要，可照顾一室。1986 年，汽车厂完成了中级知识分子两万平方米住宅标准的分配工作，使 1983 年以前晋升的各类中级知识分子的住房基本上达到了标准"③。面对二区的新房，并不是所有人都会被住房政策吸引，很多职工居民仍然

---

① 被访谈人：Q 大爷（男，82 岁，退休钳工），访谈人：杜实，访谈时间：2015 年 10 月 28 日，访谈地点：汽车厂第十四离退休工作站会议室。

② 二区刚刚建成时，很多汽车厂的职工居民并不愿搬过去，汽车厂因此通过适当增加居民原有居住面积的方法，鼓励职工搬入二区。居民不愿搬到二区的原因多是那里的内部装修不够完善，地面和墙面均是水泥表面，单位也只为搬进二区的职工提供两桶漆——一桶红漆刷地面、一桶白漆刷墙面，其他问题只能自行解决。而原来的一区则大不相同，每套房内都铺有红漆地板、刷有雪白墙面、建有 24 小时热水的洗澡间，职工普遍认为一区的房屋更加方便、舒适。

③ 汽车厂史志编纂室编《汽车厂厂志》第一卷（下），吉林科学技术出版社，1992，第 321 ~ 324 页。

倾向于在一区内调换和增加原有的宿舍，老工人 W 大爷在采访时说：

> 我在汽车厂一直住一区，二区没有一区好！最开始我住在 105 栋，后来到 1976 年，厂里给我增了一间房，这就两间房了，新的在 99 栋。到 1980 年呢，我们有个分厂厂长看上我 105 栋那房子了，厂里就开始安排我和老邻居把 105 栋这套房腾给厂长，完了把我名下的房统一换成 31 栋 60 平方米的一整套，这就不用和别人家合住了！但新房是东西向的，这点不太理想，没阳面儿。在 31 栋住了一年多，我提出要求，要南北向的房子。1981 年，厂里就给我调到了有阳面儿的 27 栋，也是 60 平方米的房子，三楼。这会儿我们家人也少了，我的爷爷没（去世）了，我父亲没了，我的继母没了，我那傻儿没了，这样就剩我们两口子加上儿子、姑娘四口人，这下可熬出头来了！到 1993 年，当时厂里减员，劝我退养，那阵儿我想不开啊，就去找厂长谈。最后厂里给我答复，只要我办完退养手续，职位就按正科级算，浮动工资也涨一级，再给我增加一间房。我一看，见好就收吧，他给我增的是 10 栋一间 10 平方米的房，后来也调到 27 栋，一楼，我给儿子住，这样我们家就都在 27 栋了，再就没搬过。[①]

从工厂的角度来看，增房和串房只是后勤部门的常规工作，但从职工居民自身的视角来看，每次房屋的变动都意味着居住空间的重新调整，更重要的是，居民们的具体家庭情况也会随着时间的推移发生巨大的变化，如家庭成员的婚丧嫁娶或在工作职位上的变动等。而对于分房资质尚待提高的职工居民来说，他们一般都是等到二区建成之后，才有机会搬到工人生活区内。在孟家平房居住近 30 年的 S 大爷回忆道：

> 哎呀，我住了将近 30 年的简易平房宿舍，那时候厂子宿舍紧张，分不到房。一直到 1987 年，汽车厂二区建好了，这我才分到房子，那时候是在 564 栋，还是两家一中门儿（一户共住两家）呢。后来慢慢才好起来，1990 年又调过一次房，搬到飞跃广场的 680 栋，这回就是

---

① 被访谈人：W 大爷（男，79 岁，退休铸造工），访谈人：杜实，访谈时间：2015 年 4 月 28 日，访谈地点：W 大爷家。

一家单独住一套房了。①

20 世纪 80 年代末，汽车厂的老员工基本都在工人生活区内分到了工人宿舍，厂区和工人生活区也成为他们工作和生活的"两点一线"，汽车厂工人生活区的基本居住空间由此定型。通过史志文献能够查阅到，"1983～1989 年，汽车厂前后投入 2.2 亿元，建设职工住宅 402 个栋，93.8 万平方米，相当于建厂前 30 年职工住宅建设数量总和的 1.6 倍。建厂以来，汽车厂通过统建、职工互助和委托建房等多种形式建设工人宿舍1928 个栋，建筑面积 356.78 万平方米。这些房屋进行首次分配以后，职工再次申请成功的增房、调房、串房又达 4.8 万多户次，人均居住面积由过去的 4.04 平方米提高到 5.66 平方米。但由于人口增长过快，每年职工和子女结婚人数超过 5000 对，生育婴儿 2500 多个。每年新入厂的工人、大中专毕业生、技工学校毕业生及退伍军人有数千人之多，使得无房户与增房户同步上升。国家在宏观上控制基建规模和速度，工厂资金严重短缺，可用于职工住宅的资金有限，致使职工住宅供不应求的矛盾日益突出。到 1989 年底，职工中仍有纯无房户和严重拥挤户 8000 多户，约占职工户数的 21.6%"②。

（四）福利分房尾声：最后的住房分配

20 世纪 90 年代，汽车厂为了解决职工住房问题，继续在经费允许的范围内开展职工住房分配工作，具体的住房分配工作主要在几类政策的引导下完成。一是对高学历来厂人才进行政策倾斜，如 1990 年建成 3 万平方米的青年公寓，制定《青年公寓分配办法》《关于解决硕士研究生住房的决定》，1992 年下发《大学生宿舍分配方案》等，为入职的高学历毕业生提供住房保障；二是以制度的形式规范领导干部的住房分配方案，如 1987年下发《关于不准各单位自行调换处级干部、高级工程师住房的通知》、1988 年下发《关于处级干部等住房调配工作有关规定的通知》、1990 年下

---

① 被访谈人：S 大爷（男，72 岁，油漆车间退休安全防火员），访谈人：杜实，访谈时间：2015 年 10 月 28 日，访谈地点：汽车厂第十四离退休工作站会议室。

② 汽车厂厂志编辑部编《汽车厂厂志（1987—2011）》下卷，汽车厂集团公司，2013，第1630 页。

发《关于对处级干部及其他相关人员住房等问题的暂行规定》、1992 年下发《处级干部住房调配方案》等，确保工厂领导干部能够在符合规定、没有特权的条件下享受住房福利；三是保证"非标"住户和动迁职工等急需住房的群体分到职工宿舍，如 1990 年接受住在孟家屯、加工厂、绿园和市内代管房等地区的"非标"宿舍职工申请住房，1993 年制定《关于厂区动迁职工住房安置暂行管理办法》，重点解决动迁安置对象的住房问题。

20 世纪 90 年代末至 21 世纪初是汽车厂职工福利分房的尾声，这段时间内的住房分配是最后一批福利分房。汽车厂 1995 年面向高级职称人员、处级以上干部共分配 330 套新建住房；1996 年分配规模较大，对新建成的 50 街区、51 街区的 35 个栋共分配 1984 套住房，分配范围为 1995 年 11 月 30 日前在册的集团公司员工；1997 年重新制定了《汽车厂集团公司职工住房分配办法》，对住房管理与分配、分配对象、分配标准、分配方法、申请住房条件做了新的规定；1998 年面向处级干部、高级职称人员共分配房源 120 套；1998 年面向 1962 年 12 月 31 日前参加工作的无房户和未达标户分配 312 套住房及旧房 800 间；1999 年分配存量房和指标房共 2000 多间；2000 年分配住房 900 套。到 2002 年，汽车厂完成了最后一批职工住房分配工作，当年共分配 1089 套（间）住房，从此汽车厂彻底结束了福利分房历史。

二　职工居民的生活记忆

除了最基本的居住需求，汽车厂职工居民也十分向往舒适美好的生活。在"单位办社会"时期，他们对购物、饮食、就医、幼教、求学和文体活动等日常活动的记忆，更是从点滴细微之处还原出一段段令当代人习焉不察的民众生活史。

（一）消费与伙食记忆

在有关日常消费的记忆中，汽车厂职工居民最难以忘怀的莫过于"凭票供应"的经历，这是计划经济时期物资严重紧缺情形下的一种消费方式。新中国成立初期，国家粮储不足，为保障军、工、城市非农业人口用粮和农村灾荒用粮所需，1955 年开始实行粮、油统购统销政策。粮、油双统后，粮票进入流通领域，国家印制全国通用粮票，各省印制地方粮票。关于"凭票供应"的历史，工人生活区内的老住户如是回忆道：

> 我们买粮有各个粮店，分散在街区里。买菜有个东风副食，在原来一区国营食堂那，现在改成股市儿（股票交易大厅）了。那时候粮店买东西得凭粮票儿、粮本儿，它就是个小本儿，上面写着你家几口人，里面都是小格儿，粮店的人用手往上写，比如大米、白面多少斤，开好票，拿票到那边去称重，买完盖章。每个月分一次粮，老百姓每人每月27.5斤，科室干部30多斤，我们钳工属于重体力劳动，每人42斤，锻工给的比我们还多呢。①

在过去物资相对匮乏的年代，百姓日常所需的商品并非自由流通，而是要通过严格的国家控制手段进行，粮、油由国营粮食部门独家经营，一律不准上市自由交易，不准同国家抢购、套购。按照当时的规定，买粮需要经过排队、交粮本、下粮证、开票、交款、付粮六道程序。地方上的商场只有在完成国家统购任务后，方可允许少量商品上市调剂余缺。这种"凭票供应"的经济调控手段虽然在很大程度上保证了国家计划经济的有序进行，但是其弊端也比较明显，据汽车厂工人生活区的老人回忆：

> 你说以前的餐桌上，上哪儿整大虾去啊？你别说大虾呀，就说吃花生米，那都难啊！我记得小时候我家亲戚从关里给我们带来一小茶缸花生米，那都是宝贝啊，我们家那时候冬天烧炉子，我爸每次就搁炉子盖儿上烤几个粒儿，完了一家（一人）分几粒儿。现在谁家来客人了整盘儿花生米都不算啥。②

计划经济时代"凭票供应"的消费方式虽然能够满足人们基本的物质需求，但很难满足人们日益增长的物质需求，但这毕竟是"单位办社会"

---

① 被访谈人：Q大爷（男，82岁，退休钳工），访谈人：杜实，访谈时间：2015年10月28日，访谈地点：汽车厂第十四离退休工作站会议室。
② 被访谈人：L站长（女，66岁，汽车厂离退休工作站站长），访谈人：杜实，访谈时间：2015年10月28日，访谈地点：站长办公室。

这一特殊历史时期的产物。当然，除了买菜做饭之所需，居民日常购买的商品还包括一些服装、电器等日用品，汽车城第四百货商店（简称"四商店"，即现在位于东风大街的"车百"①）正是工人生活区居民最传统的购物地点，它的历史要从建厂初期说起。1954 年春，汽车城为满足汽车厂建设人员的日常消费需求，迅速在建设者暂住地的中心成立了"四商店"，当时商店的面积不大，位置在和平大路与西郊路交会处的东北角，由两座小平房组成。1956 年，汽车厂基本建成，三四万名职工陆续搬进宿舍区，"四商店"也随之搬到宿舍区的中心，即共青团花园与东风大街交会的两座标志性塔楼建筑内。据第一代汽车厂老工人回忆：

> 那时买衣服还没有"车百"呢，就只有 95 栋和 53 栋那俩小尖子楼，叫"四商店"——西边的 95 栋卖副食、布匹和服装；东边那小楼儿卖自行车、收音机、缝纫机、家具、五金。1956 年，现在的"车百"大楼就开始建了，大家的消费要求高嘛，但当时只建了个楼场，"文革"一开始就把扩建计划停了，这一停就停了多少年哪，一直到"文革"后期，才继续建起来！所以至少到改革开放以后，我们平时买东西都是到"四商店"那儿去。②

20 世纪 50 年代末，由于汽车厂工人人数持续增加，职工家属也不断到来，"四商店"的经营面积和商品供应量明显不足。如上文 Q 大爷的回忆，1958 年厂领导决定修建一座独立的百货大楼，位置选在东风大街和迎春路交会的三角地带，与原来的商店仅一街之隔，位置相当优越。然而，"大跃进"和"文化大革命"使新大楼的建设被迫停工。一转眼 20 多年过去了，改革开放的春风给汽车厂带来全面的发展，"四商店"于 1984 年搬进了大家期盼已久的"前三后四"式③新大楼，这栋楼转年又更名为汽车

---

① 20 世纪 50 年代前，汽车城有 5 家大型商场，名称分别为"一商店"至"五商店"。"一商店"前身是伪满时期的老字号"泰发合"；"二商店"是 1938 年日本人开办的"宝山洋行"，1984 年改称"长白山百货商场"；"三商店"前身是苏联人开办的"秋林公司"；"五商店"可追溯到 1936 年由日本人修建的"三中井洋行"。
② 被访谈人：Q 大爷（男，82 岁，退休钳工），访谈人：杜实，访谈时间：2015 年 10 月 28 日，访谈地点：汽车厂第十四离退休工作站会议室。
③ 即前半部的主楼为三层，后半部的辅楼为四层。

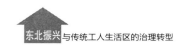

厂百货大楼。

1953 年建厂初期，汽车厂"在各建筑工地设简易食堂 32 处，同年底正式建立职工食堂 3 个。当时全厂各食堂的饭票、粮票统一由福利处食堂科印、发、管理，厂职工食堂实行凭票就餐制。到 1957 年，全厂有职工食堂 18 个，由福利处管理。1959 年，职工食堂增至 26 个，其中福利处管理 3 个，其余由各专业厂管理。1961 年发展到 29 个，福利处管理 8 个"①。关于食堂的记忆，汽车厂职工最难忘的要数十二食堂，它当时是全厂规模最大的职工食堂，据退休的食堂工作人员 C 阿姨回忆：

> 我是 1966 年进厂的，那时候我 16 岁。我进来之前也不懂汽车厂是咋回事，就是初中毕业，然后劳动局就给我们分配到汽车厂，那时候我对汽车厂一无所知，去了以后把我分到福利处，让我到食堂工作，我就去了。最开始领导让我们先参观汽车厂最大的食堂，叫十二食堂，那是个南北大餐厅啊，我这一看，哎呀妈呀，这么老大呀!?它这大小我咋跟你形容呢，那时候我家有亲戚在省委工作，他有时候就能带着我到省委食堂吃饭，这汽车厂的十二食堂比省委食堂都大——你说它大到啥程度！后来，厂里给我分配到车身分厂的食堂，我是副食组，就是洗菜、切菜、做菜。②

汽车厂的食堂数量多、面积大，在当时可谓是规模空前，而十二食堂更是全厂职工饮食记忆中的亮点，很多职工居民在采访中都将该食堂形容成宽敞明亮、饭菜美味、服务周到的用餐场所，可见它在大家的集体记忆中占有的重要位置。除了职工的饮食体验，食堂工作人员的劳动记忆也是很重要的方面，C 阿姨继续回忆道：

> 六几年那会儿啊，食堂用的那肉啥的都非常好，什么东西都是干净的，没有污染，没有假。我们包的那蒸饺，里面真是一个"肉蛋

---

① 汽车厂史志编纂室编《汽车厂厂志》第一卷（下），吉林科学技术出版社，1992，第 317 页。
② 被访谈人：C 阿姨（女，65 岁，车身分厂食堂退休厨工），访谈人：杜实，访谈时间：2015 年 10 月 28 日，访谈地点：汽车厂第十四离退休工作站会议室。

儿"啊，全是肉！工作这么长时间，我们也特别认真，那菜一定要洗干净了，而且要先洗后切——一洗、二冲、三刷、四消毒，这些给我的印象特别深。那时候总厂的防疫站还总上我们那儿检查工作，黄大夫、王大夫，哎呀我天妈呀，那时候正好是我管库房，查得特别严格！我在食堂那么长时间，职工吃饭就没有一次中毒的，也没有谁吃完拉肚子回来找。那会儿食堂属于自负盈亏，虽然挣不了多少钱，但福利全都给职工了。那时候吃的真是非常便宜，一份红烧肉才2毛5分钱，和现在没法儿比。①

　　从上述访谈资料中，我们能够深切感受到 C 阿姨作为食堂工作人员的骄傲和自豪。在计划经济时代，职工的食堂伙食仍为"凭票供应"，食物也都纯正、实在、无污染。食堂员工的服务态度非常认真，对本职工作没有丝毫怠慢。关于那时的伙食记忆，人们提到最多的还是留恋与不舍。

　　从 1970 年开始，汽车厂就对职工饮食事宜进行规范化管理，当时的十二食堂、工程食堂和回民食堂由厂福利处进行直接管理，而其他食堂则由各专业厂分别管理。在食堂的具体运营过程中，汽车厂通过制度和服务两个层面，不断提升职工的用餐满意度。一方面，为建立健全食堂管理制度，汽车厂修订了《职工食堂管理办法》等文件，促进各项工作的开展，同时将粮票、饭票的管理权交给各下级部门，并要求各部门进行预算，确保粮票和饭票的供需持平。另一方面，为提升职工食堂的服务质量，汽车厂对食堂服务人员提出了"四门"与"四热"的要求，即对前来就餐的职工敞开门、送上门、服务上门、征求意见到门，同时还要向职工送去热菜、热饭、热汤、热心，这也一度成为职工食堂的服务目标。

　　通过上述努力，汽车厂职工食堂在 20 世纪 80 年代取得了较高的效益，进而继续开展服务创新，推出"工作午餐制"，即完全免费的高福利就餐政策。1984～1985 年，只要是汽车厂的员工都可以享受到免费的工作午餐，据经历过这段历史的食堂退休服务人员介绍：

　　　　大概 84 到 85 年的时候吧，厂里那几年效益特别好，所以就体现

---

① 被访谈人：C 阿姨（女，65 岁，车身分厂食堂退休厨工），访谈人：杜实，访谈时间：2015 年 10 月 28 日，访谈地点：汽车厂第十四离退休工作站会议室。

在福利上，厂里花在老百姓身上不少钱。那时候当官的也不那个（贪污腐败），风气正。1984年开始吧，食堂就改革了，吃大锅饭，那会儿说的大锅饭就是职工吃饭不花钱，全部免费，吃了一两年！哎呀，这事儿是好事儿，就是实行了以后浪费现象太严重了！那雪白的馒头啊，桌子顶上剩得太多了，我们清扫组有个人家里挺困难，她每天把馒头、大米饭和菜都捡回家，她家都不用起火啊！你说浪费现象得多严重。①

实际上，汽车厂职工食堂"免费的午餐"是一把双刃剑，它在证明工厂良好效益的同时，也揭露出职工对突如其来的餐饮福利并未形成一种理性、节约的态度，为工厂带来了严重的浪费问题。因此，好景不长，食堂的高福利就餐政策只实行了一年多，厂领导决定将就餐制度恢复到以往的形式。

虽然取消了免费午餐，但食堂的改革创新并没有止步不前。随后，福利处为方便职工，增设了儿童专用餐厅、早餐零售店和夜餐部，并适当延长了早晚的营业时间。经过改进，食堂的主副食样数都得到了提高，并建立了点餐制度，实现了"早餐早点化、午餐多样化、晚餐饭馆化"。另外，为了方便全厂职工，食堂还制作送餐盒饭，上门为生产单位职工和厂办院校的师生服务。同时，食堂还定期召开伙委会，对伙食进行讲评，据担任过"厨艺比赛"评委的L阿姨回忆：

> 以前那会儿，福利处经常给这些下属的各个食堂搞活动，提高业务水平啊！像厨师，有厨艺比赛，我当时都当过评委。到那（比赛场地）以后，评委给厨师定几样菜，他们就开始炒，炒好了我们试吃，看谁做得好吃。这里面必炒的菜肯定有一样儿——土豆丝，你别看它不起眼儿，真是不好炒啊！不能炒老了，还不能断条儿，还真有整不好的，整完了腻腻乎乎的一看就不好吃。②

---

① 被访谈人：C阿姨（女，65岁，车身分厂食堂退休厨工），访谈人：杜实，访谈时间：2015年10月28日，访谈地点：汽车厂第十四离退休工作站会议室。
② 被访谈人：L阿姨（女，63岁，福利处退休干部），访谈人：杜实，访谈时间：2015年12月6日，访谈地点：汽车厂第33街区。

可见，福利处非常重视食堂的管理和发展，经常通过评比、练兵、比赛等形式督促各下属食堂不断完善。1985 年，汽车厂又投资 6 万多元对最大的十二食堂进行装修改造，增设了对外服务项目，既能招待客人，又能保证职工舒适就餐。该食堂还荣获 1984~1985 年连续两年的市重工业系统厨艺竞赛第一名。截至 1986 年，"全厂共有食堂 40 个，总建筑面积 4 万平方米，有炊管人员 997 人，大型炊事设备 478 台，其中电冰箱 60 台、电烤炉 37 台、消毒箱 24 台、电磨 27 盘"[①]。1990 年，福利处开始与所属食堂签订承包合同，这意味着汽车厂职工食堂的经营性质从国有开始向市场化模式过渡。但"有计划的"伙食供应并未就此中断，如在 1994 年夏天汽车厂第 243 栋房屋发生意外水灾时，职工食堂迅速做出反应，在一小时之内就将特地准备的食品送到现场，为受灾居民和现场救灾工作人员提供便利，同时，中午又为抢险救灾的公安干警做了热气腾腾的可口饭菜，体现出"单位式"福利模式。据不完全统计，到 1995 年，汽车厂共有职工食堂 66 个，可以看出，随着工人生活区内食堂规模不断扩大，服务质量也稳步提升，这正是汽车厂"单位办社会"时期职工居民最为难忘的伙食记忆。

2001 年 9 月，汽车厂工作餐管理中心（属于汽车厂实业公司）成立，职工食堂从生活服务管理处完全剥离，当时工厂下属的 20 个食堂全部按照公司制、市场规律进行运营与管理。至此，汽车厂"高福利"的伙食供应历史也随之结束。

（二）学前与基础教育记忆

从上文可以得知，如此之多的职工从天南海北来到汽车城的汽车厂工作，他们对衣、食、住、行、用等方面存在着巨大的需求。但除了对其个人生活需求的满足以外，汽车厂还深刻感受到职工居民家庭下一代（工厂子弟）的学前和基础教育问题已经成为当时较为突出的矛盾之一，因此建立了多所幼儿园和中小学。

1. 学前教育

建厂初期，大批青年工人在汽车厂工人生活区安家落户，由于当时工

---

① 汽车厂史志编纂室编《汽车厂厂志》第一卷（下），吉林科学技术出版社，1992，第 318 页。

厂的生产任务较重，因此他们的子女照料问题亟待解决。于是，工厂决定建立多所幼儿园。当时幼儿园设备较为简陋、师资力量相对薄弱，全体保教人员中仅有5名代课老师，她们自己编写教材，只能教孩子一些简短的儿歌，工作主要以"保"为主。20世纪50年代末，"全厂幼儿园所已经发展到8个，面积7608平方米，保教人员240人，收托儿童1640名。60年代末，全厂幼儿园所10个，面积10520平方米，保教人员300人，收托儿童3650名。70年代末，全厂幼儿园所增至21个，面积18631平方米，保教人员686人，收托儿童4936人。1986年末，全厂共有托幼园所29个，总面积34983平方米，保教人员1400人，收托婴幼儿7312名。福利处自管托幼园所16个（其余为分厂处室自管）。其中哺乳室1个，托儿所1个，全托幼儿园2个，日托幼儿园12个。全处幼儿园所配有钢琴、手风琴、录音机、幻灯机等大型教具210件，各种滑梯、荡船、篮球架等大型玩具94件，儿童食堂配有大型炊事用具90台，其中电烤箱1台、电冰箱15台、远红外消毒箱12台"①。

在学前教育的管理方面，全厂的幼儿保教工作有两种管理形式：一种是由汽车厂福利处进行管理，这种形式实行"四级管理体制"，即由福利处、保育院、园所、班组分级管理；另一种是各专业厂自管，由各专业厂的行政科管理。同时，福利处设立儿童保育科专门负责全厂学前教育工作的业务指导和管理。

从20世纪50年代初开始，汽车厂对幼儿园的保教工作进行了规范化管理。在幼师的保教能力提升方面，负责管理幼儿园的行政科室提出了"三心"和"三面向"的口号，即对待小朋友要关心、耐心和细心，并在日常工作中时刻体现面向生产、面向职工和面向孩子。另外，在工作改革方面，幼儿园逐步建立了专业化的幼师团队，提高保教队伍的文化和业务素质，实现科学育儿，不断提高服务质量。据汽车厂幼儿园退休园长回忆：

> 我以前是汽车城师范学院毕业的，刚开始教初中语文，后来在党校深造了两年。"文革"期间，我被分到外县去接受贫下中农再教育，

---

① 汽车厂史志编纂室编《汽车厂厂志》第一卷（下），吉林科学技术出版社，1992，第314页。

还是当老师。后来，我爱人在汽车厂工作，我也就跟着调过来，当时因为汽车厂的中小学没有编制，就被安排到幼儿园当了个小头儿。那时候，厂里职工的孩子小时候基本都送幼儿园，那会儿汽车城整体都入托难，咱们厂就成立了20多个幼儿园，哪个幼儿园都是满满的，可不好进了。咱的幼儿园好在哪儿呢？一个是吃的方面，讲究科学，我以前在幼儿园确定食谱的时候，考虑到营养搭配和孩子生长发育的需要，每季度都要进行营养计算。我们在每个年龄段都选出一个班儿的孩子来，比如小一、中一、大一这三个班。等饭菜做熟了，先总量称重，再把孩子们吃剩下的部分去掉，看重量是多少，计算出这个数值，就是孩子饭菜的摄入量。再按营养表一查，比如白菜、鸡肉、豆腐的营养价值是多少，就能算出来孩子身体里平均能得到多少营养。我们根据这个数值对下个季度的食谱进行调整。现在的人越来越注重孩子吃饭，一天三顿饭，我们制定食谱的时候，主食呢除了米饭以外，面食是不重样地做。菜呢，一周之内也不重样，还要有两次带馅儿的（饺子、包子等）。①

从 L 园长的回忆中，我们可以看出汽车厂十分重视其下属幼儿园的运营，由于汽车厂工人生活区需要入园的幼儿较多，所以当时的20多所幼儿园全部满员。为了能够令职工子弟苗壮成长，各个幼儿园在儿童的饮食上可谓下足了功夫，如通过每周食谱和营养计算等方式提高幼儿的身体素质。当然，除了身体上的健康，汽车厂幼儿园也十分注重儿童的教育与心理健康，L 园长继续说道：

在教育教学方面，我们能够做到观念上的改变，主要就是"孩子不是成人的缩影"，十分注重孩子的生长发育特点。孩子的注意力、记忆力、观察力都和大人不一样，所以我们的教育就要求符合孩子的心理特点。你像小班的孩子，他集中注意力的时候就那五六分钟，你一定要想办法在这个时间内把要讲的讲明白。另外，汽车厂下属的所有幼儿园严格按照省、市示范园的标准办园，有明确的教学大纲和规

① 被访谈人：L 园长（女，66岁，汽车厂幼儿园退休园长），访谈人：杜实，访谈时间：2015年9月1日，访谈地点：汽车厂第33街区。

范，打破了企业办园不规范的老路子。①

据了解，汽车厂所属幼儿园的领导和教师均具有相关院校的专业资质，具有较好的幼教素质。同时，幼儿园的管理部门也一直致力于打造规范化的办园模式。到 20 世纪 90 年代末，汽车厂的幼儿园数量一直在 30 所上下浮动，可谓规模庞大。

在幼儿的教育方面。20 世纪 80 年代初，汽车厂负责管理幼儿园的行政科室大胆改革创新，在硬件投资、幼儿每日规范、幼儿园文艺获奖方面取得了较好成绩。首先，为开发幼儿智力，福利处先后投资 1 万多元为幼儿园购置了小提琴、扬琴、风琴等乐器，并开办美术、音乐、舞蹈等专项辅导班。其次，幼儿园制定了幼儿每日生活常规，科学合理地安排孩子们的生活、学习和游戏时间，尝试将单科教学改为综合教学，提出"解放孩子、解放玩具、解放工作人员思想"的要求。最后，经过软硬件的合理改革，汽车厂的幼儿子弟在汽车城举办的幼儿绘画、舞蹈、体操等省市级比赛中获得了一等奖、优秀奖等多种奖项。

2. 中小学教育

汽车厂工人生活区内还拥有从中小学到职业中学的全套教育设施。汽车厂的中小学教育体系同样始于建厂初期，当时是在地方政府教育力量薄弱的情况下，工厂自行投资办学，实行"划片招生、就近入学"的原则，解决了适龄职工子弟的入学问题。

（1）小学教育

"1954 年，成立厂属第一所小学校——六五二厂职工子弟小学。1957年，在厂区成立一所中学——汽车城第十六中学。两所学校分别由汽车厂福利处和汽车城教育局管理。1961 年，职工子弟教育管理工作由厂教育处负责。1969 年，厂教育处撤销，8 所中小学分别由工具、发动机等 8 个分厂管理。1971 年，职工子弟教育管理工作由厂教育办公室负责。1979 年，教育办公室撤销，职工子弟教育由新成立的厂子弟教育处负责。"② 能够看

---

① 被访谈人：L 园长（女，66 岁，汽车厂幼儿园退休园长），访谈人：杜实，访谈时间：2015 年 9 月 1 日，访谈地点：汽车厂第 33 街区。
② 汽车厂史志编纂室编《汽车厂厂志》第一卷（下），吉林科学技术出版社，1992，第296 页。

出，汽车厂的基础教育基本上还是在本厂行政部门的管理和监督下开展起来的。

在小学的基础建设方面，从1954年第一所小学建立到1996年，汽车厂共建立了14所小学，校名分别由汽车厂职工子弟第一小学校排到职工子弟十四校，每所小学成立当年的班级数为7~30个不等，学生数为200~1000多人不等，教工数为10~50多人不等。各小学的位置也从第一生活区扩展至第二生活区，至此，汽车厂14所小学的体系（见表5-1）已经搭建完成。

表5-1　1954~1996年汽车厂建立的小学

学校名称	建校时间（年）	地址	当年班级数（个）	当年学生数（人）	当年教职工数（人）
职工子弟第一小学校	1954	锦程大街	7	315	13
职工子弟第二小学校	1959	迎春南路	30	1400	37
职工子弟第三小学校	1961	四联大街	20	1033	37
职工子弟第四小学校	1963	文明路	16	900	37
职工子弟第六小学校	1963	文明路	8	250	12
职工子弟第五小学校	1964	迎春北路	18	720	34
职工子弟第七小学校	1986	革新路	14	564	54
职工子弟第八小学	1987	越野路	/	/	/
职工子弟第九校	1987	支农大路	/	/	/
职工子弟第十校	1987	双丰乡	/	/	/
职工子弟第十一校	1987	长沈路	/	/	/
职工子弟第十二校	1989	第二生活区	/	/	/
职工子弟第十三校	1993	支农大街	/	/	/
职工子弟第十四校	1996	锦程大街	/	/	/

在此期间，汽车厂对小学教育投入了较多资源。对于硬件建设，汽车厂在20世纪70年代末80年代初，对小学投资400多万元，整修了校舍，更换了学生桌椅，购置了计算机、钢琴、录音机等教学设备。对于教学工作的改革，各小学通过公开课、观摩课、研讨课等形式开展教研活动，并在第一小学、第四小学等学校的部分年级进行了学制、课程、教材等多方面的教学改革。经过不断努力，汽车厂的小学教育取得了良好成绩，得到

了学生家长的认可。

（2）中学教育

1957 年 8 月，汽车厂第一所中学在厂区教育大楼成立，其校名曾用过汽车城第十六中学和汽车厂子弟中学，直到 1968 年 3 月，校名正式改为汽车厂职工子弟第一中学（即表 5 - 2 中的职工子弟一中）。也是从 1968 年开始，汽车厂成立了多所中学。到 20 世纪 90 年代，汽车厂提供初中教育的中学包括一中、二中、四中、五中、七中、八中、九中、十中，提供高中教育的中学包括三中、六中（省首批重点高中之一）。至此，汽车厂 10 所中学的体系（见表 5 - 2）已经搭建完成。

表 5 - 2　1957 ~ 1991 年汽车厂建立的中学

学校名称	建校时间（年）	地址	当年班级数（个）	当年学生数（人）	当年教职工数（人）
职工子弟一中	1957	四联大街	7	300 +	24
职工子弟二中	1968	创业大街	16	910	50 +
职工子弟四中	1973	东风大街	32	1540	65
职工子弟五中	1980	越野路	22	1200	60
职工子弟三中	1986	西二路	30	1469	60 +
职工子弟六中	1987	自立路	12	678	92
职工子弟八中	1987	越野路	/	/	/
职工子弟十校	1987	双丰乡	/	/	/
职工子弟七中	1988	西五路	/	/	/
职工子弟九中	1991	锦程大街	/	/	/

在此期间，为提高中学教学水平，汽车厂加大了对各中学的投入力度。在硬件投资方面，汽车厂从 20 世纪 70 年代末以来，陆续向厂属各中学投入 1000 多万元，用于建设教育用房，购置计算机、录音机、投影仪、幻灯机、钢琴、各种体育器械等。在教学人才引进方面，到 1986 年，初中教师具有大专以上学历和高中教师具有本科以上学历的人数比例都能达到70%。在教育教学方面，子弟教育处陆续出台相关优化教学的举措，如不准随意增删培养方案内规定的课堂活动，不准在初中设立快慢班、成立各种文体活动小组等，使学生的个性得到充分发展、特长得到发挥，促进了学生身心健康成长。关于汽车厂中高考的详细情况，"汽车厂初中中考成

绩 1992~1993 年连续两年排在汽车城首位。1993 年，四中学生毕若珂成为汽车城中考状元。1994 年，汽车厂中考 600 分以上 120 人，五中学生徐莹以 629 分夺得汽车城中考状元。1995 年起，汽车厂中考成绩总优秀率、总及格率、总平均分、总报考率 4 项指标始终位列汽车城各区之首……1998 年，六中 2 名毕业生以优异成绩通过托福考试，被选派到美国通用汽车工程学院学习。1992 年，汽车厂六中开始走出低谷，高考成绩恢复到正常年份水平"[1]。

　　同时，汽车厂还十分重视教学硬件设备的更新与升级，如 20 世纪 80 年代，在当时教育经费较为紧张的情况下，仍然拨款 60 多万元购置教学仪器，进行实验室、图书室和卫生室的"三室"建设。另外，汽车厂还设立专项资金创建"花园式学校"，20 世纪 90 年代末，汽车厂多所中小学被市委命名为"汽车厂首批花园式学校"，汽车厂也被汽车城政府命名为"花园式学校建设工作先进区"。可见汽车厂对中小学建设的重视。

　　（3）职业中学技术教育

　　"1982 年 7 月，厂子弟教育处根据教育部关于改革普通教育机构开展职业技术教育的指示精神，利用原二小的部分校舍成立了汽车厂职业中学。1984 年，校名改为汽车厂职业技术学校，并迁入教育大楼。1986 年 7 月，学校迁入原三中校舍。校园占地 2 万平方米，教学面积 3600 平方米。学校有物理实验室、化学实验室各一个，制图室 2 个，舞蹈练功室与练琴室各一个，实习车间一个。"[2] "1987 年，汽车厂职业技术学校开设保育、摆台、烹饪、管道工、车工、钳工、铣工、磨工 8 个专业。经过 4 年的发展，建有 4569 平方米的 3 层教学大楼，有教职员工 77 人。2000 年，职业中学合并到汽车厂教育培训中心。"[3]

　　（4）中小学教师的师范教育

　　汽车厂也十分重视对中小学教师的师范教育，早在 20 世纪 60 年代初，汽车厂就开始对中学教师进行文化素质与业务提升方面的培训。而汽车厂

————————

① 汽车厂厂志编辑部编《汽车厂厂志（1987—2011）》下卷，汽车厂集团公司，2013，第1666 页。

② 汽车厂史志编纂室编《汽车厂厂志》第一卷（下），吉林科学技术出版社，1992，第302 页。

③ 汽车厂厂志编辑部编《汽车厂厂志（1987—2011）》下卷，汽车厂集团公司，2013，第1694 页。

的正式师范教育则始于 1978 年，当时的现实背景是子弟学校的在校生持续增长，师资严重不足，实际缺编 200 多人。为解决这一问题，汽车厂开始与汽车城师范学院联合办学，自培教师，成立汽车城师范学院汽车厂分校。分校当时建有 1000 多平方米的校舍，开设数学、物理、英语专业，学制 2 年，大专学历。1980 年，分校的第一届毕业生全部进入汽车厂的子弟中小学工作。

（三）专业技能培训的记忆

汽车厂的职工专业技能培训机构也随着工厂的筹建而产生，着手进行人员专业技能培训的相关工作，主要负责增加职工制造现代化汽车的工作经验。据曾参与汽车厂专业技能培训专门机构创建的杨宗麟回忆：

> 1952 年春天，在北京的重工业部汽车工业筹备组着手开始汽车厂的建设准备工作。建设首先要从人才建设开始，因为不能等到工厂建设起来了，却没有人去管理工厂、操作机器，这项工作必须走在前面……在这种背景下，为了筹建汽车城汽车厂，重工业部以及汽车工业筹备组取得中央有关部门的同意，首先决定迅速从部队调集一批年轻、素质好、有一定文化基础的学员集中到汽车城去，打算办一个两年的训练班，尽快培养出一批掌握先进技术及操作先进机器技能的新一代汽车工人……当时组成的这个单位名叫重工业部汽车训练班……那时候训练班还完全使用部队的编制形式，设区队、分队，对老师称呼为"教员"。在文化复习课开始之前还进行了"战斗动员"，这一批同志被厂长称为"八百子弟兵"，也就从此由原来的军人身份转向经济建设大高潮之中。这一批最早的师生目睹并亲自参与了汽车厂的奠基典礼。随后，在与轰轰烈烈的建厂工作同步中，这一批在年龄方面实际上相差无几的年轻教师和学生，满怀着建设新中国的热情，日以继夜地投身于平凡而又热烈的文化和专业知识的教和学之中。
>
> 在文化复习过程中，部、组领导发现当时的实际情况是各地调来的学员中，大部分已有初中毕业甚至高中一、二年级水平。这就具备了比原来预计更为良好的学习基础。由此，部、组领导决定把原来的

培养计划改变为建立一所正规的中等技术学校，要培养出汽车厂现代化的大量生产所需的基层技术骨干——技术工长。[1]

由此可见，从汽车厂开工建设到 1956 年 7 月 15 日建成投产期间，人员培训作为工厂建设的主要矛盾之一，受到中央和地方各级领导的重视。工厂围绕生产准备和开工生产的要求，组织各种短期技术业务学习，开办了从扫盲到专业技术培训的各类学校，初步建立起职工教育体系。到 1953 年底，原有的训练班（处）"改称技术教育处，1955 年 7 月，一机部（全称为第一机械工业部）在汽车厂召开了职工教育经验交流会，推广汽车厂的办学经验。1956 年到 1957 年，汽车厂开始接受一些新建同类工厂的成套人员培训任务"[2]，也是从这时起，汽车厂的专业技能训练机构初建完成，并不断向前发展。

通过对办学历史的梳理，我们发现经汽车厂训练班（处）和技术教育处两部门逐步推进，工厂先后建立了红专大学、汽车工业学校、党校、业余大学、技工学校、职工大学、汽车工业高等专科学校等专业技能培训机构，历经多次变迁，具体简介如下。

1. 红专大学（"大跃进"时期产物）

"1958 年到 1960 年，汽车厂成立了红专大学。1958 年 11 月技术教育处改名为红专大学办公室，提出了'工厂就是工学院'、'两年成专家'等口号，办起了 21 个学院，108 个系，5 个研究所。职工入学人数最多时有 14000 人，入学率达 61%。由于高指标、浮夸风违背了教育规律，表面轰轰烈烈，实际收效甚微，造成人力、物力、财力上的浪费。1961 年到 1965 年，按照中央'调整、巩固、充实、提高'的八字方针，总结经验教训，对职工教育工作进行了一系列的整顿，取消了红专大学。1961 年 9 月，红专大学办公室改组成教育处……1966 年 6 月，'文化大革命'开始，职工教育工作受到严重的冲击和破坏，学校停课，短期培训班停办。"[3]

① 杨宗麟：《我国第一所汽车专业学校》，载全国政协文史和学习委员会编《汽车厂创建发展历程》，中国文史出版社，2007，第 164 页。
② 汽车厂史志编纂室编《汽车厂厂志》第一卷（下），吉林科学技术出版社，1992，第 274 页。
③ 汽车厂史志编纂室编《汽车厂厂志》第一卷（下），吉林科学技术出版社，1992，第 274 页。

2. 业余大学（"厂校合办"类夜校）

汽车厂业余大学这一校名正式出现是在 20 世纪 50 年代末，但其创立之初是"厂校合办"类的夜校。创立之初，该校曾与汽车城汽车拖拉机学院合办，校名暂定为汽车城汽车拖拉机学院夜校部，1958 年更名为省工业大学夜校部。当时夜校性质虽为"厂校合办"，但夜校的领导、教师和教学实施都由汽车厂安排。在"大跃进"时期，汽车厂不再满足于合办的业余大学，于 1959 年底组建了汽车厂业余大学。至此，上述两所业余大学并存。到 1961 年春，厂办业余大学再度与省工业大学合办，汽车厂业余大学也随之更名为省工业大学夜校部二部。十年动乱中，业余大学停办。20 世纪 70 年代初，业余大学恢复职工教育工作，并于 1973 年恢复招生，此时其性质仍为"厂校合办"，但改为以厂为主，学校更名为汽车厂业余大学。1975 年，业余大学与业余中专合并，只办业余大学。20 世纪 80 年代初，汽车厂业余大学被合并到新建立的职工大学。

3. 汽车工业学校（中专）

汽车工业学校是由汽车厂主办的中专类学校，创建于 1960 年初。从建校到 20 世纪 80 年代中期，学校的隶属关系几经变迁，先后被划归由一机部、汽车厂教育处和汽车厂总部进行管理。学校毕业生都能通过教学和实习考核，获得中专毕业证书，并由汽车厂人事部门分配工作。

除了主办全日制中专以外，汽车工业学校还承担了汽车厂职工中等专业学校和业余中学的教学与行政工作。前者属于职工中专班，办学宗旨是为汽车厂培养技术和管理人才，常设专业为机械制造和企业管理，办学规模达到 1000 多人。而后者属于职工业余就读的初高中，办学宗旨是提高汽车厂职工的文化素质，设有初高中预备班、初高中普通班和成人高考补习班，开设初高中的语文、数学、物理、化学、政治、历史、地理课程。

1987 年，汽车工业学校与汽车厂职工中等专业学校为一个机构两块牌子。1993 年，汽车工业学校划归汽车厂职工大学，成为其中专部。

4. 党校（干部培训）

"汽车厂党校于 1960 年 3 月成立，4 月 6 日正式开学。1966 年 10 月，在'文化大革命'中党校被撤销。1972 年，汽车厂成立了干部学习班，归政治部宣传处领导。1976 年 4 月，根据毛泽东同志'五七'指示和省市革委会要求，汽车厂成立'五七'干校，由厂政治部领导。根据 1977 年 10

月《中共中央关于办好各级党校的决定》，1978 年 1 月，汽车厂党委决定撤销'五七'干校，恢复党校。党校设教研室、组教科、办公室，有干部20 人（其中处级干部 3 人）、工人 2 人。1983 年第二次全国党校工作会议后，汽车厂党校贯彻党校教育正规化精神，由短期轮训转向长短结合培训干部的正规化方向。在此之前，1982 年 9 月即举办了政工干部大专班。1984 年省委批准汽车厂党校为大专体制，相应地调整了机构，设置了哲学教研室、政经教研室、党史党建教研室、文史教研室、教务科、组织科、图书资料室、办公室。"① 1993 年，汽车厂党校与汽车厂职工大学合并，对外保留汽车厂党校的牌子。

5. 技工学校（技工职业资格培训）

"汽车厂技工学校（简称技校）是一所为汽车生产第一线培养后备技术工人的学校。1960 年，经一机部汽车局批准建立，隶属于厂大学办公室，设有教务组、总务组、学生工作组、教研组等部门。1961 年 7 月停办。1977 年，经省人民政府批准恢复办学，隶属于技术教育处。学校为科级建制，设有办公室、教务处、学生处、总务处、实习厂、教研组等部门。1984 年，汽车厂技校从技术教育处划出，改为处级建制，直属总厂领导，设有党办、工会、团委、校办、人事科、财会科、教务科、学生科、资料科、行政科、实习厂、基建办、保卫科、教学器材厂、教育招待所等部门，在学生中还成立了学生会……1977 年恢复办学后，截至 1984 年末，汽车厂技校招收高中毕业生，学制二年，设车、铣、磨、铸、锻等六个专业。1985 年起，汽车厂技校全部招收初中毕业生，学制为三年。1986 年末，汽车厂技校有在校生 1172 人，开设钳、电、车、铣、磨、热处理、电镀、焊接、钣金、仪表、检测、试钳、动力运行、铸造、锻造、管道十六个专业。"② 在汽车厂技工学校毕业的学生相当于中专或高中学历（同等学力），颁发技校毕业证书（职业资格类证书）。1996 年，根据《关于申办高级技工学校若干问题的通知》精神，汽车厂技工学校被劳动部、国家计委正式批准为汽车厂集团公司高级技工学校。

---

① 汽车厂史志编纂室编《汽车厂厂志》第一卷（下），吉林科学技术出版社，1992，第213 页。

② 汽车厂史志编纂室编《汽车厂厂志》第一卷（下），吉林科学技术出版社，1992，第291 页。

6. 职工大学（企业试办本科）

职工大学是 1980 年 5 月经一机部批准成立，直属汽车厂领导的全国三所企业试办本科的职工大学之一。1982 年以后，学校又开办了夜大、日大（包括本科和专科）、电大、函大等教学形式，一度成为汽车厂培养高级专业技术人才的教学平台。

职工大学创立之初没有独立的校舍和教学设施，只能与汽车厂创办的其他学校共享资源。1983 年，职工大学开始建设新校舍，用两年时间建立了一座五层教学楼，楼内设有语音室、微机室、图书馆、阅览室、电教室等，教学设施齐备。在人才培养方面，职工大学为工厂做出了应有的贡献，截止到 1986 年，"学校共培养了大专及以上毕业生 1981 人，其中夜大六年制本科生 563 人，日大四年制本科生 344 人，专科生 124 人，这些毕业生遍布全厂，不少已经走上领导岗位或担任重要的技术职务，还有力地支援了全国汽车行业各单位。截止到 1986 年末，职工大学毕业生有 6 人担任汽车厂厂级领导，47 人担任专业厂（处）级领导。全厂的工程技术人员中有四分之一是职工大学培养的"①。1987 年，职工大学与当时新建不久的汽车工业高等专科学校合并，实行一个机构两块牌子的体制。

7. 汽车工业高等专科学校（大专）

汽车工业高等专科学校（简称汽高专）是由汽车厂主办的全日制专科学校，办学宗旨是为汽车厂培养汽车工业发展所急需的高级应用技术人才。从建校到 1986 年底，汽高专开设了汽车试验、机械制造工艺及设备、计算机软件 3 个专业。该校重视师资队伍的建设与培养，先后有 10 多名在职教工被送往吉林大学、哈尔滨工业大学、大连工学院（现大连理工大学）等著名大学开办的助教班进修学习，同时还派出青年教师考取研究生或进修研究生课程。经过学校的精心培养，毕业生都能够成绩合格，并通过毕业设计（或毕业论文），获得国家承认的大专学历，并由汽车厂人事部门统一进行工作分配。

综上所述，汽车厂职工的专业技能培训在 20 世纪 80 年代建立起正规化的教育体系，形成了特有的格局——涵盖了从技工、夜校到中专、大专，甚至试办本科的各种专业技能培训类型。为了进行科学管理，汽车厂

---

① 汽车厂史志编纂室编《汽车厂厂志》第一卷（下），吉林科学技术出版社，1992，第 283 ~ 284 页。

于 20 世纪 80 年代中期将职工大学、技工学校、汽车工业学校先后从技术教育处划出，归厂直接领导，加上汽车工业高等专科学校，共四所学校，"形成了从中级到高级，从工人到干部，多层次、多形式、多学科的职工及职工后备教学体系。1984 年末，两处（技术教育处、子弟教育处）、四校（职工大学、汽车工业高等专科学校、技工学校、汽车工业学校）各分厂（处室）的 29 个教育科以及十余所厂属子弟中小学共同组成教育中心。技术教育处是教育中心的办事机构，是负责职工教育的职工部门，主要精力放在组织和管理干部、工人培训工作"①，由此汽车厂形成了全套教育、培训体系。可以说，很多汽车厂职工从小学到大学、从上班到退休都没有离开过汽车厂的这片区域，退休职工 W 阿姨说：

> 我从小学到大学都没离开过汽车厂，小学去的是"一校"，现在改名叫实验小学了。完了就是十六中，现在改名叫一中了，当时就那么一个中学，初中高中都包括。1968 年，我正要上大学那年就赶上"文革"了，把我们那帮高中生全都归到工农兵大学，开始半工半读，工作关系给我整到了分厂的技术科。1978 年又恢复了高考，单位又让我们考试，都那么大岁数了，我们那时候是考了 3 张卷儿，一共 11 门功课，我还记着那时候考的高等数学和材料力学，挺不容易啊，最后我又考到了汽车厂的大学。毕业以后有了文凭就一直在汽车厂上班，直到退休。②

由此可见，汽车厂内几乎所有职工子弟都在工人生活区的中小学接受基础教育，如果考入汽车厂的大专院校，毕业之后就可以留在汽车厂工作，真可谓是"从出生到退休"的稳定人生轨迹。当然，在惊讶汽车厂拥有如此庞大的教育体系之余，我们也能看出，汽车厂下属的各类教育部门如此频繁更迭，正是在设计、安排时缺乏合理的长远考量所致，其中有较大一部分原因是"大跃进""文化大革命"时期的脱离实际思维，导致设

---

① 汽车厂史志编纂室编《汽车厂厂志》第一卷（下），吉林科学技术出版社，1992，第 274 ~ 275 页。
② 被访谈人：W 阿姨（女，59 岁，汽车厂科技协会退休干部），访谈人：杜实，访谈时间：2015 年 10 月 29 日，访谈地点：W 阿姨家。

立这些机构时过于求大、求全。到了改革开放初期，这一现象有所好转，各类专业技术培训机构都通过合并、重组的方式进行了调整，建立了从技工学校到大专的相对合理的专业技能培训体系。但不论怎样，汽车厂教育改革的步伐并没有就此停止，而是随着市场经济转型的深入，更进一步地付诸转型实践。

（四）劳保福利与就医记忆

劳动保护和就医方面的福利能够让汽车厂员工体会到工厂的关心与爱护，汽车厂也是通过关注员工的福利保障和身体健康来获得更多的认同感。

1. 劳保福利记忆

在建厂初期，职工劳保福利工作由厂工会筹备委员会下设的劳保部负责，"1955年正式成立工会时，职工劳保福利工作由工资委员会、劳动保险工作委员会、劳动保护工作委员会分管。1957年三委合并为劳保生活工作委员会，1959年更名为劳保生活部，并纳入了女工工作，1986年有专职干部4人。基层的劳保工作由专业厂（处）、车间（科室）和班组三级管理。各厂（处）设劳保委员会，共有委员471人；车间（科室）设劳保监督小组，共有成员1935人；班组设劳保监督员，共有劳保监督员4861人"①。当时，职工劳保福利工作的主要任务包括以下几项。

首先是劳动保险工作，建厂初期汽车厂就开始试行《劳动保险条例》，1956年正式施行。为加强管理，厂工会又先后多次对《劳动保险条例》进行调整，对劳保待遇证件进行登记、复查。其次是职工困难救济工作。"1954年，汽车厂已经把职工困难救济工作列入重要议事日程。根据专款专用的原则，厂工会每年把上级拨发的救济金全部用于救济困难职工。1954年到1986年，全厂用于职工的困难救济金共1399429元，救济职工36895人次。从1984年起，先后对重点困难户、定期救济户进行贷款、资助，以使其自谋出路。"② 最后是职工疗养、休养工作。厂工会先后与松花

---

① 汽车厂史志编纂室编《汽车厂厂志》第一卷（下），吉林科学技术出版社，1992，第223页。
② 汽车厂史志编纂室编《汽车厂厂志》第一卷（下），吉林科学技术出版社，1992，第224页。

湖、通化、五大连池、兴城、丹东、千山、大连、青岛、承德、北戴河、庐山、黄山、杭州、太湖、无锡等地的疗养院和汽车城职工疗养院取得联系，对劳动模范和伤、残、病职工安排疗养和休养。1955～1963 年期间，汽车厂还自办业余疗养所。

2. 居民就医记忆

由于汽车厂特有的"工厂小社会"性质，其职工居民的生产和生活空间一直处于合二为一的状态。在这里长时间的居住与工作，大家患上头疼脑热的情况也时有发生，求医问药就成为职工居民的又一项日常活动。建厂初期，汽车厂设有职工医院和各生产车间的卫生所，职工可凭借工作证挂号、看病，老工人 Q 大爷说：

> 职工医院一建厂的时候就有，那时候的医院，包括住院部都在绿园那边。另外，各车间单位都有自己的卫生所，方便工人就近看病。现在咱们能看到的这个职工医院都是后来的事了——那是 80 年代末吧，工厂在 109 栋建好了新的职工医院，这回医院就扩大了，也正规了。看病的时候，你到那就拿职工证挂个号，有什么病就看什么病，大伙儿都觉着方便。①

通过对史志文献的梳理，我们也印证了 Q 大爷的这段就医记忆：汽车厂的医疗卫生事业随工厂的破土兴建同步发展。最初的汽车厂职工医院建于 1953 年 1 月，当时的院址在绿园灰楼。1957 年，职工医院搬到师范大楼，搬迁之后职工医院的床位、职工数、门诊量都有所提高。在"文化大革命"期间，虽然一些规章制度遭到破坏，但多数职工还能自觉地工作。党的十一届三中全会后，新的职工医院大楼建于东风大街，在扩建之后，职工医院的面积、科室数、床位等硬件指标都有了大幅提升。到 1986 年，职工医院还与省内著名的医科大学合作，提高了医疗水平和在业界的声誉。

到 20 世纪 90 年代末，职工医院设有急诊、内、外、妇产、口腔、眼、耳鼻喉、小儿、职业病等多个科室。在医疗工作中，职工医院常为职工患

---

① 被访谈人：Q 大爷（男，82 岁，退休钳工），访谈人：杜实，访谈时间：2015 年 10 月 28 日，访谈地点：汽车厂第十四离退休工作站会议室。

者医治的疾病包括常见病、传染病和职业病。一方面，常见病和传染病是职工医院的主要工作之一，在预防为主的方针下，职工医院能够对流感、痢疾、猩红热、百日咳、麻疹等传染病进行防治，使疫情很快得到控制。同时，职工医院每年坚持对肺结核、沙眼、宫颈癌进行普查，做到早发现、早治疗。另一方面，职工医院也十分重视职业病的防治。自1956年成立职业病科以后，职工医院主要的职业病防治工作包括：粉尘作业工人体检、苯作业工人体检、铅作业工人体检、震动作业工人体检等。

表 5-3 20 世纪 80 年代末汽车厂职工医院床位情况

年份	床位数（张）	全厂职工数（人）	床位与职工比（‰）
1956	168（含结核科 50）	18719	6.30
1965	320（含结核科 100）	24315	9.05
1976	500（含结核科 100、传染科 50）	43009	8.14
1986	622（含结核科 80、传染科 40、精神科 40）	79194	5.83

到 20 世纪 90 年代初，汽车厂职工医院在"单位办社会"时期的格局全部构建完成。1992 年 5 月，职工医院与汽车厂卫生处、计划生育办公室开始实行一套机构、三块牌子的体制。1993 年，根据卫生部确定的综合医院设置标准，职工医院对内部的临床学科进行了更加科学合理的设置，被卫生部认定为三级甲等医院，职工医院的医疗和行政管理能力得到提升。

（五）业余文体娱乐活动记忆

除了每日忙碌的生产工作，汽车厂职工也拥有多姿多彩的业余文体生活。在建厂初期，正式职工基本都住在单身宿舍中，青年人的开朗和乐观形成了十分愉悦的居住气氛，据老工人 Q 大爷回忆：

> 每天下班以后，我们回到宿舍，大家就有那爱唱歌的，住单身宿舍就是这样。那时候唱《没有共产党就没有新中国》啦，《东方红》啦，《夫妻双双把家还》啦，《十五的月亮》啦，《在那遥远的地方》啦……这都是个人爱好，谁唱的好大伙儿都知道，在宿舍休息的时候就跟他说"你唱得挺好，出来唱一个！"他一唱，这大宿舍好几个门

儿就都听见了。①

当时汽车厂的正式职工都可以住进单身宿舍，青年工人十分珍惜工厂为他们提供的工作和生活环境，因此经常在业余时间放声歌唱，用以表达自己对新生活的颂赞与知足。除了工人自发的文艺活动，汽车厂也模仿苏联的休闲文化，组织职工居民在俱乐部举行舞会和进行乐器演奏，Q大爷继续回忆道：

> 当时生活区里有个小俱乐部，里面是个舞厅。20世纪50年代那会儿，每周六在那儿都有"舞皮子"（痴迷跳舞的人）带着大家跳舞，跳的是交谊舞，就是三步四步那个。这人呐，要是跳舞来瘾了以后，有时候就算该他夜班，他请假不上班也要跳舞去。那时候会跳的人多，大部分都会跳。跳舞的伴奏呢，也都是单位组织的，厂里给大伙儿发乐器，什么扬琴、笛子，啥都有，他们就给舞会伴奏，整得可热闹了。②

除了唱歌和跳舞类的文艺活动，汽车厂工人生活区的职工居民还经常可以观看电影，退休老工人W大爷回忆了当年大家购票观影的情景：

> 这个小俱乐部吧，外屋是舞厅，里屋其实是个电影院，那时候电影几乎天天都有，售票点就在俱乐部门口。有时候我们下班路过，就买张票晚上看。有时候放电影的舞台上也演节目，总厂有文艺工作队，唱歌、跳舞、京剧、评剧，啥节目都有，但这种节目没有电影演得多。③

可见，1955年成立的汽车工人俱乐部为汽车厂工人生活区的职工居民

---

① 被访谈人：Q大爷（男，82岁，退休钳工），访谈人：杜实，访谈时间：2015年10月28日，访谈地点：汽车厂第十四离退休工作站会议室。
② 被访谈人：Q大爷（男，82岁，退休钳工），访谈人：杜实，访谈时间：2015年10月28日，访谈地点：汽车厂第十四离退休工作站会议室。
③ 被访谈人：W大爷（男，79岁，退休铸造工），访谈人：杜实，访谈时间：2015年4月28日，访谈地点：W大爷家。

带来了难忘的快乐回忆。俱乐部建筑面积 1080 平方米，剧场有 840 个座位，是汽车工人业余生活的好去处。职工居民经常来此观看电影和演出，陶冶情操、增进彼此感情。另外，汽车厂各级工会也经常在汽车工人俱乐部举办报告会、演唱会、诗歌朗诵会等。工厂逐步建立起业余文艺骨干队伍，20 世纪 50 年代，厂文艺队经常在汽车城工人文艺检阅大会上表演合唱节目，厂业余文工团还建有京剧、评剧、越剧、民乐、管弦乐等演出队，先后编演了多个歌舞节目。20 世纪 60 年代"大跃进"以后，汽车厂工人生活区的文艺活动则有所减少，Q 大爷通过亲身经历讲道：

> 困难时期以后，文艺活动就少了，再从"文革"往这么来，我们单位就不组织什么节目了，那会儿基本就停了，没啥玩意儿了，搞文艺万一整错了那就麻烦了，这就没人组织了。到"文革"的时候呢，那就是天天念毛主席语录、跳忠字舞，在单位班组里，天天早上有"班前会"、下班有"晚汇报"。比方说上班之前，领导先讲一讲今天工作的事儿，完了再背背语录、跳跳舞，这就完了，10 多分钟吧。那会儿每人一册语录本，班组长拿出来，就像咱学《愚公移山》、学《白求恩》或哪一段，这也就是 60 年代末吧，持续了一两年。①

在"大跃进"和"文革"的特殊时期，汽车厂工人生活区的文艺活动基本都处于停滞状态，人们不得不将精力都投入到紧张超额的生产上。尤其是"文革"的最初几年，职工上下班之前都要集体诵读毛主席语录和跳忠字舞，这也成了特殊时期的回忆。到党的十一届三中全会以后，职工的文体活动又得到恢复，Q 大爷告诉我们：

> 十一届三中全会以后，文艺节目又开放了，言论也恢复了。我印象最深的就是那时候大家都愿意唱《祝酒歌》《我爱你，塞北的雪》等。愿意拉琴的呢，谁会拉谁就可以拉了，有时候全厂在体育场统一组织活动，有时候各单位还有各自单独的文艺竞赛，好多人

---

① 被访谈人：Q 大爷（男，82 岁，退休钳工），访谈人：杜实，访谈时间：2015 年 10 月 28 日，访谈地点：汽车厂第十四离退休工作站会议室。

都愿意看。①

可见，20世纪80年代以后，汽车厂沉寂了10多年的文体活动"忽如一夜春风来"，全部又恢复起来，而且比五六十年代更上一层楼，更加丰富多彩。"话剧《于无声处》《丹心谱》的演出使汽车厂荒芜多年的舞台又恢复了生机，群众当时大唱流行歌曲，汽车城到处一片欢歌。拥有2000多个座位的汽车工人文化宫的落成，为工人的文艺活动提供了新场地。话剧《青春的旋律》、评剧《邻居》、吉剧《家曲难唱》、歌曲《汽车工人之歌》演遍、唱遍汽车城。"② 当时，厂工会及各车间的支会还定期组织文体活动，热处理厂二车间退休工会主席Y大爷还记得：

> 我们工会80年代以后经常搞一些文体活动，你像棋类比赛啊、扑克、运动会啊，提高职工的身体素质。我们平时一季度一次，内容都是灵活多样，都是趣味性的，比如托球走、滚轮胎，用的都是跟工厂生产相关的道具，结合实际情况嘛，总厂分厂都搞。③

在汽车厂"单位办社会"期间，职工居民对业余文体活动一直比较重视，形成了独特的工人文化。大家通过丰富多彩的活动活跃了职工文化生活，促进了感情的交流，使职工邻里关系进一步深化。

（六）理发与洗浴之其他生活记忆

建厂初期，汽车厂委托13处理发、浴池点供职工解决个人卫生问题。1955年，汽车厂在工人生活区47栋兴建了理发浴池楼，厂内职工凭票理发、洗澡，因理发工具由理发员自备，所以职工当时每理一次发需交5分钱工具磨损费。从1958年开始，理发工具全部由公家提供，职工凭职工证洗澡和理发，理发收费1角钱。家属凭劳保证买票洗澡和理发。1983年，

---

① 被访谈人：Q大爷（男，82岁，退休钳工），访谈人：杜实，访谈时间：2015年10月28日，访谈地点：汽车厂第十四离退休工作站会议室。

② 汽车厂史志编纂室编《汽车厂厂志》第一卷（下），吉林科学技术出版社，1992，第305页。

③ 被访谈人：Y大爷（男，73岁，热处理厂二车间退休工会主席），访谈人：杜实，访谈时间：2015年10月28日，访谈地点：汽车厂第十四离退休工作站会议室。

厂领导进一步决定在 47 栋理发浴池楼南侧扩建 640 平方米的男浴池和男理
发室。1985 年，理发室和浴池在为职工家属服务的同时，采用合理的收费
办法，扩大服务范围，增设老干部理发室，提供搓澡等服务项目，还建立
了 18 个家庭理发点。理发员定期上门为长期患病的职工和家属理发，并利
用午休时间深入到各专业厂和车间为职工理发。理发室和浴池也率先在全
市同行业中实行"三巾制"，即洗头巾、擦脸巾、闷胡子巾，使卫生管理
水平大大提高。据老居民回忆：

> 那时候厂子洗澡和理发老多人了！我告诉你，你要想去洗澡吧，
> 得先到单位领票，领到票就代表你是本厂职工，拿着票去洗澡花不了
> 多少钱，都是福利价。另外理发呢，它和洗澡堂子都是一个地方，一
> 大屋子理发师不让随便挑，不让你自己选，你去了就给个牌儿，上面
> 写着几号，比如一号、二号、三号……你是五号。等到你的号了，就
> 说明有台子（理发座椅）空下来了，你才能去。这个理发啊，还总整
> 技术练兵。当时有一个要求，一个头至少得理 20 分钟，活儿得细点
> 儿，不让对付。[1]

由于汽车厂工人生活区人数众多，所以这里浴室和理发室的运营全部
采用准军事化管理的方式，这样能够尽可能地保证服务的效率与质量。20
世纪 80 年代末，汽车厂"共有浴池 25 处，理发室 8 处，其中福利处管理
理发室 2 处，男女浴室各 1 处，理发室面积（包括烫发室）850 平方米，
座椅 73 张，有烤头机 13 台，蒸汽消毒箱 2 台，洗衣机 2 台，理发员 98
人，其中二级理发师 7 人，三级理发师 22 人，浴室面积 1045 平方米，有
大水池 6 个，淋浴头 58 个，可同时容纳 540 人洗澡"[2]。另外，汽车厂又
在 47 栋理发浴池楼后面扩建了 800 平方米的女浴室，并很快投入使用。至
此，汽车厂的洗浴和理发规模也趋于稳定与饱和。21 世纪初，由于汽车厂
对后勤福利部门进行调整，厂属浴池和理发室的规模大为缩减，居民的洗

---

① 被访谈人：L 阿姨（女，63 岁，福利处退休干部），访谈人：杜实，访谈时间：2015 年
  12 月 6 日，访谈地点：汽车厂第 33 街区。
② 汽车厂史志编纂室编《汽车厂厂志》第一卷（下），吉林科学技术出版社，1992，第
  319 页。

理需求也更多地采取家庭化和市场化的方式解决。

除此之外，汽车厂职工的生活记忆还包括采购供应的部分，职工经常能够通过工厂的福利部门购买到优惠的商品。建厂以来，福利处承担着全厂职工食堂和托幼单位的主副食品供应、厂区粮食网点布局、冬储菜的采购、保健汽水生产等工作，有冷库、粮库、菜窖、汽水站等，"其中冷库371平方米，可年储食品60万斤；粮库330平方米，年储粮60万斤；杂品库150平方米，容量10万斤；菜窖2360平方米，可储菜200万斤……60年代初，福利处建有汽水站一处，每年生产保健盐汽水8万~12万罐，供给各专业厂职工防暑降温。1983年以后，各专业厂自己开始生产保健汽水，福利处的订货减少。1984年，福利处从沙洲市引进一条瓶装汽水生产线。每年夏季在生产3万~4万罐盐汽水的同时，可生产3万~3.5万箱瓶装汽水。

1984~1986年换型转产期间，为方便职工家属生活，汽车厂成立了服务突击队，利用业余时间到职工生活区和各专业厂进行流动服务，节假日前开展一条街服务活动，以低于市场的优惠价格将主副食品卖给职工和家属。"①

三　汽车厂工人生活区的居委会

在中国的城市基层社会，街道办事处和居民委员会是履行社会治理职能的重要组织，但在汽车厂工人生活区"单位办社会"的基本框架下，城市的社会治理问题却被最大限度地弱化。其原因多为国有工业企业凭借其生产和生活高度集中的特点，将工厂管理和社会治理结合在一起，构成生产经营和生活福利的封闭堡垒。在这种条件下，"街道办－居委会"的管理模式只能成为寄居于"单位制"之下的附属品，即被"单位办社会"的体制所边缘化。就当时的情况而言，街道办和居委会虽然默默无闻地为汽车厂的职工居民做出了很多贡献，但却并没有在他们心中占有较为重要的位置，W大爷说：

---

① 汽车厂史志编纂室编《汽车厂厂志》第一卷（下），吉林科学技术出版社，1992，第320页。

我们和居委会接触得少，没退休的时候整天上班。我们铸造车间忙啊，那时候有这么一句话，"汽车厂就是怪，拿着一号当礼拜"。啥意思呢？一个月就一号休一天，平时都在单位上班。而且呢，厂区是封闭的，厂里头啥事儿都管了，造成我们的房子、生活等一切福利跟居委会都没关系，厂里都包干儿了。①

这说明在单位制盛行的年代，汽车厂工人生活区的职工居民都不加质疑地将所在单位当作社会治理工作的"掌舵者"，进而最大限度地忽略了街道办和居委会的多项工作。但不论怎样，在计划经济时代，各个居委会中的老主任都尽心尽力地为街区百姓服务，我们应该还原出这一段段少有人知的故事。

（一）街道办抑或人民公社

从全国范围来讲，我国街道办事处和居民委员会的发展历程自成体系。1953 年 6 月，当时的全国人大常委会委员长彭真给政务院递交了一份关于建立城市街道办事处、居民委员会组织的报告。他在报告中指出："街道居民委员会的组织是需要建立的，它的性质是群众自治组织，不是政权组织。它的任务，主要是把工厂、商店和机关、学校以外的街道居民组织起来，在居民自愿原则下，办理有关居民的共同福利事项，宣传政府的政策法令，发动居民响应政府的号召和向基层政权反映居民意见。"② 1954 年底，第一届全国人民代表大会常务委员会第四次会议通过了《城市街道办事处组织条例》和《城市居民委员会组织条例》，由此，中国城市面向"无单位城市居民"的基层社区组织管理制度确立。其中，《城市居民委员会组织条例》还对街道办事处的设置、性质、任务和作用以法律形式加以确定。按照规定，"街道办事处的性质是政府的派出机关，其任务是办理市辖区的人民委员会有关居民工作的交办事项；指导居民委员会工作；反映居民的意见和要求。居民委员会由居民小组各选委员一人组成，

---

① 被访谈人：W 大爷（男，79 岁，退休铸造工），访谈人：杜实，访谈时间：2015 年 4 月 28 日，访谈地点：W 大爷家。

② 彭真：《城市应建立街道办事处和居民委员会》，载彭真编《彭真文选（1941—1990）》，人民出版社，1991，第 240～241 页。

并且由委员互推主任一人、副主任一人至三人，居委会进行工作时，根据民主集中制和群众自愿的原则充分发扬民主"①。《城市街道办事处组织条例》和《城市居民委员会组织条例》的颁布使国家权力迅速地下沉到城市中的各个街区。

1956 年，各地相继完成了"街道办 – 居委会"两级组织的组建工作②，至此，由街道办事处和居民委员会管理"无单位城市居民"的"街居制"正式确立，这改变了以往国家政令难以有效贯彻到社会基层的状况。和其他层级政府一样，街道也有党的组织体系。1958 年，全国各地的街道办事处党支部开始组建，在这一时期，中共延续了革命时期的传统，效仿"支部建在连上"，开始推行"支部建在街道"。"大跃进"和人民公社化运动时期，城市中的街道办事处逐渐被"党政合一、政社合一、工农商学兵五位一体"的"城市人民公社"所取代，其具体称呼也从街道办事处改为人民公社，居民委员会则作为人民公社网络上的节点而存在。当时汽车厂工人生活区所属的街道被命名为东风公社。

（二）一位居委会主任的街区管理经历

据了解，20 世纪五六十年代，汽车厂东风公社下设 6 个居委会，因汽车厂工人生活区内几乎不存在"无单位的城市居民"，所以居委会则转变工作方式，专门负责协助汽车厂的福利部门进行工人生活区的社会管理。居委会的工作人员多是长期居家的职工家属，每日忙于救济优抚，增进居民间联系、调解民事纠纷等。原东风公社第三居委会（简称三委）的退休主任 S 奶奶当时以职工无业家属的身份进入居委会工作，据她回忆：

> 我是山东人，从小一直长在烟台，小学就上了两年，没有啥文化，10 多岁开始给人干手艺活儿绣花赚钱。到 1956 年，那时我 22 岁，也都有小孩了。孩儿他爸是全国劳模，被调到汽车厂，我们全家就都过来了。我到了汽车城以后，因为文化水平低，厂里没法儿给我安排正式工作，我就又找了个绣花的活儿。1968 年，赶上汽车厂东风公社的三委（第三居民委员会）缺个主任，管 23 栋到 28 栋，就是这

---

① 《城市居民委员会组织条例》，《中华人民共和国国务院公报》1954 年第 3 期。
② 雷洁琼等：《转型中的城市基层社区组织》，北京大学出版社，2001，第 26 页。

些红楼、老楼。他们就把我找去了，让我替，要给我（担任），我本来不想去的，后来一想，都是汽车厂的职工家属，就去吧。去了以后呢，委上的工作也就是为人民服务，没有固定工资，公社刚开始一个月就给我们发 9 块钱，算是补助。我呢，也不明白啥，他们就让我收点水费、收点房费。①

在东风公社所辖的片区中，像 S 奶奶这样背景的居委会主任不在少数，她们文化水平有限，多是未受过完整小学教育的职工家属，很难凭借一技之长在汽车厂内找到工作，因此自愿从事居委会家长里短、鸡毛蒜皮的工作。为了提高工作效率，东风公社还组织各个居委会主任进入"扫盲班"习得一些常用汉字，让她们能够有效地负责收费、调解、计划生育等基层社会事宜，但由于居委会仅仅是公社的"派出机构"，所有居委会主任都不能获得公社工作人员的正式编制，她们每月只能领到少许补助，并无固定工资。S 奶奶以自己的经历继续说：

> 我们这一片儿六个委，一个委里仨主任，这 18 个老太太一个有文化的都没有，能干这些工作多不容易啊！那时候我还行，儿女们不都有文化嘛，有啥事儿我下来就问他们，就是写（字）费劲，脑袋反正能记住。那时候我们委主任责任真是挺大的，挨家跑、收房费，按月收钱。另外还有卫生费、治保费，这些样儿都是委主任负责的。那时候工作也没个房子，也没有个啥（固定办公地点），个人就在个人家，有事儿了就出去跑。像收啥玩意儿（费用），一个门儿（每栋楼的各个单元）我们都有个组长，那些组长的名儿我现在都能记住。比如房费吧，组长上各家把钱收好了，我们再集中找他们收钱，收上来以后，我们统一拿给房产处。水费啊，卫生费啊，还有几样儿全都是这么干。②

---

① 被访谈人：S 奶奶（女，81 岁，原东风公社三委主任），访谈人：杜实，访谈时间：2015年 10 月 29 日，访谈地点：一街区 34 栋 S 奶奶家。
② 被访谈人：S 奶奶（女，81 岁，原东风公社三委主任），访谈人：杜实，访谈时间：2015年 10 月 29 日，访谈地点：一街区 34 栋 S 奶奶家。

汽车厂的居委会主任日复一日从事着上述琐碎的常规工作，她们虽然受教育水平不高，但却能认真完成上级交代的任务。在言谈中，这批老主任也经常表示是汽车厂找她们做居委会主任的，其工作也都是对汽车厂工人生活区的基层社会进行管理。这其实是她们的一个误解，汽车厂只是一个企业，而公社（街道办）则是政府行为。从性质上讲，汽车厂与居委会并没有直接的隶属关系，居委会的社会管理工作只是因地缘关系落到了汽车厂工人生活区，即是"单位办社会"的特殊历史环境导致居委会主任的工作不得不围绕工人生活区进行。

1978 年党的十一届三中全会以后，我国城市基层社会的组织形式从"城市人民公社"制恢复到"街道办-居委会"制。1980 年，汽车厂工人生活区的东风公社改回东风街道办事处（负责一区的社会治理）的名称，并因工人生活区内居民户数的增多，加设了新的锦程街道办事处（负责二区的社会治理）。同年，国家也重新颁布实施了有关"街居制"的各项法规，城市基层社会治理在有益经验的延续中又有了深刻变革。1982 年，第五届全国人大五次会议颁布的《中华人民共和国宪法》首次以根本大法的形式明确了居委会的性质、任务和作用，其中第 111 条规定："城市和农村按居民居住地区设立的居民委员会或者村民委员会，是基层群众性自治组织……它的任务是办理本居住地区的公共事务和公益事业、调解民间纠纷、协助维护社会治安，并向人民政府反映群众意见、要求和提出建议。"[1]

"1986 年，汽车厂工人生活区内东风街道办事处共辖 38 个居民委员会，1134 个居民小组，19122 户家庭，74715 人。办事处有工厂 7 家，职工 441 人，商业服务点 18 家，工作人员 178 人。锦程街道办事处共辖 30 个居民委员会，589 个居民小组，8883 户家庭，35102 人。办事处有工厂 2 家，职工 102 人，商业服务点 7 家，工作人员 48 人。"[2] 关于街道内发展工商业的历史，S 奶奶又回忆起当年她和其他居委会主任一起经营汽车旅社的经历：

> 80 年代，我们委上成立了一个汽车旅社，算是街道办的下级，

---

① 《中华人民共和国宪法》，1954。
② 朝阳区地方史志编纂委员会：《汽车城朝阳区志》，吉林文史出版社，1993，第 8~12 页。

当时叫我们给接收了，归我们几个老太太管。这个旅社效益可好了，挺多人都来住，也就那几年我们这几个委主任赚了点钱。可是不到三年，也就两年多吧，街道看这个旅社能赚钱、效益好，就把它收上去了，这下我们又啥也没有了。收上去以后，我们委算我一共这三个主任，另外那两个又被裁下去了，就留了我自己。四委和三委还并（合并）了，两个委并成一个委。我也没别的能干，就接着干了几年。①

在 S 奶奶担任居委会主任的经历中，经营汽车旅社成为她最难忘的回忆。这个旅社为收入较少的三委主任们带来了可观的收入，也让她们有了所谓的固定办公场所，但是好景不长，盈利较高的汽车旅社最后还是被街道办事处收回，居委会主任们又回到了以往的工作状态。同时，因街道的组织调整，原来的 6 个居委会还进行了缩减，即便这样，认真负责的 S 奶奶仍然尽职尽责地工作。到 20 世纪 80 年代末，又一件令 S 奶奶记忆犹新的事情发生了：

汽车厂里小孩上学、当兵的事儿我们也管，比如说有个小孩要去当兵了，派出所就来找我们了解情况，找我调查这个小孩在家里表现好不好，够不够当兵（的资格）。我们要说没啥问题，就得盖章，签字画押给开证明。这里面还有个事儿，那是 80 年代末吧，有一年人家（国家）下来招兵，我们委上有 7 个半大小子（小青年）要当兵。派出所有个户检员下来调查，说这 7 个孩子以前惹过事儿，遭过批评，一个都不能入（伍）。我知道这事儿以后就不高兴了，我说他们小的时候是调皮捣蛋，那大了还能调皮捣蛋吗？大了就成年了、懂事儿了！这户检员刚开始不听我的，说你这人怪，我这边抓，你那边还护。我说不是那回事，那么点小孩儿调皮捣蛋的，他也没打死人了，也没干什么违法的事，你得教育他，你把他一次踩在脚下，他以后肯定啥也不是了！我寻思叫他们去试试，他们要是办得好，在军队干好了就什么都有了，他要是干不好，那是他们自己的事儿。户检员最后

---

① 被访谈人：S 奶奶（女，81 岁，原东风公社三委主任），访谈人：杜实，访谈时间：2015 年 10 月 29 日，访谈地点：一街区 34 栋 S 奶奶家。

听了我的，让这 7 个孩子都去了。他们几个后来退伍以后都在汽车厂上班，挺好的，他们现在上我家就像回自己家似的，这真的教育他们（对他们有教育意义）。①

S 奶奶从事居委会工作 20 多年，对不计其数的利民、便民之事亲力亲为，却常常把上述为街区少年说情当兵的故事挂在嘴边，其中之原因更多是她认为自己从人最本真的层面完成了一次育人、助人的善举，也令她感到自我价值的实现。其实，东风街道的居委会老主任都秉承了这样的性格特点——她们虽然所受教育有限，但工作勤勤恳恳、能够与人为善，这正是她们参与汽车厂工人生活区治理工作的真实面貌。

（三）街道办与居委会的逐步规范化

1989 年，国家进一步公布了《中华人民共和国城市居民委员会组织法》（下文简称《组织法》），对居委会的性质、任务、组织机构（见图 5 - 1）、工作制度、经费等做出了规定，居委会建设开始走向规范化。《组织法》规定，"城市居民委员会是居民自我管理、自我教育、自我服务的基层群众性自治组织"，其性质体现在基层性、民主性和法制性三个方面。80 ~ 90 年代，随着国家工作重点转移和形势变化，居委会也在进行不断调整，这段时间，街区中的居民仍主要以单位作为活动空间，居委会最重要的职责就是紧抓计划生育工作。

> 那时候你比如说，管计划生育，每隔半个月我就得检查一遍，那时候可紧了！检查就是你这片儿有多少个孕妇，计划外的都得赶紧报上去，我们贼忙，吃完饭得赶紧的，白天晚上都上班啊！那时候汽车厂后边儿还有一片儿简易小房儿，可杂了！②

20 世纪八九十年代是我国计划生育工作最为严格的时期，当时汽车厂工

---

① 被访谈人：S 奶奶（女，81 岁，原东风公社三委主任），访谈人：杜实，访谈时间：2015 年 10 月 29 日，访谈地点：一街区 34 栋 S 奶奶家。
② 被访谈人：S 奶奶（女，81 岁，原东风公社三委主任），访谈人：杜实，访谈时间：2015 年 10 月 29 日，访谈地点：一街区 34 栋 S 奶奶家。

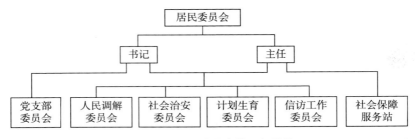

图 5 - 1 居民委员会的组织结构

人生活区内居委会的主要工作也都围绕这项工作紧张进行。而哪怕在工作量如此之大的情况下，各个居委会主任的补助额度依然停留在 60 元左右，S 奶奶认为：

> 你说我连个文化都没有，能干上委主任的工作也挺高兴的了。这20 多年，虽然说一分钱固定工资都没有，但我那时真是挺乐意干的。到后来，街道办每个月能给我们发到 60 块钱。1993 年，我退休以后，每个月就只给发 20 块钱补助。等我们这批人下去了，后来的那些委主任就开始有办公场所了，最开始是在汽研（汽车研究所）前面的一个小平房，新的委主任一般也都得是党员，有下岗的，也有退休的，跟我们那时候就不一样了。①

正如 S 奶奶所说，她虽然做了半辈子的居委会主任工作，却从来没赚取过固定工资——每月的补助只能算是象征性的补偿，尤其是退休以后的补助更是少之又少。S 奶奶退休以后，东风街道的居委会也走向正规化，居委会主任的文化和业务素质有所提高。随后，国家出台相应政策，将 S 奶奶这类老居委会主任归入"五七工"的行列，并根据她们具体的工作经历划定工资标准，S 奶奶回忆道：

> 1996 年，国家下来了政策，想把我们算成"五七工"，它就是想法儿让这些街道老主任挂靠到一个企业，你有了这个企业，就能参照

---

① 被访谈人：S 奶奶（女，81 岁，原东风公社三委主任），访谈人：杜实，访谈时间：2015年 10 月 29 日，访谈地点：一街区 34 栋 S 奶奶家。

国家政策发点工资。我们这些老太太就想到居委会当时不是有个汽车旅社嘛，就往那上靠，费挺大劲哪——当时这个汽车旅社让街道办收上去了，后来它又叫区里拿去了，我们这一步一步地往上找了两层，最后好歹找上了，费这个劲啊，才找到这么个地方。找到以后，国家一个月给我们700块钱，我们当时就很满足了。后来2011年，国家又下来政策，给我们涨了点钱，能开上1000多。我算是这里面命好的，像我们那几个老太太啊，基本都没（去世）的早，都死了——那时候三委和四委一共6个老太太，现在已经死5个了，就我还拿了俩钱儿，就我活的年纪大。①

"五七工"是指20世纪六七十年代，为响应毛主席"五七"指示走出家门参加生产劳动、进入企业不同岗位的城镇职工家属。他们曾在多个行业的国企中从事辅助性岗位的工作，虽然具有城镇常住户口，但却未参加过基本养老保险统筹。国家将汽车厂工人生活区的居委会主任归为"五七工"的范围，正是想办法给予她们应有的"名分"。S奶奶将工作挂靠到汽车旅社后，终于可以拿到一定的退休金，也终于可以为自己操劳一辈子的这份工作画上一个令人欣慰的句号。

四 "单位办社会"的集体主义生活

根据上文对汽车厂居民"单位办社会"时期集体记忆的描述与梳理，我们可以做出一个总结。1949年以后，新诞生的国家政权采取了独特的社会建构模式。在宏观方面，国家通过单位体系将社会成员整合起来，形成"国家－单位－个人"的联结模式，通过单位组织将社会成员统合到国家工业发展的历史大潮中。以汽车厂工人生活区为例，"企业小社会"成为城市社会生活的基本单元，通过单位的父爱主义照料，国家对其人民兑现社会主义的政治承诺，凡举衣、食、住、行、保、教、养、医等个体需求，都在国家主导的单位社区治理中实现。由此，"单位办社会"成为新中国工业化、现代化历程中的独特景观。

---

① 被访谈人：S奶奶（女，81岁，原东风公社三委主任），访谈人：杜实，访谈时间：2015年10月29日，访谈地点：一街区34栋S奶奶家。

（一）汽车厂工人生活区居民的集体认同

在典型单位制的社会实践中，汽车厂工人生活区形成了"城中之城"的独特格局，在此基础上，还生成了单位成员对单位组织的强烈认同。这不仅体现在职工居民的生活空间和社会关系的相对独立、封闭，还体现在他们生命历程的种种需求都可以在该空间内得以满足、实现。在访谈中，笔者就曾多次听职工居民描述过汽车厂除检察院和殡葬事业外，其他机构应有尽有，各项公共设施都很齐全。工作和生活在这样一个超大型单位组织中的个体形成了强烈的空间认同，这一点也体现在他们日常生活的语言中，如工厂老居民经常把去汽车厂以外的地方说成"去市里一趟"，这表明在他们的认知图式中，汽车厂乃是一个自足的社会空间。

在"单位办社会"的大家庭，这里不仅存在正式的工厂制度，还存在道义、情感、慈爱等非正式制度，它们共同维系着城市基层社会的整合。但从客观来讲，我们也应当看到，生产与生活空间合一的"单位办社会"形式更适合诞生于社会资源总量不足的历史条件下。在汽车厂工人生活区，社会成员之间结成了便于交往与互动的社会关系，形塑了"单位办社会"的独特景观。据相关文献记载：

> 汽车厂的办社会服务事业是从办福利开始的，在汽车厂的《生产组织设计》中就有房产管理处、生活福利处（食堂、托儿所、理发室、浴室）、职工医院。1961年，为了解决职工子弟的就学，成立了子弟教育科，下属一个中学和两个小学。1964年一机部将汽车工业学校下放汽车厂，成为半工半读的中等专科学校。"文革"以后，大批知青返城，为解决职工子弟就业困难问题，从1979年5月开始，又办起了知青工厂、附属工厂。随着厂区面积的不断扩大，城区建设、环境治理任务日益繁重。1981年10月，省政府批准汽车厂保卫处改名为公安处，行使汽车城公安分局的职能；1986年3月，市政府又批准成立厂区管理处，行使汽车厂区域城建管理的职能。同时，为解决技术后备人才不足的困难，1985年4月又成立了汽车工业高等专科学校。这样，汽车厂就从最初的办职工福利、办职工子弟教育逐步发展到办大专学校、办知青就业、办城区建设、办社会治安。这些事业到

了 90 年代处于鼎盛时期。[①]

改革开放以后,汽车厂的单位体制虽然做出了一些调整,但传统社会职能和单位惯习的延续使得单位组织规模越来越膨胀。对此,路风的观点颇具理论穿透力,他认为单位组织在 20 世纪 80 年代"变得越来越倾向于自我服务,即把改善内部职工的福利置于对社会的贡献之上。不可能破产的企业和不可能被解雇的职工使国家不能不对公有工业承担起无限的责任和义务。工作与生活的混淆,社区服务与单位福利功能的膨胀,使中国的社会主义工厂逐渐演变为多功能的、具有家庭性质的、自我服务的组织,即变成了类似村庄式的组织"[②]。对职工居民而言,汽车厂的集体认同不仅体现在他们已有的各种荣耀,更为重要的是一种"生于斯、长于斯"的依恋情怀,这种"企业小社会"具有独特的社会结构,并为生活于其中的民众带来强烈的认同感和归属感。

(二)"单位办社会"时期的社会结构特点

在"单位办社会"时期,汽车厂工人生活区最突出的社会结构特点就是它能够将四面八方的人力和物力有序地组织起来。如果从组织方式和动员方式的角度来看,我们能够发现这其中的动力正是单位制作为一种"理念型"预先存在——它不单体现在构成单位制的实际社会空间设计已由苏联承担,更体现在汽车厂的职工居民在日复一日的生活和生产中形成了"单位共同体"意义的社会再生产。

首先,公平分配是汽车厂"单位办社会"时期的基本管理原则。如从 1964 年开始,汽车厂规定职工具有 8 年工龄、28 岁以上、家属为城市户口,可以男方为主申请住房,这一规定一直持续了近 20 年,即汽车厂在生活物资总量不变的情况下采取了平均主义的福利分配政策,并且政策具有延续性。直到改革开放年代,为了配合生产积极性的调动,按劳分配和按技术等级分配的方式才被采用。到 1982 年底,汽车厂才将房屋分配政策改为有梯度的标准。

---

① 冯云翔整理《汽车厂实业总公司的由来和发展》,载全国政协文史和学习委员会编《汽车厂创建发展历程》,中国文史出版社,2007,第 651~652 页。

② 路风:《国有企业转变的三个命题》,《中国社会科学》2000 年第 5 期。

其次，企业的全面福利保障是汽车厂职工居民享有的基本权利。如汽车厂的房产管理处、福利处等部门下属的各项公共服务机构（食堂、托儿所、理发室、浴室、职工医院）就能够很好地说明这一点。甚至，汽车厂的福利已经扩大到安置职工家属的程度。汽车厂建厂时期的很多工人都来自全国各地，建厂之初其家属都远在外地或生活在农村。为了稳定职工队伍、凝聚人心，汽车厂一直采取安抚家属情绪、安排家属来厂就业的方式开展工作。

最后，改革开放初期的经济体制改革并没有立即终结"单位办社会"的社会现实，而是促使了单位制在一定程度上的重建。渠敬东等学者认为，20世纪80年代初"城市中'文革'的遗留问题对于社会稳定运行的消极影响尚未消除……各级政府通过重建单位体制，使各项社会生产和生活秩序得到有效恢复"①。即当时包括汽车厂在内的各大国企重建单位制的目的是在单位体制内进行一系列改良，它们试图采用扩大企业自主权和推行利润包干制的方式进行调整。但事实证明，这些国企工厂当时福利与盈利的矛盾还是无法避免地逐渐凸显，最终使"单位办社会"成为企业的沉重负担。

---

① 渠敬东、周飞舟、应星：《从总体性支配到技术治理——基于中国30年改革经验的社会学分析》，《中国社会科学》2009年第6期。

第六章　国企改制背景下的汽车厂工人生活区结构转型

在"单位办社会"的厂家合一时代，汽车厂留下了太多后遗症，它不得不花费超额的精力去经营工人生活区。汽车厂所履行的各项社会服务职能几乎都属于非营利性质，并完全依赖汽车厂的资金来维持，给工厂带来了沉重的经济负担。"据有关统计资料显示，汽车厂平均每年办社会服务的开支都是4个多亿。"① 为了解决这一现实问题，"单位不再办社会"的策略成为汽车厂和相关政府部门选择的可行路径。同时，此项改革实践的起点也成为汽车厂工人生活区进行社会转型的关键节点。

一　易被忽视的社会转型

在20世纪90年代中期到21世纪初的几年时间里，汽车厂和省市政府通过产权改革和重新组建原有机构设置的方式完成了汽车厂工人生活区社会组织和社会结构层面的转型，这段时间的"自上而下"改革无疑会建构出与"单位办社会"时期存在本质差异的社区建设与发展模式。但值得注意的是，汽车厂工人生活区的社会转型在此期间并没有得到应有的重视，这是因为它被当时企业市场化改革带来的一系列基层经济变革所遮蔽，经历过这段历史的老同志回忆说：

> 当时企业要改革，要减员增效。对各位老同志、老职工来说呢，

---

① 冯云翔整理《汽车厂实业总公司的由来和发展》，全国政协文史和学习委员会编《汽车厂创建发展历程》，中国文史出版社，2007，第652页。

不是说愿意退养——他不愿意回家待着，因为毕竟有的人年龄不是太大，但是为了支持企业改革，他也回家了，有的才 50 岁，那正当年啊！那时候还能干很多工作，但最后还是退下来了。下来以后呢，损失挺大呀！如果这人没到退休年龄，厂子就让你"休长假"，这样给的工资就特别少，工资好像连 50% 都开不到。等到了可以退养的年龄，就能达到 80% 的工资。除了降工资，每个月交的养老保险钱也跟着降低啊，那最后退休的时候真是少了不少钱啊！当时开大会，动员大家回家休长假、退养，还有个别谈话啥的。那时候很多工人都没想那么多，谁知道以后工资有影响呢？就寻思企业改革，让下就下来吧，普遍来说都是很单纯，也是对厂里的一种爱吧。但是现在一看，确实这拨儿人做出的牺牲挺大，当时大家也没怎么计较。①

在这段特殊时期，汽车厂职工居民的注意力大多被轰轰烈烈的企业改制和减员增效风波所吸引，从而忽略了由企业的市场转型引发的工人生活区之社会转型。这场易被忽视的社会转型正属于当代中国社会变迁的一个重要领域，即新旧社会体制之间的转换过程。可以说，汽车厂工人生活区的案例，既涉及传统"单位人"的经济选择，又涉及基层社会文化与制度的变迁，恰恰是经济人类学的视角所善于观察和分析的复杂领域。

二 政企合力推动社会转型

20 世纪 90 年代中期，随着市场化改革的深入推进，国有企业改制已经上升为一个最为紧要的实践命题。此时，企业的效益诉求逐渐明确，迫切需要从国有企业产权变更、减少国家拨款力度等方面寻求突破。汽车厂是我国极具代表性的大型工业国企，其改制过程一直受到政府、企业和学术界等多方的关注。就改制过程而言，除对企业经营方面进行公司制、股份制改革以外，对"单位办社会"职能进行的分离工作也是十分重要的一环，这关系到企业能否甩掉多年来一直负担的财政包袱。当然，这一改革实践并非全部由汽车厂独自承担，省市政府部门也扮演了重要角色。

---

① 被访谈人：L 阿姨（女，63 岁，福利处退休干部），访谈人：杜实，访谈时间：2015 年 12 月 6 日，访谈地点：汽车厂第 33 街区。

（一）汽车厂实业总公司的建立与改制

实业总公司缘起于前文提到的计划经济时期汽车厂开展的社会服务事业。由于汽车厂多年来为职工提供的社会福利都是非营利性质，所需资金只能来源于工厂自身，这给该厂带来了较大的财政压力。而且到 20 世纪 90 年代初，汽车厂办社会服务事业部门的职工就达到 4 万多人，其中全民所有制职工约 3 万人，集体所有制职工约 1 万人，这些职工的工资成本也给汽车厂带来了沉重的经济负担。为解决这一问题，汽车厂推进了一系列改革举措，其中实业总公司的建立与改制就是重要一环。为了使汽车厂卸掉经济负担，该公司以独立经营、具有法人资格的全资子公司形式承接了原先由汽车厂向职工居民提供的社会服务事业。同时，实业总公司的另一个名称为社会事业管理部，实行一个机构两块牌子的运行方式。

在实际运行中，实业总公司（社会事业管理部）依托其职能部门（办公室、计划财务处、人事劳资处等）和服务性处室（房产管理处、卫生处、电信处、子弟教育处等），开辟出多个经营实体（出租车公司、广告公司、装潢公司、实业商场等），力求将服务性质由福利服务型向社会经营型转变，其企业经理人员实行聘任制，员工实行合同制，部分经营实体实行股份制。汽车厂实业总公司的建立是汽车厂工人生活区后勤服务保障体系的一次重大变革，同时标志着汽车厂以往"单位办社会"的各项职能逐渐以公司制和市场化的形式开展。

然而，在上述职能转型的过程中，汽车厂虽然凭借实业总公司（社会事业管理部）将社会服务类产业从母体中分离出去，但还是区分了服务性处室和经营实体。实际上，服务性处室的下设部门性质并未实现市场化，仍然属于社会福利性质，如还负责职工房产管理、医疗卫生、电信管理、子弟教育等福利事业工作，因此可以说改革并不彻底。而且福利和营利性质工作的并行运作，使实业总公司（社会事业管理部）的管理同样面临着一定的挑战！

为了更好捋顺实际工作，汽车厂在 21 世纪初对实业总公司（社会事业管理部）进行改制，将房产管理、医疗卫生、电信管理、子弟教育等福利事业工作划给社会事业管理部，而实业总公司专门负责工厂遗留的福利性服务工作。实业总公司仍为独立核算、自主经营、自负盈亏的经营实

体，下设 80 多家企业，有员工 8000 多人。二者从而各自独立设置，各司其职。

自社会事业管理部与实业总公司独立运行以来，二者实行"管干分开"的模式。一方面，社会事业管理部发挥"管理"职能，致力于提高职工生活福利水平，方便职工生活，专门定标准、定流程，如完善住房制度、推行医疗改革等；另一方面，实业总公司则负责"干实业"，不断调整企业结构，实现现代企业化经营，如组建物业公司、绿化中心、市政工程公司、大型超市等对单位社区进行服务。

至此，汽车厂近 60 年"单位办社会"的历史实践从形式上正式走向终结：第一步是以公司制的方式对辅助性产业和"单位办社会"的各项职能进行分离经营；第二步则是进一步精化改制，使适合以市场规律方式运作的企业继续以市场化的方式运营，并将一些短时间内还要继续负责的生活福利职能妥善进行管理。

（二）汽车区建立：承接汽车厂的社会职能

21 世纪以后，中国的国企改革和老工业基地改造进入了最为关键的时期，中央政府也介入其中。2005 年 1 月 13 日，时任国务院国资委主任的李荣融宣布，中央决定在中央企业中全面推进分离企业办社会职能工作，财政部已经安排了专项资金。他认为"做好分离企业办社会工作，是深化国有企业改革，解决国有企业人员多、负担重的历史遗留问题，增强国有企业竞争力的重要措施，也有利于各项社会事业的统筹协调发展。厂办大集体是推进国有企业改革和发展需要解决的一个问题，为此，中央决定先在东北地区试点。希望东北三省的国资委抓紧工作，为解决问题积累经验，其他有条件的地区也要积极探索解决这一问题的办法"[①]。随后，媒体及社会各界人士对此做出了迅速的反应，《新京报》发表评论员文章认为"国企办社会正走向最后一战"[②]。

为响应国家号召，汽车厂于 2005 年底与省政府签署企业分离办社会职能的移交协议，并积极开展相关工作。同年，汽车城为承接汽车厂剥离的社会职能，专门成立了汽车区，并投入大量财政拨款用于此区的建设与发

---

① 费伟伟：《央企不再办社会》，《人民日报》2005 年 1 月 14 日，第 3 版。
② 《国企办社会正走向最后一战》，《新京报》2005 年 2 月 12 日。

展。经过多年的工作实践，汽车区现已成为经国务院批准的国家级经济技术开发区，主要承担汽车厂剥离的社会职能、加快汽车城的"国际汽车城"建设等重要任务。汽车区"行政管辖面积 110 平方公里，管辖 2 个街道办事处（12 个社区），9 个半行政村。建成区面积 23 平方公里。区内总人口 22.3 万人，其中非农人口 19 万人，全区各类企业 3160 余户"[1]。建区以来，汽车区先后被授予"国家汽车零部件出口基地""国家汽车电子产业基地"等称号。

近年来，省市政府多次下发以汽车区为载体承接汽车厂"单位办社会"职能的文件，提出具体承接汽车厂社会事业的方案。经过不断地改革，汽车厂"单位办社会"的经济包袱正逐年减轻，企业承担的社会职能也在逐渐向政府回归。但这项工作仍是一件长期的任务，取得成效也需要综合政府、企业和民众的多元评价，其中最重要的还是汽车厂职工居民对分离状况的切身感受。

三　工人宿舍的产权变迁

汽车厂分离"单位办社会"职能的第一步就是解决工人宿舍的产权问题，只有将房屋的产权转移给个人，才能完成从公有住房向私有住房的市场化改革。在进行产权变更之前，汽车厂工人生活区的工人宿舍都是整栋住宅楼几千平方米的公有产权，这意味着住宅的公有制性质。而从 20 世纪 90 年代中后期开始，汽车厂开展了房屋产权的私有化改革，职工居民根据住宅成本价或标准价[2]对工人宿舍进行购买，并取得相应的私有或准私有产权。同时，随着房屋所有权的私有化，与其相伴的居民用水、用电、用燃气以及物业费的市场化问题也浮出水面——往日的福利感有所降低，大

---

[1] 汽车区管委会：《汽车区概况》，http://www.caida.gov.cn/xxfb/gkxx/202007/t20200729_2381857.html，最后访问日期：2020 年 9 月 1 日。

[2] 成本价、标准价都属于房改房的一个类型，区别就在于该房产在房改的时候采用了不同的房改价款支付方式。一般来讲，标准价低于成本价。成本价是按照房改当年政府制定的房改房成本价标准来支付房改价款，标准价则是在该房产房改过程中执行了比成本价更为优惠的房改价款标准。标准价相对优惠的原因主要在于产权的性质有所差异，以此价格购买到的房屋在进行再转让时，不但要经过原产权单位同意，还要在交易时根据相关规定补交一定的费用，否则不能办理过户手续。而按成本价购买的房改房，其房屋的使用、占有、处置的权利全部归产权人所有，也不需经过原产权单位的同意。

家不得不去面对这一系列改革给生活带来的变化。

(一) 工人宿舍住房制度改革

汽车厂住房制度改革的前期工作可以追溯到 20 世纪 80 年代末。1988 年 7 月,汽车厂成立住房制度改革领导小组,并制定了一系列与住房改革相关的改革方案。经过对史志文献的梳理,笔者发现在汽车厂本阶段的住房制度改革,主要通过提租补贴、实行住房公积金制度和住房出售等手段逐步进行。

第一,汽车厂的提租补贴改革是指,在提高职工工资的前提下,同时提高公房租金,变住房实物分配为货币分配,进而促进职工购房。第二,汽车厂还通过实行住房公积金制度促进住房制度改革,住房公积金实质上是一种专门用于职工家庭购买、大修房屋的义务性长期储蓄,能够逐步增加职工购房的资金积累、提高职工购房的实际能力。第三,住房改革的最终目的,即达成住房出售的结果,完成私有化改革。20 世纪 90 年代中后期,汽车厂开始出售标准成套的公有住房,出售对象为集团公司员工、离退休人员以及已故职工的配偶。购买公有住房实行由标准价或成本价逐渐过渡到市场价的方案。街区居民回忆购房经历时说:

> 当时单位说个人花钱买房,我们当时也没多想,(大家) 都买咱就买呗,反正买下来就是自己的房子了,住着也踏实。那时候是 90 年代末吧,卖的也不贵,不像现在一 (平方) 米都七八千了,我们这房子一套也就 50 多 (平方) 米,最贵 5 万块钱也买下来了。有的人家还住的是插间儿,那他们就只能买属于他的那个房间,那样就更便宜了。①

从这段材料中能够看出职工居民对购房政策比较支持,都愿意拿出自己的积蓄购买房产。随后,汽车厂还适时根据市场行情对工人生活区的房价进行调整,当时的购房标准价为每平方米 500 ~ 600 多元,不同价格代表着公私产权比例不同;成本价则为每平方米 800 多元。但总体来说,住房

---

① 被访谈人:X 师傅 (男,68 岁,汽车厂退休工人),访谈人:杜实,访谈时间:2015 年 10 月 28 日,访谈地点:X 师傅家。

改革的效果令人满意，2002 年 1 月 29 日，第一批 160 多户购房职工领到了自己家庭的房产证！

当看到购房政策成功落地，汽车厂的大部分职工居民则开始踊跃购房，这时的房价虽然有所升高，最高达到每平方米 900 元，但职工居民依然用实际行动支持购房政策，2003 ~ 2007 年成为住房出售的高潮期。在这期间，每年出售公有住房户数达千户（其中最高值达到 3000 多户）。2008 年以来，每年出售公有住房户数开始下降至千户以下，这也说明住房制度改革顺利接近尾声。至此，汽车厂的住房出售方案达到预期效果，大部分房屋都已经完成了产权私有化改革。

（二）"三供一业"的市场化改革

从全国范围来讲，"三供一业"都是国企改制的一项重要指标，其中"三供"改革是指传统国有企业宿舍区供水、供电、供燃气的市场化改革，而"一业"改革则是指通过市场化手段对职工住房进行现代物业管理。20 世纪 90 年代，随着工人住房产权的变更，汽车厂也开始对"三供一业"事宜进行持续深入的改革，减少企业对这些部门的资金补贴。

一方面，关于汽车厂工人生活区的"三供"改革历程。在"单位办社会"时期，该厂的"三供"事业都或多或少地由工厂直接管理，主要通过设立专门的能源管理机构[①]（动力处）和职工房产管理部门（房产管理处）来完成。而从 1999 年开始，汽车厂集团公司开始进行"三供"事业的改革，成立动能分公司。该公司实行独立核算、自计盈亏、自我约束、自我发展的经营机制，将原来涉及的能源管理工作进行归并重组，负责汽车厂生产及生活的能源供应。10 月 28 日，动能分公司正式挂牌成立，成为集团公司的分公司，这样一来，汽车厂就在形式上将工人生活区居民用水、用电、用气、用热的管理职能以公司制的形式分离出去，对水、电、气等的供应管理工作进行市场化改革，为下一步将这些职能彻底转型提供了重要条件。

另一方面，关于汽车厂工人生活区的物业管理体系建立与发展历程。

---

① 能源管理机构在工厂创建初期称动力处，1959 年机械处和动力科合并为机械动力处，1958 年生产指挥部的动力组取代机械动力科，1973 年机械动力处恢复，1982 年成立能源办公室（与机械动力处为一个机构两块牌子）。

在"单位办社会"时期，市场化的物业管理机构并没有出现在职工居民的视野当中，当时负责这类工作的部门基本上都是工厂直属，并以房屋维修及下水治理等名目出现。从1996年开始，汽车厂的物业服务改革正式拉开帷幕，即在各个街区中推行以物业管理为名目的服务方式，但其服务性质仍然是工厂直接管理，"3月29日，汽车厂集团公司十七届八次职工代表联席会议审议通过《汽车厂社区管理条例》，开始在43街区推行物业服务。房产处、厂区管理处、公安处组成了43街区物业管理所，这是在社区建设中推出的新管理模式。到1997年，汽车厂共组建23个街区物业管理所，配备29个专职所长，实现物业管理的住宅面积130.2万平方米，受益居民24367户，78926人。1997年12月10日，汽车厂制定《汽车厂集团公司住宅区物业管理服务收费实施办法》，开始对经国家、省、市验收达标的15个小区实行收费，每户每月收取物业管理服务费10元（其中保洁费4元、保安费5元、绿化管理费1元）；按建筑面积向业主收取公共设施公用部分的维护费，每月每平方米0.2元，这是汽车厂的物业管理由行政福利制走向市场经营制迈出的重要一步"[1]。到2000年，汽车厂集团公司调整物业管理体制，以越野路为界，分别在实业总公司的机构下组建汽车厂实业东风物业管理中心和汽车厂实业锦城物业管理中心。至此，汽车厂基本用了6年的时间，将市场化的公司制物业管理模式建立起来，同时为下一步深化物业管理市场化改革提供了必备的保障。

四 汽车厂工人生活区的社区建设运动

20世纪90年代以来，正在经历市场化改革的汽车厂在新形势下也面临着社区建设的现实问题。在汽车厂工人生活区，社区建设运动的基本取向就是打破计划经济时期单位对城市基层社区的主导性控制，转而在政府的指导下，依靠街道办事处的力量，强化社区居民委员会的管理与地位，形成与市场经济社会相适应的新型城市社区。

关于汽车城以及汽车厂工人生活区社区建设运动的细节如下。从90年代末开始，民政部就选取包括汽车城在内的26个城市作为全国社区建设实

---

[1] 汽车厂厂志编辑部编《汽车厂厂志（1987—2011）》下卷，汽车厂集团公司，2013，第1642~1943页。

验区，通过对当时汽车城社区建设运动的经验概括，可以总结出其发展特点。1999 年，汽车城的居委会试点正式进入社区建设的初始阶段。根据民政部的实施方案，相关负责部门开始调整居委会原有的管辖范围，改革传统的管理体制，并建立社区居委会（简称社区）新型组织。具体来讲，在调整管辖范围方面，各区民政部门对原有的居委会进行重新划分，本着"小于街道办事处，大于居民委员会"的原则，将其调整组建为新的社区居委会。这样既考虑了居民已经形成的地缘关系，又优化了区域资源的利用和整合。在改革管理体制方面，社区居委会的管理力度有所强化，它实际上分担的是政府一级的任务。为此，在社区居委会的管理改革过程中，街道办事处按照准政府的定位下放权力，加强社区的社会管理职能，实现工作重心下移，着力解决社区管理中的各种现实问题。在建立新型组织体系方面，社区居委会组建了以社区书记为代表的社区党组织和以社区主任为代表的社区管理层，这种新的组织方式实现了传统城市基层社会从以单位管理为主开始向以"街道－社区"管理为主的转变。

（一）社区居委会的服务导向

21 世纪以来，在区政府的号召下，汽车厂工人生活区下属的两个街道逐步开始推进以无偿服务为主体，抵偿、有偿服务为补充的各类社区服务。其中，锦程街道加大了对社区服务中心的投入，锦程社区服务中心的前身是 1996 年成立的一个社区服务站，原本设在街道的经济科下面，提供的服务主要是中介性质的，比如介绍保姆、清洗水池等。2000 年，服务站变为事业单位编制的科级单位。经过发展，服务站目前总面积为 1000 平方米左右，坚持"以人为本，提供服务"的宗旨，开展的项目共有 9 大类，包括劳动就业和社会保障服务、社区医疗卫生服务、法律援助服务、家政服务、社区文化教育服务、便民利民综合服务、物业管理服务、房屋置换服务、社区义工服务。

2005 年，随着汽车区的建立，区内东风街道和锦程街道的社区建设运动随即开启，汽车区制定了《关于加快发展社区服务的意见》，明确了社区服务的发展方向。我们知道，街道办与社区居委会的变革是随着社区建设运动进行的，在这场有计划的运动中，民政部门提出的口号是要减少政府干预，通过居民自助、互助和他助来发展居住地的服务与管理，使居民增加情感归属和认同。针对这一目标，社区居委会首先进行了结构调整——按照"议事、执行分设"的原则成立了社区成员代表大会，其中社区成员代表的主要任务是履行社区民主决策、民主评议、民主监督等职能，决定重大事项，对社区居委会的工作进行监督。社区居委会则履行社区成员代表大会赋予的任务，对社区成员代表大会负责，在社区成员代表大会监督下进行管理。

（二）社区居委会的民主选举

在前文居委会主任 S 奶奶的经历中，汽车厂工人生活区于 1986 年由东风公社辅助工人生活区的管理变为由东风街道办事处和锦程街道办事处共同进行管理，当时这两个街道办事处共下设 68 个居民委员会。当时，此种转变仅仅停留在"文革"之后的"重建单位制"，即并未改变"单位办社会"的社会结构和"街道办－居委会"的辅助性地位。到 2000 年前后，汽车厂工人生活区内的各个居委会都结合自身实际情况，相继按照上级的统一要求，将居委会改造成以地缘为纽带、以居民高度自治为基本特征的"社区型"居委会，并规定全部居委会成员由选举产生。

和全国其他地区相同，汽车厂工人生活区也经历了社区居委会的民主选举。东风街道管辖的社区通过党组织推荐、党员群众推荐、党员个人自荐和社会组织举荐等方式，选举产生了候选人的初步人选，经资格审查后，将其基本情况进行张榜公示。随后，街道党工委对这些人进行笔试、面试，优中取优，将一批有能力的同志分别推荐为各社区党组织书记、委员候选人初步人选，用以优化基层党组织的人员结构。

在确定新一届社区党组织班子候选人的基础上，党工委组织召开党员大会对社区党总支班子进行换届选举。按照该街道 2011 年的资料，其下属 5 个社区党总支换届选举工作产生社区党总支委员 33 名，其中，书记 5 名、副书记 5 名。在新当选的 5 名书记中，大专学历 1 人，本科学历 3 人，硕士研究生学历 1 人，平均年龄 33.4 岁；副书记 5 人中，大专学历 3 人，本科学历 1 人，硕士研究生学历 1 人，平均年龄 34.2 岁。从这些数据中可以看出，经过社区建设运动，各社区的党总支委员在受教育程度结构、年龄结构、业务水平上都较以前有所优化。

五　汽车厂离退休工作站的建立

自社区建设运动开展以来，城市基层社区活动的主要参与者和受益者多为离退休的老同志。汽车厂工人生活区的情况虽并无例外，但由于这里的离退休老同志数量极多，他们又习惯于"单位办社会"时期企业对他们无微不至的关怀与照料，因此更寄希望于汽车厂为他们带来相关的养老福利。于是，汽车厂离退休人员管理部在2002年经过调整，以与时俱进的姿态将照顾离退休老同志的重任扛起，并在客观上起到了助力社区居委会进行老年人社会管理的作用。

（一）离退休工作站的建立过程

2002年至今，汽车厂离退人员管理部重整旗鼓，按照工人生活区内的具体街区分布建立了32个离退休工作站。这些工作站将汽车厂40多个街区分成面积大致相等的方块，实行"统一管理、街区服务"的模式，把所在街区中的在编离退休人员①合理地组织起来。

2003年初，汽车厂根据《离退休干部医疗费管理暂行规定》，对居住在工人生活区内的离退休干部医疗费实行"内部统筹管理"，开发离退休人员基础信息数据库，实现管理工作的标准化、数字化和规范化。工人生活区中的各个离退休工作站在短时间内建立了所辖区域成员的健康档案和生活需求档案，坚持重病、高龄、孤寡、死亡、突发意外事件的"五必访"制度，并建立从汽车厂离退休工作部到工作站再到活动小组的三级管理网络。同年，汽车厂各离退休工作站相继成立志愿者服务队，当时共招募600多名志愿者，他们每月两次在街区或工作站为离退休人员服务，定期或不定期地为高龄、卧床、孤寡老人理发、磨刀、体检、打扫、代购。

2005年，随着企业改制步伐的加快，街区中的各离退休工作站又陆续接收退养和退休人员8000余人，并纳入统一管理。当年，汽车厂离退休工作部又组织530名老同志到丹东、大连健康疗养，并建立健康档案27433份，开展有组织的义务服务达数千人次，受益人员上万人次。2006年末到

---

① 即工作关系为全民所有制的离退休工作人员。

2009 年，又组织 16554 人进行体检。截止到目前，各工作站一直保持脚踏实地的工作态度，为老同志谋福利，正如第十四离退休工作站的 L 站长所说：

> 在离退部领导下，我们汽车厂生活区一共有 32 个离退休工作站，我们是第十四工作站。这些工作站的站长都是招聘来的，你比如说我吧，在这嘎儿（这里）干了 10 多年了，对老同志也都熟悉了。我们有一支老年志愿者服务队，一共 99 人，他们专门为我们街区里的 38 位卧床、孤寡、空巢的老人，和 150 多个 80 岁以上的老人服务。一切活动都是有组织的，不是自发的，体现大企业对离退人员的关心。我们的骨干队伍特别好！你看，我们通过管理，大家就是跟一般人不一样，比如组织完活动他们都主动收拾场地，把东西都收回去，这风气挺好的。开会也没有声儿，不带插话的，就挺重视，挺当回事儿的。这就是我们老一代人的特点——不会糊弄、认认真真。①

可以看出，目前的离退休工作已经步入规范化和常态化。工作站的老年志愿者团队建设也已成熟，对街区中生活不便的老人进行服务与照料。

（二）离退休工作站的常规工作

汽车厂工人生活区的每个离退休工作站都设有站长和工作人员各 1 名，工作站党支部的领导成员由二人兼任，实行"两套班子、一套人马"的体制。站领导在退休前都是汽车厂不同部门的干部，而现在工作关系则隶属于社会事业管理部的离退休工作处，除正常退休工资以外，每月还可以领到 1800 元左右的报酬。工作站的其余成员则全部由街区中的离退休居民组成，他们提供的服务属于志愿服务性质，即付出的所有劳动都出于无私奉献，汽车厂不提供任何形式的报酬。但每个活动站会根据自身的经费情况，在重大活动举办结束后，为成员们发放一些日用品作为鼓励，如大米、豆油、卷纸、洗洁精等。

离退休工作站的常规工作主要是定期为片区内的所有本厂全民所有制

---

① 被访谈人：L 站长（女，66 岁，汽车厂离退休工作站站长），访谈人：杜实，访谈时间：2015 年 10 月 28 日，访谈地点：站长办公室。

离退休职工发放每月的生活补助、定期召开例会和组织志愿者队伍进行公益服务。在这些常规工作当中，每月发放的补助是工作站最基础也是最关键的工作，这关系到每位离退休居民的切身利益。当然，在这项工作开展的过程中，我们也能发现老年群体最为真实的工作状态，下面就是第十四离退休工作站为退休人员发放住院补贴的情景再现。

X组长：来没来钱呐，住院的？

L站长：来了来了，我给你找，叫啥名？

X组长：GXC。

L站长：GXC是你们那儿的，什么单位的？

X组长：车厢！哎呀（看到L站长登记姓名，继续说），站长这两把字儿挺好啊！

L站长：哎呀我的妈呀，这还好哪？

X组长：啊，这还不好（看到L站长登记的日期有误，继续说）?! 哎呀，他是31号出院的吗，应该是21号吧？

L站长：一共住了18天吗不是？

X组长：啊，对呀，那你写的咋是31号呢，应该是21号，3号到21号，18天啊。

L站长：啊，写差了！他啥病？

X组长：啥病？气管炎哪，还是肺气肿的？反正是呼吸科，气管儿！

L站长：那就是肺心病，联系电话多少？

X组长：这我可记不住，真记不住。我给你拿电话本儿找吧，你看这顶上谁都有。你说我个人家的电话我都记不住，我家老头儿手机我都记不住啊！

L站长：啊（找到电话本上的号码），在这呢，是××××××××（座机号）。

X组长：还有那谁，CGR的钱咋整，让她自己来报啊？

L站长：嗯，让她自己来。来，你来签个字。

X组长：你签吧，我不会签哪……

L站长：你快签吧，组长签，快点，就在这空白地方。

X 组长：好了，你看看。哎，个人名儿都不会写了，开支取钱都得去俩人儿，下回我这么的，我抠个手戳儿，我盖戳儿。

L 站长：行了，这个就办完了。那谁啊，CGR 你让她来啊，别忘了。

X 组长：啊，我还寻思今天把钱给她捎回去呢。

L 站长：她没拿回那单子，要是拿单子，我就给她那啥（发钱）了。①

从上述离退休工作站的常规工作中可以看出，不论是站内领导还是成员都能十分认真地完成具体的工作任务。她们对工作的目的和程序相当了解，也特别愿意为附近相熟的老同志服务，但由于年岁将近七旬，在工作的效率和细节方面还是无法与自己年轻时的状态相提并论，这也是无法避免的现实问题。同时，每个工作站的例会时间由各站自行决定，如第一工作站的例会定于每月的 15 日召开，C 站长说：

我们第一工作站是每个月 15 号开大会，如果赶上礼拜六、礼拜天就往后顺延。我们开例会是五项内容。一是总结上个月的工作，二是安排这个月的工作，三是时事政治学习，四是对工作站成员的素质培训，五是健康讲座。一般讲的都不是特别复杂，但他们稍微用心就能做到，做到了就对他们有好处。比如素质培训，就给我们的组长、骨干讲点《组织行为学》，这都是和老年志愿服务有关的东西，讲讲怎样做好"非正式群体"的工作。我们都是由浅入深，我常说你们别什么事都想知道，人家有俩人在路上一起走着唠嗑挺好的，你总要凑过去打听人家说啥呢，总想知道，那是不可以的，不好！我们这些例会规则都不是一天两天形成的，肯定是日积月累陆陆续续的，开会也就是四五十分钟吧，剩下的时间就便民服务了。②

---

① 对话人：L 站长（女，66 岁，汽车厂离退休工作站站长）、X 组长（女，离退休工作站组长），参与观察人：杜实，观察时间：2015 年 10 月 28 日，观察地点：站长办公室。
② 被访谈人：C 站长（女，65 岁，第一离退休工作站站长），访谈人：杜实，访谈时间：2015 年 9 月 15 日，访谈地点：第一离退休工作站办公室。

可见，离退休工作站的例会都有固定的程序和内容，开会的形式也都能令老同志接受，既达到了企业对离退休工作的期待，也为每位参与其中的老同志带来实在的好处。关于离退休工作站的志愿服务工作，第一工作站的志愿者队长 L 师傅认为：

> 我们的志愿工作，首先就是每个月开完例会我们几个老头儿开始免费磨刀、磨剪子、推头（理发）。另外呢，你比如说一些没儿没女在身边的老同志，每个月我们各小组的组长都到他家看一次，问问待遇发没发到手。像有那个卧床不起的，我负责定期给他推头。有行动不便、出入困难的，要是谁家水龙头不好使了、管子漏了，我们也拿钳子给他看一看、补一补，力所能及的、手到擒来的事我们都干。太大的（过于复杂的维修工作）来讲呢？我们就得帮他们找有关的人来修。如果谁家邻里之间闹不和啦，我们可以去调解调解，使大家和谐起来，有时候汽车厂给老同志发些慰问品，需要通知他们来领，我们就去召集，回去一传达，因为我们都熟悉这几栋楼。你比如说我来讲，这三栋楼里退休的，每家我都知道。汽车厂一共 32 个工作站都是这种形式，既然大家都退休了，走到一起也挺不容易，在原单位的时候都是为了工作，退休了之后没啥，就是一个志愿，为大家来服务。①

如果说发放补助和召开例会是离退休工作站的基础性工作，那么志愿者服务就可谓是工作站的特色服务，因为这项工作真正将切实的公益服务送到了离退休人员的身边，这也是街道和社区很难做到的工作。另外，第十四工作站还开展了"为你解决难心事"的特色活动，L 站长说：

> 我们这个"为你解决难心事"活动，就是老同志生活不管有啥困难都可以来工作站求助，你看我这个记录本——这个人是医保卡丢了，应该挂失，他不会，我们就帮他挂；这个人是闭路电视坏了，不知道上哪儿找人修，也上我们这来了；这个人是手机卡出毛病了，电话打不了，我们也帮他看看。另外，我们这还有个"服务台"，上面

---

① 被访谈人：L 师傅（男，71 岁，汽车厂第一离退休工作站志愿者队长），访谈人：杜实，访谈时间：2015 年 9 月 16 日，访谈地点：汽车厂一街区庭院内。

记录着常用电话，还有常用办事指南，交电费水费啊、领补助的程序啥的。老同志来了以后，不着急的话他们自己就慢慢看，着急的话我就给他讲。我们工作站的服务态度都挺好，因为老同志就把这当自己家，他没有别的地方可以问了，你让他上哪儿问去，这么大岁数了？不帮他，还要咱干啥？①

从上述如此贴近民生的活动安排中，我们可以看出离退休工作站真正做到了全心全意为老同志服务，站内成员完全能够做到像对待家人长辈一样对待每位走进工作站的离退休居民。除了活动策划得较为详细，第十四离退休工作站的志愿者小组长 C 阿姨还认为：

> 我每次接到站长通知，都一定要亲自跑一趟——比如我现在当离退休工作站的志愿者小组长，专门负责走访和慰问患病人员。我们按规定，一定要把补助亲自发给生病住院人员，不管他五楼还是六楼，我都是亲自确定了以后再上报，到底是不是卧床了，卧床和生病的性质是不一样的，病重卧床的给的（补助）更多点儿，我一定把事儿认真落实。我们组长一分钱不挣，但就是特别认真，有的组长 80 岁了也没提出不干。②

事实的确如此，各工作站的成员继承了艰苦时期的工作传统，虽然不取企业一丝一毫，但还是能够踏实认真工作，很多老同志即使年过八旬，还是一如既往地付出自己的勤劳与热情。汽车厂离退休工作站的建立确实在一定程度上缓解了老龄化带来的社会问题。

---

① 被访谈人：L 站长（女，66 岁，汽车厂离退休工作站站长），访谈人：杜实，访谈时间：2015 年 10 月 28 日，访谈地点：站长办公室。
② 被访谈人：C 阿姨（女，65 岁，第十四离退休工作站志愿者小组长），访谈人：杜实，访谈时间：2015 年 10 月 28 日，访谈地点：汽车厂第十四离退休工作站会议室。

第七章 "后单位时代"来临：汽车厂工人生活区文化的当代发展

自 2005 年汽车区成立以后，随着市场化改革的逐步深入，汽车厂工人生活区不得不改变之前的全能式福利运作模式，开始在更加多元的社会环境下谋求发展。虽然在日常话语中，汽车厂的职工居民仍然将其居住地点称为"单位宿舍"，但今时不同往日，现在的宿舍已经不再是"职住合一"的"准乡土社会"，而仅仅是一个住所或居民小区。在当代变迁下，汽车厂工人生活区的城市社区景观也随之发生了一系列的变革与转型，职工居民需要逐渐接受与适应。与此同时，汽车厂工人生活区内的老龄化问题和社会原子化倾向愈加突显，成为汽车厂"后单位时代"的现实问题。

一 汽车厂工人生活区当下的城市景观

在"后单位时代"，汽车厂生产和生活合一的空间构造逐步分离，其城市景观面临着多种变迁。就显性变迁而言，近年来汽车厂对工人生活区内的商场、医院、幼儿园、学校、公园等公共设施进行了装修与扩建，人们的使用体验都有了明显的提升。就隐性变迁而言，如工人生活区内的商场已完成企业化改革，完全采取市场化的运作模式；中小学的归属也从汽车厂分离到汽车区，由区教育局进行统一管理；职工医院则谋求与当地著名医学院校的合作，不断提升自身的医疗水平。

（一）百货商店的企业改革

1990 年，"车百"已经不再满足于"前三后四"的营业场空间，即对大楼实行第一次扩建，为主楼增高两层，成为五层的经营大楼，并向周边进行扩容。关于大楼的外形，设计师在主楼和附楼的屋顶采用了大尺度的飞檐斗拱结构，让它能够有机地融入周边的苏联式建筑环境。改造后的"车百"，营业面积扩大、盈利能力提升，并于1992年3月经汽车城经济体制改革委员会批准成立股份有限公司。从此"车百"走向了快速发展的道路，通过兼并迅速发展，规模越来越大。

1996年，经股东大会审议通过，"车百"踏上了集团化改革的征程，并组建成欧亚集团。作为首家经营门店，"车百"成为欧亚集团旗下的全资子公司。1998年，"车百"进行第二次大规模的改造，向主楼东侧扩建、加盖新的八层大楼，形成"前五后八"的经营格局。大楼正面的改动不大，原来的飞檐斗拱结构仍然保留，前门上方则立起了欧亚"车百"的店名。2004年，欧亚"车百"收购了原位于其北侧的大上海酒店，并对主楼进行又一次改造，这次改造去掉了原来的飞檐斗拱，完全采用方正一体的大幅立面结构，同时增加了巨幅广告画栏。

图 7 - 1　汽车厂百货大楼 2015 年末外观

今天，"车百"的经营面积已达3万平方米，汇集了近260大类的10万种国际、国内知名品牌商品，经营品类齐全，购物功能完善。欧亚"车百"A座一楼经营生活超市和珠宝化妆品；二楼经营精品鞋类和皮具箱包；三、四楼经营时尚品牌女装、男装和流行饰品；五楼经营休闲运动类服饰；六楼经营儿童系列商品等。B座负一层为美食城；一楼至四楼经营电器电讯类商品；五楼为健身馆；六楼为瑜伽馆和美容院。欧亚"车百"是"一站式购物"的综合性购物中心。面对如此靓丽、时尚的现代百货大楼，我们已经很难再从中发现60多年前的历史痕迹，但它确实一如既往地为汽车厂职工居民提供着商品消费的保障与便利。

（二）职工医院移交地方政府

职工医院在 20 世纪末汽车厂改革发展的大潮中不断变迁转型。1994 年 4 月，汽车厂职工医院作为后勤部门，被划归到汽车厂社会事业管理部（实业总公司）。次年，根据《汽车厂关于实行全员劳动合同制实施意见》精神，职工医院的所有员工都签订了劳动合同，这意味着职工医院已经踏出了与企业分离的关键一步。

2000 年 5 月 12 日，在前期改革的基础上，汽车厂职工医院进一步更名为汽车厂总医院。在新的契机下，该院发展至今每年的门诊量、业务收入等指标都稳步提高。到 2018 年，新建成的医疗楼又为汽车厂总医院增添了约 13 万平方米的建筑面积，总建筑面积已将近 20 万平方米。同时，该院固定资产总额将近 5 亿元人民币，设备 3000 多套，100 万元以上的大型医疗设备 74 台（套），医院开放床位 900 多张，设备先进、规模较大。

虽然汽车厂总医院在显性指标上连年提升，但由于该院的厂属性质和地缘劣势，其整体诊疗水平还是难以满足职工居民日益增长的就医需求，正如老居民反映：

> 我们的职工医院越来越大，看病水平就一般吧，好多病都耽误事儿。你比如说我之前看的肠道科，看了一个礼拜也没说出个子丑寅卯来。最后不行还得上"医大"（汽车厂工人生活区以外的 J 大学第一医院）。"医大"的医生一看，说你得上外科，结果外科拿片子一看就干啥（治好）了。汽车厂医院架子是不小，但医生水平到底得再提高，这不又盖一个大的（新楼）嘛，设备倒是挺先进，有的病治得也挺好，但大家伙都反映一些病还是耽误事儿。[①]

居民们反映的问题是求医过程中的现实表现，但实际上，我们不应当把问题简单地归结到医生的医疗水平上，问题的产生有更加深层的原因。多年来，虽然汽车厂总医院的医疗规模不断壮大，但其根本性质仍然是企

---

① 被访谈人：Q 大爷（男，82 岁，退休钳工），访谈人：杜实，访谈时间：2015 年 10 月 28 日，访谈地点：汽车厂第十四离退休工作站会议室。

业下属的职工医院，这限制了其医疗服务能力，将更多的职责定位于解决本单位职工居民所患的常见病、多发病。最重要的是，汽车厂职工医院的资源投入有限，受制约的医疗条件使其整体医疗水平难以与省市同类医院相提并论，因此居民们的大病难病还是要转院治疗。解决此类问题，必然涉及对汽车厂总医院进行深化改革，汽车厂作为生产、经营单位，已经难以支持汽车厂总医院的长远和综合性发展，所以应开展企业与医疗机构的分离工作，使医院回归社会，使其发展不再受到企业自身资源的制约。

为从根源处解决问题，汽车厂及其总医院的领导在 2018 年初就将汽车厂总医院深化改革和移交地方政府的工作提到日程上。2 月，汽车厂总医院院长在全省国有企业办医疗机构深化改革工作专题座谈会上，表达了迫切盼望政府能够接收该院的意愿，并恳请省政府给予大力支持。省国资委表示正式启动改革工作。5 月 29 日，省国资委等六部门联合下发了《关于省国有企业办教育医疗机构深化改革的实施意见》，指出 2018 年底前基本完成国有企业办医疗机构集中管理、改制或移交工作，汽车厂总医院的情况属于移交的范畴。6 ~ 7 月，在汽车厂集团公司统一组织领导下，多个职能部门会同总医院针对省国资委起草的《汽车厂办教育医疗机构剥离移交方案（征求意见稿）》进行集中研讨、沟通交流、意见反馈，并不断将移交工作向前推进。12 月 6 日，汽车厂总医院召开移交工作宣贯推进会，改革工作组成员就移交工作的背景、政策依据、具体内容、人员安置方案等问题做了具体部署。这意味着汽车厂总医院从性质上已经移交给省政府相关部门，这是其回归医疗主业发展体系的重要契机。

（三）学前教育系统的体制改革

在"企业－社会"分离的过程中，汽车厂对直属幼儿园的改革类似于其对职工医院的改革——都是分两步进行，先是划归到社会事业管理部，再适时进行企业剥离与移交社会工作。

在幼儿园被划归到社会事业管理部时期，汽车厂对厂内所有幼儿园的管理工作进行了优化。在这一时期，汽车厂新成立的幼教中心成为替代福利处对幼儿园进行管理的行政部门。2000 年 9 月，汽车厂幼教中心开始模拟运营，2001 年 5 月正式成立，并一度在幼儿教育与幼师管理方面取得了较大成绩。

2004 年，幼教中心实行管理体制改革，在原先 30 所左右幼儿园的基础上，先后撤销 7 所。同年，汽车厂的 X 幼儿园更名为实验幼儿园，成为集团公司第一个实行独立核算、自负盈亏、市场化试运营的幼儿园。经过多年的整合，到 2010 年汽车厂的幼儿园已经取消了"单位办社会"时期免除职工幼儿入托费的福利政策，据当年幼教中心的 L 园长回忆：

> 21 世纪以后，每个幼儿园都是一个独立的科级单位，也开始对外接收孩子了，但每个月比厂内子弟多交 200 块钱的管理费。因为现在独生子女的孩子数量少了，这些幼儿园就连兼并带撤销，从原来的 30 个左右，减为现在的 8 个。每个班的人数也都有标准，小班不超过 20 人，大班不超过 35 人。另外，各幼儿园的娱乐设施也在不断变化，原来都是钢铁材质的，像滑梯啊、浪木啊、能转的那个亭子啊啥的，当时厂里还给我们做秋千、跷跷板。但以前再怎么整也没有像现在这些彩色塑料的这么漂亮，现在幼儿园的室外玩具不断增加。还在安全性、趣味性上都下了很多功夫，没有棱角，都是圆角，孩子活动起来非常安全。①

正如这位园长所说，截止到 2010 年，幼教中心下属幼儿园的数量已经降至 8 所，其总建筑面积已调整为"33451 平方米，占地面积 60762 平方米。园内设备齐全，每个园都配有计算机，共计 312 台，并配有钢琴、电视、投影仪、奥尔夫乐器②、蒙台梭利教具③、亲子组合教具、数码相机等共计 438 件，大型玩具 72 件，厨房、电器等设备 86 件。幼儿园共有保教人员 565 人，其中幼儿教育管理人员和幼儿教师 298 人，占全员的 21.1%，在省市同行业中处于中间水平"④。

---

① 被访谈人：L 园长（女，66 岁，汽车厂幼儿园退休园长），访谈人：杜实，访谈时间：2015 年 9 月 1 日，访谈地点：汽车厂第 33 街区。
② 奥尔夫乐器即世界著名的作曲家、音乐教育家卡尔·奥尔夫在其创立的独特音乐教学法中使用的乐器，由精致的各种打击乐器构成，如木鱼、沙锤、串铃、三角铁等。
③ 蒙台梭利教具由 20 世纪意大利著名教育家、蒙台梭利教育法的创始人玛丽亚·蒙台梭利依据其教育思想所发明设计，主要分感官教育、数学教育、语言教育、科学文化教育、日常生活教育及音乐教育 6 大领域的教具。其中最经典的教具为感官教育教具，例如插座圆柱体、粉红塔、棕色梯、长棒等。
④ 汽车厂厂志编辑部编《汽车厂厂志（1987—2011）》下卷，汽车厂集团公司，2013，第 1647 页。

在此阶段，汽车厂幼儿园已经在成熟的管理体系下不断平稳发展，经常举办各类活动，善于用寓教于乐的方法教育和培养孩子。

2012年的"六一"，我们幼儿园组织过"描绘最美汽车厂"的活动，这个主题的设计思路都是经过老师们多次教研之后形成的。当时孩子们展出的作品都非常精彩：有汽车厂的标杆建筑"厂办大楼"、生活区内的新型住宅T小区、美丽的P幼儿园园址，还有孩子们都熟悉的S超市等。这些作品都是由孩子和家长在老师的带领下原创出来的，所利用的材料也都是废旧纸箱、纸盒、饮料瓶等，非常环保。2013年的"六一"，伴随着汽车厂建厂60周年，实验幼儿园举行了"车城娃娃爱汽车"活动。活动中的宝宝们全都长在车城，他们有的身穿盛装手拿汽车厂生产的汽车模型，用他们稚嫩的方式向大家展示建厂60年来生产的各种车型；有的身穿工人、工程师及安全员的工装，模仿着他们工作时的动作、表情、神态。活动起到了很好的效果！[1]

以上活动基本都是在培养儿童对汽车厂的心理认同感，让厂属幼儿园中的孩子们从小就具有汽车厂人的意识，培养他们的主人翁意识。同时，每年的10~11月是东北地区的短秋，这段时间的室外温度虽然并没有太低，但幼儿园的孩子们不喜欢运动，于是幼教中心发起了一年一度的阳光体育节活动。2015年秋天幼教中心举办了一场精彩的活动。

随着天气逐渐变冷，孩子们的户外锻炼越来越少，为保证小朋友的健康体魄，幼教中心围绕"阳光、运动、健康、成长"这一主题，每年的10~11月都会如期开展大型系列体育节活动。小朋友们在家长、老师的陪伴下跑步、做操、玩游戏，有助于他们形成阳光自信的健康心态和坚强勇敢的意志品质。我们K幼儿园还依据儿童各个年龄段发展特点，在阳光体育节期间，开展丰富多彩的户外体育运动、趣味体育游戏、模拟队列练习、集体舞表演等特色体育活动。每天的户

---

[1] 高鹤等：《车城娃娃爱汽车》，http://www.yiqiyoujiao.com/xwdt/20130527/t200836.html，最后访问日期：2015年12月16日。

外活动时间，孩子们带着皮球、橡皮筋、彩色圈等各种运动小器械来到操场上，他们玩老鹰捉小鸡，滚铁环、踢毽子、丢沙包、丢手绢、弹玻璃球等，在游戏的过程中孩子们既锻炼了身体，又学会了沟通和协作，同时提高了动手能力，获得成就感，提高了主动参与运动的积极性。[1]

在汽车厂幼教中心的统一管理下，幼儿园的各项活动都能够从孩子的角度出发，尽可能地促进他们的身心发展。这也成为厂属幼儿园在当地声誉较高的一个重要因素。

但是不论怎样，汽车厂对幼教中心（各幼儿园）的彻底剥离工作还要继续推进。2018年5月，省国资委等六部门联合下发了《关于省国有企业办教育医疗机构深化改革的实施意见》，指出在当年年底前要完成对国有企业所办教育机构的移交工作。6~7月，在集团公司统一组织领导下，多个职能部门会同幼教中心针对省国资委起草的《汽车厂办教育医疗机构剥离移交方案（征求意见稿）》进行集中研讨、沟通交流、意见反馈。由此，幼教中心也在国企改革的浪潮下脱离了汽车厂，完全归属于社会。

（四）基础教育系统移交汽车区

汽车厂对其中小学教育系统的管理投资可谓相当巨大，到2005年，汽车厂基本完成了中小学的新三室建设，各学校均"建有微机室、语音室和多功能电教室。甚至近50%的学校已将计算机、液晶电视机、投影仪等设备安装到班。至此，汽车厂对中小学新三室的总投入累积超过5000万元，共有计算机2800多台，硬件水平位居汽车城各区前列"[2]。但随着"企业－社会"分离改革的深入，汽车厂的基础教育系统归属也发生了明显的变化。

汽车厂于2005年底正式将其名下的全部中小学移交给负责承接其社会职能的汽车区。至此，汽车区的所有市民的子女都可以更加顺利、便捷地

---

[1] 王伟玲等：《汽车厂幼教中心开展阳光体育节大型活动》，http://www.yiqiyoujiao.com/xwdt/20151106/t142908.html，最后访问日期：2015年12月16日。

[2] 汽车厂史志编纂室编《汽车厂厂志》第一卷（下），吉林科学技术出版社，1992，第1663页。

入学，接受基础教育。当年 12 月 5 日，汽车厂与省政府签订《省人民政府、汽车厂所属中小学校、公安机构移交协议》（以下简称《协议》），按照《协议》，汽车厂将基础教育中心所属的 18 所中小学（其中小学 9 所、中学 8 所、九年一贯制学校 1 所）全部移交汽车区教育局，至此汽车厂企业办教育的时代彻底结束。

2006 年 3 月，汽车区教育局正式成立，可以说当时教育局将近 90% 的教育管理工作都投入在原先由汽车厂负责的中小学上，这些中小学的上级办学机构终于从汽车厂转变为汽车区教育局。在社会化的新型管理模式下，汽车厂工人生活区内的中小学先后获得全国学习活动周优秀组织奖、省招生工作先进单位、汽车城教育信息化先进单位等称号。同时，汽车区教育局也致力于综合改革，与中国教育科学研究院签订教育综合改革实验区项目。通过改革实验，破解制约区域教育中的瓶颈问题和困难，规划汽车区可操作的教育行动纲领，建立有效的工作机制和模式，全面提升学校教育教学质量和区域教育品质，加快促进教育现代化的发展进程。在教学方面，各中小学全面实施课堂教学优质化工程，立足于课堂教学改革，强化常规教学管理，积极探索高效课堂，促进教学改革向纵深发展。在德育工作方面，各中小学积极将中华传统美德与读书活动、学校文化建设活动、养成教育活动等有机结合，积极开展"礼仪文明道德伴我成长"主题教育活动，评选"十大诚信学生"，在"雷锋纪念日"期间组织"做一个有道德的人"教育活动等。各校还定期进行"以纸换书"、"时事新闻课堂"、"美丽中国——我的中国梦"主题征文等多种形式的学习活动，促进德育特色的深入发展。在文体工作方面，各中小学深入开展阳光体育活动，不断丰富大课间和小课间活动载体，形成学校的文体特色，培养令学生终身受益的文体技能；组织开展集锻炼与竞技、综合与专项于一体的学生课间操比赛、足球比赛、篮球比赛、"五四"学生接力赛、阳光体育冬季长跑等活动。各校还积极开展课后文体兴趣培养活动，举办体艺、科技节活动。

（五）专业技能培训机构的转型

在经历过"单位办社会"时期专业技能培训机构的多次调整、变迁后，汽车厂在 21 世纪初又对其直属的多所专业技能培训机构进行了更进一步的整合。汽车厂于 2000 年成立了专门的专业技能培训管理机构——教育培训中心（简称教培中心）。"教培中心是由原汽车城汽车工业高等专科学校（包括汽车厂汽车工业学校、汽车厂党校）①、汽车厂高级技工学校（前身为汽车厂技工学校）、汽车厂职业技术学校组建而成……对外保留汽车城汽车工业高等专科学校、中共汽车厂委员会党校、汽车厂高级技工学校、汽车厂职业技术学校四块牌子。在隶属关系上，汽车厂教育培训中心是集团公司的分公司，实行自主经营、独立核算、自计盈亏，办理非法人营业执照，原三校资产归集团公司所有，由教培中心集中统一管理；教培中心的高级经理人员由集团公司统一任免，学校实行校长负责制。"②

由此可见，经过多年的合并与重组，汽车厂工人生活区内的大专院校几乎全部挂靠到汽车工业高等专科学校（简称汽高专）名下，并统一由汽车厂教育培训中心负责管理。但这一归属设置并没有持续很长时间，汽车厂教培中心所管辖的专业技能培训机构还是要进行彻底的"企业－社会"分离，以汽高专为例，该校于 2009 年逐渐划归到汽车城政府主管，校址也搬离了汽车厂工人生活区。6 月 9 日，汽高专整体移交汽车城人民政府管理协议签字仪式隆重举行。这意味着汽高专整体移交汽车城人民政府管理。汽高专由企业办学向政府办学转变后，又立即启动了占地 50 万平方米的新校址建设，办学规模最高能达到 1 万人。这一改变一方面减轻了汽车厂集团公司"单位办社会"的负担；另一方面也有利于汽高专集中精力抓好教育事业，为城市的发展做出自己应有的贡献。截止到 2019 年底，该院有"全日制在校生近 1 万人，专任教师 511 人，副教授以上教师占专任教师的 37.2%。在国家教学成果评选中两次获得二等奖。连续 5 年承办全国职业院校技能大赛，获得一等奖 14 项。学校教学设备设施先进，建有汽车实训基地、机电实训基地和实训实验室 182 个，教学仪器设备总值超过 2亿元，带动企业教育教学投入 5600 万元"③。

---

① 1993 年 10 月 12 日，根据汽车厂集团公司和党委《关于调整集团公司党委机关部分行政处室和单位职能组建人事部等有关问题的决定》，汽车厂党校和汽车厂汽车工业学校并入汽车城汽车工业高等专科学校。
② 汽车厂厂志编辑部编《汽车厂厂志（1987—2011）》下卷，汽车厂集团公司，2013，第1692～1694 页。
③ 汽车城汽车高等专科学校：《学校简介》，http://www.caii.edu.cn/caii/html/ main_home2018_18.html，最后访问日期：2019 年 12 月 3 日。

在"后单位时代",汽车厂原有的专业技能培训机构虽然在隶属关系上脱离了汽车厂,但还是始终与工厂保持着密切的联系。学校经过多年的探索与实践,形成了"校企融合、教培一体"的办学特色,先后与汽车厂下属的中德合资公司、汽车厂技术中心、汽车厂进出口公司、汽车厂新能源分公司,以及德国奔驰等汽车公司、日本丰田和日本本田等企业开展校企合作,联合开发了 50 余个订单班。学校毕业生就业率连续多年保持在 90% 以上,培养的 5 万多名毕业生已经成为国家汽车产业不可或缺的优秀人才。

(六) 汽车厂工人生活区居民的当代文体活动

在"后单位时代",汽车厂工人生活区的职工居民们的文体生活趋于常态化,并显示出与全国其他城市社区基本相同的情形。如果对居民们的文体活动进行总结,那么就可以用业余休闲、企业带头和对外交流几个关键词来概括。

首先,业余休闲类的文体活动主要包括每日傍晚居民在工人生活区内各大公园、广场组织的广场舞、健身操、扭秧歌、拉丁舞、小型演唱会等活动,活动地点以一区的迎春广场、共青团花园和二区的岱山公园为主。在一区的迎春广场,每晚 19 时,汽车厂工人 L 叔叔都会准时带着移动音箱和写有"K 社区广场健身操团队"字样的横幅来领操。参加健身操锻炼的居民全部身着统一的粉色运动服装,并戴有白色手套,大家步调一致、动作熟练,具有较强的团队默契,L 叔叔在接受采访时说:

> 我们这帮人都是汽车厂东风街道 K 社区这"两溜儿"(附近)的居民,都是自发的,社区给我们赞助了这个横幅。每天晚上到这来跳舞,男女老少都可以参加,主要也是因为这个健身操动作简单,大家都能跟得上,吃完饭出来活动活动多好啊!再说了,我们基本都是汽车厂的职工,互相都认识,家住的也都近,这样就好组织。我自己就是爱好者,除了组织大家跳操,碰到大型演出的时候,我也帮着指导指导。①

---

① 被访谈人:L 叔叔(40 多岁,汽车厂职工),访谈人:杜实,访谈时间:2015 年 7 月 16 日,访谈地点:迎春广场。

在二区，岱山公园的正门每晚都灯火通明，公园里十分热闹。在公园的前门广场，两个秧歌队总是展开"对垒"，锣鼓和唢呐的声音响彻四周，完全打破了夜晚本来的宁静，两个秧歌队时而围成一圈，时而排成长队，总之是变换各种姿势尽情狂欢。而公园广场也聚集着数个团队，有跳拉丁舞的，有跳交谊舞、光电跳绳的，人们在欢乐的气氛中尽情展现自己的舞姿。在这些健身舞蹈队中，一支由街区青少年组成的活力团队最为引人注目，其主要参加者的平均年龄不到20岁，其中领舞的男青年较有感召力，一直运用跳跃、高声呐喊和大幅度的动作令在场的参加者感受他的激情。在活动结束后，他说：

> 我们这个团队已经坚持4年多了，都是自发组织的，参加的人主要是汽车厂工人生活区的学生和上班族。我们跳的这些舞都是网上学的，配乐都是现在年轻人最喜欢的流行歌儿，我们每天晚上在一起跳舞主要就是玩儿，人多热闹，也欢迎更多的人参加我们的活动。①

除了参加者年龄较小之外，这支青少年广场舞团队的特殊之处还在于其主要的参加者已经不是汽车厂的传统职工，而是汽车厂工人生活区的"新居民"——他们基本都是租用原来职工居民住宅的打工族，白天在工人生活区内的商场、饭店工作，晚间通过业余舞蹈的形式进行放松休闲。其实，这也是他们间接融入汽车厂工人文化的一种方式。

其次，汽车厂也经常开展一系列文体活动，如20世纪90年代的汽车厂第十八届职工运动会就是建厂40周年来最大的群众性文体活动。比赛期间，集团公司工会与电视台、报社联合举办"汽车厂的昨天、今天、明天"专题知识大奖赛，全厂3万多名职工参加活动，参与面之广、声势之大、效果之好都超过历次群众活动。同时，汽车厂也将原来两年一度的职工大合唱确定为合唱节，调动各单位职工的积极性；工厂组织的群众性歌咏活动也搞得非常热烈，不仅牵动了10万汽车工人的心，而且在省市甚至全国产生了影响。2008年，为迎接北京奥运会，汽车厂开展员工百项健身活动，活动项目有羽毛球、篮球、游泳、中国象棋等，当年工厂还承办了

---

① 被访谈人：广场舞青年（20岁左右，打工族），访谈人：杜实，访谈时间：2015年9月1日，访谈地点：岱山公园门前。

"汽车杯"东北十城市职工净月潭越野接力赛。多年来，集团公司还相继举办纪念厂庆职工合唱、美术、书法、摄影、集邮展览、焰火晚会、电影周、文化艺术节等活动。汽车厂的离退休工作站也定期组织老同志开展文体活动，其中合唱活动开展的最多，第十四离退休工作站的 L 站长说：

> 我们有很多健康向上的活动，包括文化娱乐的、体育的活动。我们以前搞过猜谜语，还有"你对祖国知多少"的答题，这些都属于"静"的。除了"静"的，我们"动"的也有啊，有趣味运动会、乒乓球比赛、广场舞、健身操比赛。这里面合唱比赛是一年四季都有，我们唱的都还行，大家都很积极，就拿我们的指挥来说吧，老爷子有糖尿病，都快 80 岁了，还整的挺好。不管咋说吧，这都是对老年人不健康心理的有效干扰、驱散，能缓解他们的心理压力。①

最后，汽车厂还经常组织对外交流性质的文体活动。1998 年，汽车厂在吉林省职工运动会上取得金牌总数、奖牌总数、团体总分、精神风貌 4 个第一的好成绩，并参加纪念汽车城解放 50 周年万人演唱会，受到组委会的好评。2001 年，汽车厂组织 400 多人参加汽车城庆祝建党 80 周年"党旗颂"万人大合唱，还参加中央企业工委举办的庆祝建党 80 周年大型文艺晚会。2004 年，汽车厂邀请全总文工团、中国京剧院等国家级文艺团体来厂演出，并相继举办新春音乐会、广场音乐会、十月颂歌职工庆十一文艺晚会。2010 年 6 月，汽车厂工会举办了中央企业·汽车厂篇激情广场群众性歌咏活动，当时有 7000 多名员工参加了这一活动。次月，中央电视台在汽车厂建厂 57 周年之际面向全国首播，这一活动在集团内外、社会各界都产生了深远的影响。

通过对"后单位时代"汽车厂文体活动的梳理，我们发现这时的活动组织性更强，体现了浓郁的工厂认同特点。不论是厂领导还是普通职工，都通过各种活动强化自己的"汽车厂人"意识，使工人生活区的凝聚力越来越强。

---

① 被访谈人：L 站长（女，66 岁，汽车厂离退休工作站站长），访谈人：杜实，访谈时间：2015 年 10 月 28 日，访谈地点：站长办公室。

二　从福利到市场：生活服务的深化改革

汽车厂的实业总公司等相关部门一直承担着本厂职工居民各项福利的市场化、社会化改革工作。21世纪初，在生活服务的提供方面，实业总公司一方面做好职工居民生活服务的深化改革工作，如2006年至今，实业总公司已经进一步深化市政、房屋产权、中小学管理等移交工作，并采用市场化的方式进行管理；另一方面该公司还不断争取业务的拓展，力争提高经济效益，如市政公司争取到汽车区的部分工程项目、环卫保洁中心争取到汽车区的环卫项目、绿化中心和消防公司等单位争取到汽车厂工人生活区以外的商业住宅小区的配套项目。

当然，在实业总公司深化改革的过程中，一些经营不善、效益不佳的下属企业不得不面临改制的结果，即通过市场这只看不见的手加以鉴别。"2006年初，实业总公司提出《汽车厂实业总公司所属企业改制的初步设想》，总体思路是先清理外围企业，后整体改制；对清理企业，实业总公司不再保留股份。8月27日，改制方案获得汽车厂集团公司第十九次经理办公会审议通过。"① 同年9月，实业总公司通过产权（股权）转让、注销企业、破产企业等方式对实业旅行社、饮品公司、出租汽车公司、实业商场等效益不佳的下属企业进行改制。2008年9月，实业总公司"将破产企业留守人员、全民脱钩回流人员、'包箱'人员（指改革后被取消公司的退养人员）共计334人，分别安置到汽车区绿化中心、汽车区保洁中心、汽车厂实业锦程物业有限责任公司、汽车区市政工程有限责任公司、实业总公司工作餐管理中心……2009年10月至2010年11月，依据员工安置方案，对2112名各类人员进行多渠道安置。其中，进入改革后新公司511人，走向社会自谋职业490人，委托汽车城社保局托管中心管理1058人，一次性支付劳动债券42人，一次性支付遗属生活费1人，调回汽车厂贸易公司10人（原全民支援集体人员），安置费用共计1.38亿元"②。

由于汽车厂"单位办社会"的历史长、范围广、项目繁，到目前为

---

① 汽车厂厂志编辑部编《汽车厂厂志（1987—2011）》下卷，汽车厂集团公司，2013，第2016页。
② 汽车厂厂志编辑部编《汽车厂厂志（1987—2011）》下卷，汽车厂集团公司，2013，第2016～2018页。

止, 其"企业-社会"的分离工作仍在继续。同时, 汽车厂工人生活区也出现了一系列新问题, 如传统的工人宿舍楼内部早已年久失修, 居民们普遍认为目前由企业组建、市场化运营的物业公司难以达到他们的预期。因此, 汽车厂工人生活区的生活服务从福利转向市场的过程尚需职工居民进行一定程度的适应。

(一)"三供"事业的移交

21世纪以后, 汽车厂动能分公司继续深化水、电、气、热管理事业的改革, 开展了一系列节能减排、减员增效类的改革, 促进企业运营方面的优化。同时, 该公司还积极开展"三供"事业向社会移交的工作。在此阶段, 最主要的表现是组织职工居民办理水、电、气缴费的银行储蓄账户, 使动能收费向社会化转变。

据厂志记载, 动能分公司在20世纪初对节能减排、减员增效、营销管理等工作都做出了改革, 如通过系统运行方式的优化, 降低能源成本、精简组织结构和人员结构、建立和完善营销管理体系等。到2011年, 汽车厂继续将动能分公司更名为汽车厂股份有限公司动能分公司, 负责经营水、电、气(天然气、压缩空气)、热(采暖、蒸汽、高温水)、循环水等动能产品, 同时兼揽各种动能设备的修理、检验等业务。由此, 汽车厂工人生活区的"三供"事业不断向股份制、市场化的方向迈进。近年来, 汽车厂依然没有满足于"三供"问题的前期改革, 进一步将工人生活区用水、用电、用气的事业向市场化的运营方式过渡, 据生活区的老住户说:

> 我们平常用的水、电、气等这些吧, 以前是汽车厂动能公司负责, 虽然那些老线路、老管网经常破损, 但管理人员都是本厂的, 我们也都能互相理解。但现在慢慢就开始改革了, 尤其是去年(2014年)四五月的时候, 从二区开始, 汽车厂一点点把水、电、气归到市里了。前几个月, 有人到家里来换给我们换煤气表, 都变成天然气了。另外, 现在我们电费到银行交, 就是在逐步改革吧。①

---

① 被访谈人: S大爷(男, 72岁, 油漆车间退休安全防火员), 访谈人: 杜实, 访谈时间: 2015年10月28日, 访谈地点: 汽车厂第十四离退休工作站会议室。

实质上，"三供"事业收费方式的转变也是单位社区治理转型的重要切入点，这使单位社区的职工居民越来越面向社会，而非所属企业本身。当然，汽车厂工人生活区"三供"事业的移交仍是一个复杂的过程。比如从历史来说，区内地下错综复杂的管网都是汽车厂的固定资产，其运作过程多年来也都由工厂负责。在未来的工人生活区转型中，这些"三供"事业的管理权限移交还将继续下去。

（二）市场化改革中的物业服务

上文已经提及，汽车厂于 2000 年在实业总公司下成立了负责一区物业服务的东风物业管理中心和负责二区的锦程物业管理中心。这标志着汽车厂工人生活区的房屋维护与修理等服务由多年来的计划经济、福利体制转变为准市场化经营，更是为下一步的深化物业服务改革提供了必备条件。

随后，汽车厂于 2001 年 11 月 9 日与其全资子公司实业总公司签订有偿服务合同，将工人生活区内的保洁、物业、绿化、市政四方面的劳务内容全权委托实业总公司进行管理，这标志着汽车厂的社区物业服务向市场化管理迈出一大步。到 2002 年，汽车厂工人生活区的物业管理改革不断落实，物业小区开始实行分区、分栋、分户核算，强化收费管理。此后，物业管理部门大力整顿区内环境，如开展住宅"楼道革命"，重点清理楼道杂物；对社区民房商用全面整顿，拆除不规范牌匾、私搭梯台、高体广告等违规物品等。2005 年，实业总公司对下设的 2 个物业管理中心进行注册，取得物业管理三级资质，建立物业管理服务工作讲评制度，启动房屋维修资金的准备工作。

2009 年，汽车厂进一步计划将物业服务工作划拨给汽车区，具体的运作模式为按照现行额度每年补贴物业 1680 万元，并按 5 年托管期，一次性将 8400 万元的管理费用划转汽车区。在托管期内，汽车区负责对物业费的使用进行监管。托管期结束后，汽车区将对新物业公司行使政府指导职能。但到了 2014 年，物业服务的彻底移交进展尚未达到理想状态，因此汽车厂决定继续延长托管期，这也证明了物业工作移交的复杂与艰难。

随着时间的推移，工人生活区内的物业服务趋于常态化的同时，也陷入了"瓶颈期"，很多居民反映新的物业公司在组建初期能够为大家提供优质的服务，但发展至今却出现了物业费用提高与服务质量平平的矛盾。

面对汽车厂工人生活区的物业管理问题，住在第一生活区的居民 L 阿姨认为：

> 这些老房子啊，外面看着好看，也都有国家说的历史文化价值，但它里头的水管子、暖气管子啥的可都到年头儿（已经超过使用年限）了，楼上楼下的管子老坏（经常损坏），尤其是地下室的管道间里面早都搁水泡了，要修的话，这活儿太大、太麻烦，没人能管。①

以上访谈内容打破了汽车厂一区华丽的外衣，这些历经沧桑的老房子在成为宝贵工业文化遗产的同时，仍需继续履行其最基本的日常居住职能。但是年久失修的管道、棚顶、电箱等设施，早已老化、破损，这已经不再是通过简单维修就能解决的问题，如果要"根治"，就需要居民、物业公司、社区等多方面角色共同协商来完成，因此房屋的年久失修成为居民生活的"老大难"问题，这也是汽车厂老街区令居民"爱恨交织"的真实写照。同时，L 师傅也发表了自己的看法：

> 这些老房子的管道有的已经陈旧了，有的已经坏了五六年了，但是维修起来很困难，如果是非公共区域，修起来是要交钱给物业的，很多人不愿意交这个钱；要是公共区域，这设施坏的太多，物业也管不过来，都是历史遗留问题。我是希望能扒了（拆掉）这些房子，盖新的让我们住，但是这些房子已经成了古董，国家作为文物保护起来了，这就很难实现。但是话说回来，这房子已经60多年了，里面的木头都失去韧性了，也是该想想办法。②

能够看出，多数居民能够理解和支持物业公司的工作。物业公司有其工作的范围和分工，也有其运营成本与服务规范。随着房屋的产权改革，与房屋连带的物业服务也必须通过市场化的方式提供。但是，很多居民对

---

① 被访谈人：L 阿姨（女，退休职工），访谈人：杜实，访谈时间：2015 年 7 月 16 日，访谈地点：汽车厂某居民楼下。
② 被访谈人：L 师傅（男，71 岁，汽车厂第一离退休工作站志愿者队长），访谈人：杜实，访谈时间：2015 年 9 月 16 日，访谈地点：汽车厂一街区庭院内。

物业这一"新事物"还需要一个适应的过程，老住户 S 大爷说：

> 物业现在归个人承包了，还以汽车厂为主，叫实业公司，地点在五站那儿。我们基本每年交 400 多块钱，每年让你主动上那儿交钱。现在物业不作为，就是服务不咋地，不是说他完全不管，比如街区里的过道该修了，哎，他就给你拖着不管。这大冬天的你不修道，老头老太太出去都打"出溜滑儿"（路滑走不稳）。还有，物业在楼下给我们安排的门卫根本不起作用，你说有啥用？咱这也不是封闭小区，这四通八达、四面开花，哪儿都能进来人，你车子丢了，汽车破坏了，他（物业负责人）说我管不了这玩意儿。再就是，街区里的路灯和健身器材，坏了几年了才给修，花池子也都种地了。总之，现在的物业管理，没有归总厂那阵儿修个啥玩意儿那么痛快了，现在就是"渍扭"（办事拖沓）。以前房产处有专门维修的部门，屋顶漏了，过来就换油毡纸，那会儿可痛快了。像去年，我们一楼有一家，暖气爆了，正赶上那屋没人。邻居把物业叫来以后，他应该先把水整住（止住）吧？结果先要钱——不交钱不给整！那淌的可屋（满屋）全是啊，门口全是水！就这么扯皮，居民基本都不满意。他有架子在那儿，但老百姓还是不认账。[1]

当然，老居民对物业服务的一些"怨言"有非理性的一面，但这同时也是物业服务应该考虑的改良方向。从中立、辩证的角度来看，与其说社区中老人的行为是投诉目前的物业服务，不如说他们在留恋和回望"单位办社会"时期的福利式后勤管理方式——当时房屋的各项维修事宜都由房产处免费负责，而且随叫随到。在这种对比之下，现代物业服务这种有偿且权责明确的方式让老人们从心理上难以接受。实际上，汽车厂一区的老宿舍已经有 60 多年的历史，这样的房屋硬件条件已经很难像新建的商品房那样，只能继续维持居住功能，更何况，与其他小区相比，汽车厂职工宿舍的物业费用标准相对合理。因此，上述物业服务故事应该算是在物业改革的过渡期，汽车厂工人生活区中"福利"与"市场"交织造成的矛盾，

---

[1] 被访谈人：S 大爷（男，72 岁，油漆车间退休安全防火员），访谈人：杜实，访谈时间：2015 年 10 月 28 日，访谈地点：汽车厂第十四离退休工作站会议室。

我们更多地应该把它们理解成社会转型的阵痛。街区居民和物业人员一次次的沟通实践将会使这种制度的变革深入人们的内心，并渐渐形成新的物业服务意识。但不论怎样，以上一系列的实践仍是汽车厂分离"单位办社会"职能的历史性跨越。

三 "后单位时代"的居住图景及其社会问题

在"后单位时代"，汽车厂工人生活区原先"单位办社会"的居住形式开始发生转型与重构。21世纪初开展的社区建设运动显然没能彻底改变产业工人旧有的生活惯性，其中最严峻的问题就是这片工人生活区中的职工居民产生了社会原子化的倾向。一些取得工人宿舍产权的老住户选择将房屋进行出售或出租，使街区内原本相对稳定的邻里关系网络被打破，加速了工人生活区居民之间感情的疏离。另外，汽车厂的离退休人员负担较重，大多数老人的余生都将继续在这片工人生活区中度过，其中还有一部分处于鳏寡孤独的状态，老龄化问题较一般社区更加严峻。

（一）职工居民的搬离：出租、卖房与空巢老人

截至2011年，汽车厂工人生活区中几乎所有的住房都已经卖归个人。得到房屋产权以后，区内一些中年居民和经济能力较强的老年居民选择将房屋进行出租或出售，并在工人生活区以外的地点购买新式小区住宅，提高自己的生活水平。就租售情况来说，汽车厂一区的房屋更受欢迎，其主要原因是价格较为低廉。W大爷在获得房屋产权后，于2012年将房屋出售，并在工人生活区以外买了新房，他回忆道：

> 我2012年6月搬出汽车厂。这一个原因呢，人老了呀都奔子女，我的儿女都在现在这个新院儿里住；另外一点呢，咱买这房子有优惠，开发商是我亲戚。这么的我就把汽车厂那房子卖了，卖了30万元。这个新房子一共是101平方米，我那亲戚最后同意了30万元卖给我。你看这房子多好啊，一楼外面还有个小院儿，能养鸡、能种菜。[①]

---

① 被访谈人：W大爷（男，79岁，退休铸造工），访谈人：杜实，访谈时间：2015年4月28日，访谈地点：W大爷家。

汽车厂职工居民卖老房、买新房是为了获得更舒适的生活，离开工人生活区、搬到新式的居民小区成为不少职工的现实选择。当然，一旦做出这样的选择，也就意味着他们自愿离开了"企业小社会"最后的"遗留物"，开始以新的方式对自己的生活进行改变。但并非所有的职工都有搬离汽车厂工人生活区的意愿，很多离退休老职工还是要在这里度过余生。由于子女都已成家立业，有了自己的新居所，因此这些愿意留守的老人大多以"空巢"的形式居住，据老居民 D 大爷介绍：

> 家里的话呢，一般就是我和老伴住，儿女都是汽车厂的职工，也都自己有家了。我俩这岁数大了，一整就今天这儿疼、明天那儿疼的，就是互相照应吧，也不能老把儿女叫回来天天陪着，我们家这情况还算不错的。这院儿里的老邻居，有的是孤寡，还有的是常年得病，反正谁家都不容易，这么大岁数了，难免有个病有个灾儿的。①

由于 20 世纪 50 年代入厂的大批青年工人如今多已八旬高龄，因此这里老龄化的社会问题也更为严重，很多老人都面临独居、重病、卧床等问题的困扰。为缓解工人生活区老龄化带来的社会矛盾，汽车厂通过已经建立的离退休工作站对这些老人进行物质与精神上的帮助。但不论如何，老人们的生活问题，还是需要他们以自身习惯与认同的方式加以解决。

（二）新进居民的涌入：公寓、插间儿与老宿舍

随着老居民的搬离，汽车厂工人生活区也迎来了新居民。这里的新进居民主要包括入职汽车厂的年轻工人、在工人生活区打工的外来青年等。这些新进居民的居住空间可分为几类。

首先是一区内大大小小的"公寓"，此类居住空间并非通常意义上的高档住宅套间，而是租户为了增收租客，自行添加了隔断木板的狭窄分隔间。一般每个分隔间只留有一张双人床和一人站立的空间。"公寓"的租金平均每天 20～30 元，每月 400～500 元，内部提供基本的床上用品，租

---

① 被访谈人：D 大爷（男，82 岁，退休工人），访谈人：杜实，访谈时间：2015 年 12 月 14 日，访谈地点：D 大爷家楼下。

客随到随住。这种居住形式适合工人生活区内的打工人群，如小饭店和商店的服务员、周边小工厂的工人、来城市打工的农民工群体等。他们经济拮据，能对简陋的环境有所适应，目的是通过临时的周转迅速融入城市环境，并在此安心工作。

其次是"插间儿"，这种居住形式较前者更宽敞一些，即租户将整套房屋的每个房间分租给不同租客，房间内一般不提供全套家具，或仅有双人床、折叠桌等基本家具，房租每月 600~800 元不等。这种居住类型适合刚入职的汽车厂青年职工，他们往往刚从学校毕业，难以支付一整套住房的租金，因此以"插间儿"的形式居住；或者提供给一些经济条件有待提高的家庭，如夫妻二人在工人生活区内摆摊设点做一些小买卖，为方便生活和经营居住至此。在田野调查中，我们也观察到夫妇在"插间儿"养育幼儿子女的案例。

最后，一些生活稳定的个人或家庭会选择租用或购买一整套住房。作为已经耗用几十年的二手房，这些房屋的价格相对低廉，能够符合大多数中低收入家庭的消费能力。工人生活区内的房产都是以往的老"单位宿舍"，一旦居住到这里，居民内心都会或多或少地有一些汽车厂的文化归属。选择租购整套老宿舍的群体包括经济生活稳定的汽车厂新职工，照顾在工人生活区求学子女的"陪读家庭"，因个人工作、生活原因在汽车厂周边居住的外来群体等。

至此，汽车厂工人生活区往日紧密的亲熟型邻里网络受到削弱，人员流动性的增大甚至导致"对门不相识"状况的出现。虽然这里的新居民对汽车厂的历史和文化能有大致的了解，但他们毕竟没有以自己亲身的生活实践体会过这段工人生活的变迁史，难免使生活空间内原本富有的工业生活文化意义趋于消解。而与之相对的是，随着新进外来群体的涌入，汽车厂工人生活区"新居民文化"正在悄然生成，她在保留原有工业生活文化根性的同时，又包容地吸纳了新居民群体的文化要素。

（三）社会原子化在汽车厂工人生活区的本土化表现

如前所述，为更好地发展计划经济条件下的汽车工业，汽车厂于1953年采取"单位办社会"的方式实现了企业单位和单位社区的高度整合。30多年后，在改革开放的浪潮中，具有高度整合功能的单位组织形式开始走向消解，"单位人"和"国企人"的社会身份逐渐淡去，随之而来的是传统单位社区中大量的"社区人"。在此历史性的转换中，汽车厂工人生活区内新旧居民的更替必定导致原本的稳定邻里关系在一定程度上被打破，并产生社会原子化现象。

田毅鹏认为，"社会原子化不是指一般性的社会关系疏离，而是指由于社会中重要联结机制的解体和缺失而产生的个体孤独、人际疏离、道德解组、社会失范或群体无序互动的社会总体性危机。一般而言，社会原子化危机产生于剧烈的社会转型期"①。文军则将中国当下出现的上述问题表述为"个体化社会，其在思想来源上与个体主义和现代性的关系是密不可分的"②。同时，从西方社会科学的角度来看，乌尔里希·贝克认为个体化是指"个体行为的框架以及制约条件的社会结构逐步松动，以致失效，个体从诸如阶级、阶层、性别、家庭的结构性束缚力量中相对解放出来。同时，个体对传统的思想意识和传统的行为方式越来越持怀疑与批判的态度"③。而用桑内特的话来说，在个体化或原子化的社会中"每个人都变得极其自恋，所有的人类关系中无不渗透着自恋的因素。在这样一个社会中，人们是否真诚和坦率地彼此对待成了亲密关系中交易的一个特殊标准"④。

通过对以上理论的梳理，我们能够发现汽车厂工人生活区在经历市场化转型之后，存在如下社会原子化的具体表现。首先，社区现有居民之间的社会联系薄弱、社会纽带松弛。计划经济时期中国的社会管理实际上是一种主次分明的结构，其中主要的管理手段是基于"国家－单位－个人"这一纵向体系所形成的系统；次要的管理手段则是"街道办－居委会"构成的管理系统。而转型期中国的社会管理体系恰恰完成了一个反向变动，即以企业为主体的单位逐渐将"单位办社会"的职能剥离出去，变为纯粹的生产单位，而"街道办－居委会"体制则开始承担由单位分解出来的诸多社会事务。传统单位社区"职住合一"的生产生活方式也就此被打破，

① 田毅鹏、吕方：《"单位共同体"的变迁与城市社区重建》，中央编译出版社，2014，第226页。
② 文军：《个体化社会的来临与包容性社会政策的建构》，《社会科学》2012年第1期。
③ 乌尔里希·贝克：《世界风险社会》，吴英姿、孙淑敏译，南京大学出版社，2004，第159页。
④ 桑内特：《公共人的衰落》，李继宏译，上海译文出版社，2008，第9页。

使传统上地缘和业缘整合捆绑的社会联系变得松散，甚至消失不见。其次，"后单位时代"社区自治的力量有限，难以实现社区居民的广泛参与。改革开放初期，我国东北地区的各级政府将主要精力投入经济建设领域，而对老工业城市的基层社会管理不甚关注。直到2000年前后，为承接由国企单位分离出来的越来越多的社会事务，以社区建设为背景的基层社会管理改革才正式拉开帷幕，但这种管理方式的局限性也较为明显。由于社区中的工厂老居民仍然留恋往日的"企业小社会"，因此并没有对社区居委会的社会治理行动产生较大兴趣，仅将社会交往范围停留在原来的业缘圈内。另外，通过租赁和购买社区房屋来到这里的新居民彼此之间也缺少认识与了解，导致整个社区的社会关系网络薄弱。最后，社区的居民个人与公共空间愈发疏离，原子化的个体难以与政府意志相协调。当下东北地区的传统单位社区居民并没有较好地被整合进公共空间，他们在表达利益诉求和维护个人权益时往往以原子化个体的形式直接面对国家和政府。这种现象的局限之处在于，弱势群体的利益诉求无法上传，而政府的惠民政策也失去了顺畅的下达通道，最终使社会治理"自下而上"和"自上而下"的沟通渠道造成阻塞，难以更好地推动社区的社会与文化转型。

四 现代化的动力：传统单位社区的当代发展

汽车厂工人生活区的街道办事处和社区居委会一直努力缓解区域内的社会原子化倾向，并以各自擅长的方式促进传统单位社区的不断进步，着力优化"后单位时代"居民们的日常生活。具体来讲，二者近年来正通过网格化的管理模式和多种多样的社区活动增强大家的凝聚力。不论怎样，汽车厂工人生活区的上述社会实践都在积极建构一种与当下市场经济社会相适应的公共性，力求使汽车厂工人生活区得到良性的发展。

（一）网格化管理模式

为了使汽车厂工人生活区的社会治理有效实现，近年来汽车区乃至全国各城区政府都在向所辖"街道-社区"推行一种网格化管理模式，即在保持原有街道和社区管理体制不变的基础上，按照相关标准将每个城市社区划分为若干个网格单元，一般每个网格单元内有常住人口4000～5000

人,并搭建数字化的网络信息平台,加强对网格单元内各类社会事件的管理与监督。网格化管理模式一经推出,就得到全国各大城市社区的推崇,反映出政府试图维护社会秩序的迫切心态。汽车厂工人生活区某社区的 Z书记向我们介绍:

> 我们实行网格化管理以后,尤其是在近期,就要求工作人员下到网格里面。这个网格呢,就是把社区划分成若干个格儿——6 个、8个、10 个这样的。在每天指定的工作时间里呢,网格员就要深入网格,也就是不能老在社区的办公室里待着。他们上班还是在社区办公,但是到了网格里以后,就要去主动了解居民情况、居民动态和社区周边环境。每个网格员大概要管理 500～700 户,他们最重要的工作是入户,了解各个家庭的信息、基本情况。再比如说,看到路边老年人打牌娱乐,也可以跟他们聊,掌握一些居民动态。另外就是关注一下市政设施,各个网格员都发了"移动终端"(一种掌上联网硬件设备),他们通过里面预装的软件,可以把需要维修的路灯啊、井盖啊这些上报,尽量避免安全隐患。[①]

由此可见,网格化的管理模式近年来已经被纳入城市基层管理体制改革的轨道。由于这种模式在公共服务和社会治理等方面具有较强的制度潜力,因此正逐渐受到政府的重视和青睐,从而尽可能地使其应用范围扩展至几乎所有涉及城市社区治理的职能当中。这样一来,网格也开始成为原有的"区政府–街道–社区"结构之下的一个新的重要层级,虽然这一层级并不具有行政级别,但却因其自治和管理力量的融合而受到多方瞩目。

在具体的网格化管理操作中,汽车厂的东风街道于 2015 年 8 月 4 日组织开展"网格化综合监管平台暨安全隐患排查治理体系"系统操作的培训。该综合监管平台以计算机网络为依托,以安全生产网格化监管为基础,以生产经营单位和隐患排查治理数据为核心,包含协同办公、生产经营单位信息管理、监督检查、应急管理、网格化监管等 18 个功能模块。综合监管平台不仅提供安全隐患在线填报管理、隐患标准和安全生产法律法

---

① 被访谈人:Z 书记(男,43 岁,社区居委会书记),访谈人:杜实,访谈时间:2015 年 8月 23 日,访谈地点:社区办公室。

规在线查询、安全生产有关数据的在线汇总分析等服务，还为生产经营单位安全生产管理及安全监管决策提供丰富的信息展示。通过此次业务学习，参训人员基本掌握了系统的使用方法和操作技能，达到了培训的目的，对工人生活区内的企业安全生产起到了保驾护航的作用。

通过观察和采访，笔者发现网格化管理模式主要具有如下三种优点。第一是有助于公共服务的落实。在以往的"街道－社区"管理模式下，社区居委会的工作人员大多时间都在办公室处理文件档案，与群众接触的机会较少。而网格化管理模式则是在街道和社区之下建立了一个更小的网格单元，并给工作人员增加了新的身份——网格员，让他们定时到各自负责的网格内进行巡视和走访，及时发现问题、解决问题，切实提高社区公共服务效率。第二，网格化管理也推动了社区治理的数字化。在过去，社区居委会的工作人员基本都是手持纸笔进行事件的登记和排查。随着计算机技术的飞速发展，基层社区的办公室基本都配备了电脑、投影仪、数码相机等高级设备，但当时这些设备仅仅用于公文处理、照片存储、影像播放等简单工作。而到了网格化管理时期，政府已经通过互联网和计算机程序建立了"社区管理信息平台"，网格员可以随时利用台式机、便携计算机和移动终端等设备将实时信息共享至网络，便于管理部门第一时间掌握信息动态。第三，网格化管理模式有助于优化社会控制的具体操作方式，它通过政府行政力量的下沉，将原有的区级行政职权覆盖到网格，使社区资源获得了新的整合，进而在更微观的层面上实现了城市内部所有网格的有机联结。

但是从目前来看，网格化的管理模式也存在一定局限性。首先，这种模式并没有改变国家行政权力自上而下的单向刚性运作，仍然缺乏多元活动主体的参与，使这种模式在面对一些复杂社会问题时显得捉襟见肘。当遇到一些棘手的具体问题时，网格员仍然要向社区内熟悉情况的积极分子寻求帮助。其次，网格化管理虽然使社区治理得到了量化的划分，但所能提供的实际服务相当有限，即这种模式的主要功能仅仅是确定社区内部的责任目标和量化考核，而更多公共服务的主动提供还需要相关部门对治理方式进行更进一步的创新。

（二）活动个案与志愿服务

以网格化的管理模式为基础，汽车厂工人生活区内的街道和社区近年来还不断开展多种多样的社区活动，促进区内居民活力和凝聚力的增强。通过田野调查，笔者将这些活动主要分为以下几类。

首先，社区民主一直是比较重要的活动主题，而一年一度的居民代表大会更是重中之重。2016 年 3 月 21 日，东风街道的 K 社区召开了 2016 年社区居民代表大会。本次会议共有 80 多名居民代表和居委会工作人员参加。会议中，社区居委会主任从党建、计划生育、民政保障、综合治理等 9 个方面向居民代表汇报了 2015 年工作成果，并从 10 个方面对 2016 年的工作进行展望，其中着重介绍了汽车城创卫工作和幸福社区建设工作。工作汇报结束后，各居民代表以填写调查表和现场讨论的形式积极对居委会去年所做的工作给出评价及对幸福社区创建工作提出各种合理化建议。会议结束后，社区居委会主任感谢各位居民对社区工作的支持，并表示将尽力解决代表们提出的问题，居委会主任也向大家保证 2016 年 K 社区将继续为辖区居民谋福利、办实事，希望辖区居民积极参与社区建设，为共同建设幸福 K 社区尽自己的一份力。

其次，节庆类活动也十分值得关注。2016 年的元旦，东风街道 C 社区开展了"迎新年，促和谐邻里"联欢会，共庆新年的到来。联欢会上，社区 W 书记发表了热情洋溢的新年贺词，对大家过去一年给予社区建设的热情支持表示感谢，并祝大家在新的一年里万事如意。随后，居民们纷纷登台献艺，歌曲、舞蹈、戏曲唱段……大家尽情抒发着对伟大祖国的热爱和对幸福生活的赞美。今年 65 岁的 Z 先生笑着说："表演节目的邻居都和我年龄差不多，他们的精气神儿真让我佩服，看来我也要参与参与了。"整场联欢会洋溢着欢乐、幸福，为和谐社区的建设打下了坚实的基础。2016 年春节，社区又组织辖区内不能返乡回家过年的人员开展迎新春"爱在汽车区"大型联欢活动，为流动人口写春联，举办灯谜竞猜活动。在此期间，社区文艺团体也举办文艺演出，通过丰富多彩、声情并茂的歌舞表演歌颂美好的生活和祖国的繁荣。由于农民工长期在外务工，街道和社区十分关注他们的生活及工作，街道和社区的工作人员对社区内不能回家过年的保洁人员进行慰问，为他们送去手套和棉衣，表达对他们的关心。

再次，敬老型活动同样是街道和社区经常策划和举办的。空巢、特困、失能和半失能的高龄老人生活情况一直受到街道和社区的关注。2015 年 10 月 14 日，东风街道 K 社区为辖区内的生活困难老人送去了慰问金，并向老人带去了祝福和问候。由社区书记带领，社区工作人员一行 4 人分别去往 3 位老人家中慰问，社区工作人员亲切地询问老人的身体状况，嘱咐老人要保重身体，有困难要及时和社区联系，并祝福老人身体健康。社区书记在采访中说："空巢老人、独居老人和高龄老人一直都是我们社区的重点帮扶对象。开展此次活动的目的正是使辖区的老同志感受到社区的温暖，感受到社会对老人的关爱。"

最后，汽车区民政局及其下属部门还通过救助型的机构和活动促进社会公益的发展。2015 年 10 月，汽车区的社会救助大厅开始试运行并接待来访群众，并于 2015 年 12 月末正式挂牌营业。大厅设置社会救助和综合服务两个窗口，社会救助窗口服务内容为城乡低保、医疗救助、临时救助、慈善救助；综合服务窗口服务内容包括社会救助政策咨询，"一门受理、协同办理"工作及民办养老机构，民办非企业单位、社会团体的成立登记及年审等。社会救助大厅的成立不仅为困难群众打开了一条通道，还在很大程度上提升了本区社会救助的管理水平。除成立社会救助机构外，东风街道 K 社区为保障优抚对象的合法权益，确保优抚金补助发放到位，于 2015 年 12 月 21 日开展了优抚对象 2015 年度的生存认证。这次认证主要是针对辖区内的老复员军人，伤残军人，病退、参战军人等享受优抚金人员。优抚对象普遍都是高龄老人，常年卧病在床，因此社区民政工作人员入户为老人照相，并询问了老人近期的身体状况。同时，锦程街道多年来也始终将社区救助落实到具体行动中，截止到 2015 年底，社区与企业共同建立了 21 个再就业援助基地；为 10 个孩子找到了"代理妈妈"；党员领导干部和社区干部、驻街企事业单位、人大代表、政协委员与贫困家庭结成帮扶对子 38 对，双方建立长期包保合同，每年每户扶助资金不少于 1200 元。

（三）工人生活区中的积极分子

在汽车厂工人生活区的"后单位时代"，街道办事处和社区居委会共同构成开展区内社会治理工作的基层组织——街道办事处主要履行行政和管理的职责，社区居委会则直接面对工人生活区中的大事小情。这样的分工协作虽然从权责任务上进行了合理的安排，但仍然难以全面顾及街区的各个角落。街道办事处习惯在固定的工作地点处理各类文件与居民申请，一般都是通过"上传"和"下达"的方式使民政局和社区互为连通，很少将"触角"伸向基层社会。同时，流动人口的增多使社区居委会的工作产生很大的困难与挑战，社区的工作人员很难像"单位办社会"时期那样能够摸清本区所有居民的生活状况，即使是在网格化管理的时代，还是难以避免行政化的工作风格。

通过参与观察可以发现，汽车厂工人生活区的街道和社区行政色彩较为浓厚，工作人员现场亲自处理群众问题的情况并不多。而社区现有和谐状态的维持很大程度上还要靠一些觉悟较高的老同志，他们走街串巷、传达信息、调解纠纷，几乎每天都要到社区报道，是社区中的积极分子。这些热心公益的典型人物从不计较个人得失，只希望能够凭借自己的一分力量为传统单位社区带来更多生机。东风街道 K 社区的积极分子 L 师傅（见图 7-2）说：

> 我个人来讲，我愿意为我们的社区做点事儿。你比如说，有些事情我特别看不惯，凡是不符合上级（党和国家的政策宣传）要求的事情我都看不惯。但是有很多人劝我多一事不如少一事——我对这个事情有反思，我不怕，我行得正，我管的是正地儿啊，大家都拥护我。我做完好事儿，现场 50 多人都说这是个好人、好人来了！我说没关系，你有事儿就到社区去，找到社区就能找到我！我认为正直的事情可以多管，如果大家都把这个东西理解了，把不对的事儿都管了，那就不一样，社会大和谐，你说是不是这么回事?!①

当然，L 师傅不是纸上谈兵，他的很多助人事例都体现在居民公共生活的细节层面，正如他向笔者复述的如下事例：

> 有一天，我送孙子上学，那天刮大风，一个大树权子，那么粗，给刮下来了，横在马路上。这路过的司机一个个都绕着走啊，我看没一个司机下来给搬走的！行人过马路也不方便。我就装一次警察，我说孙子，你在旁边站着，自己拿好书包。我走到马路把手伸出来，把过往的车都给拦住了，这几辆车停了以后，我自己就开始拽树权子，

---

① 被访谈人：L 师傅（男，71 岁，K 社区积极分子），访谈人：杜实，访谈时间：2015 年 8 月 22 日，访谈地点：K 社区会议室。

图 7 - 2　无线电话不离身的社区积极分子 L 师傅

把它拽走。这其实不费啥劲，拽走了你说这多好啊，行人也好走，司机也方便了，大家畅通，有个好走的路，对谁都好。司机看到以后都给我摁喇叭，表示谢谢。[①]

当然，我们可以把上述事例理解为"发扬风格"类型的个人行为，但是除了此类单凭好意和人力就能完成的善举之外，L 师傅还向我们回忆起下面这段难忘的经历，他说道：

有一次我这么走着，走到"车百"那儿有个汽车厂销售大楼，一看，那边咋这么多人呢？远处一看——十几辆车都堵在那儿了！都是上班时间，道也比较窄，大客车啥的都在这儿停着呢。再一看——哎呀，打起来了！一个轿车男司机和一个骑电摩托的女司机出事了，这个电摩托往左拐，男司机往右拐，把摩托刮倒了，俩人谩骂起来了。我当时就走到他俩跟前，先掏出来个硬夹儿（证件夹）来，那里面其实就是个身份证，唬他们说："停！我来晚了，实在对不起！"他俩看我这么一说，都以为我是交通执法的呢。我接着说："大妹子，你有没有责任呢？你走的是反道，主要责任在你！男司机你呢？你说话和

---

① 被访谈人：L 师傅（男，71 岁，K 社区积极分子），访谈人：杜实，访谈时间：2015 年 8 月 22 日，访谈地点：K 社区会议室。

气点，你也有个毛病——你拐弯拐得太小了，应该大点儿。另外，这个女同志，你车坏没坏？坏了我给你修；你身上有没有不舒服，我和你打车去医院检查身体行不行？"他们听了都说没事儿，我说没事儿就赶紧走人，快，放行！后面堵的车看见我把这事儿管了以后，哎呀，他们都按喇叭啊，意思说，这是个好人。哈哈，他们可能还以为是交通队管事儿的来了呢！①

在平时生活中，L 师傅经常助人为乐、无私奉献，在街区中调解矛盾、帮助年事已高的老年人维修水电设备、协助社区居委会处理居民反映的社会问题。由于 L 师傅是汽车厂的老职工，再加上退休以后经常在社区中助人为乐，所以附近的老住户都认识他，以至于大家一有需要帮助的事，第一个想到的就是他，而不再需要通过社区居委会的转接。正如 L 师傅向我们讲述的这件发生在汽车厂工人生活区的日常琐事：

> 有个老头 96 岁了，一天买菜回来找到我，说他家地沟冒水，一楼。这老爷子就一个人，儿女都不在身边，他那是座便，怎么通也通不下去。物业来了要 800 块钱，我就急眼了，我说不用你们修了！我直接就挽起胳膊来，拿手往下掏，哎，碰到一个硬东西，手抠一下，还能抠动。我就用小刀这么削，一点点把它削小了，最后把它拿出来一看——是个大土豆！为啥有土豆呢？这个老头儿之前雇了个保姆，保姆想多要钱，老头不想给就把保姆辞了，结果这个保姆坏，走之前就弄了个这事儿。这事儿别人知道了就问我，说 L 师傅你到底图的是啥？我说比如这个老头来讲，咱把他问题解决了，我们几十年的老邻居，你帮我，我帮你，这都是互相的。②

L 师傅在汽车厂的 K 社区可谓知名度极高，他也通过自己的力量协助社区做了很多为民服务之事。但是每当谈到汽车厂工人生活区的未来，L

---

① 被访谈人：L 师傅（男，71 岁，K 社区积极分子），访谈人：杜实，访谈时间：2015 年 8 月 22 日，访谈地点：K 社区会议室。
② 被访谈人：L 师傅（男，71 岁，K 社区积极分子），访谈人：杜实，访谈时间：2015 年 8 月 22 日，访谈地点：K 社区会议室。

师傅深知他们这代人终究有一天会老去，并对社区今后的公益状况表示担忧：无私奉献是第一批汽车厂机械工人的优良传统，但当这代人心有余而力不足之时，新的公益事业则很难再依靠退休老同志的个人觉悟，必须通过提升社区居委会的治理能力继续进行。L师傅认为：

> 这个社区来讲，对以后的公益工作，我还是非常担心的。你比如说我们的社区，这熟悉情况的老同志越来越老了，很多事情都力不从心，以后只能靠新来的领导慢慢了解、慢慢去做。再一步发展来讲的话，那就只能是提升——提升服务的档次、提升服务的质量。作为领导来讲，他必须是政治上的明白人，必须搞清楚怎么服务、为谁服务。领导是团队的领头羊，是一把手，要体察民情，把工作抓起来，真正做起来。同时，领导手下这些党员，必须在退休前把思想境界建立好，让他们为人民服务的底子够硬——你上班的时候是党员，你退休之后还是党员！都得起带头作用，这多好啊！①

从老年积极分子L师傅的话语中，我们能够看出社区治理的未来还要靠制度和社区团队的综合力量。汽车厂工人生活区已经从过去突出"人治"的企业小社会转型到全国通行的社区建设与发展模式，我们应当将新的期许都放到对领导决策、党风建设、团队建设和活动策划等更加机制化的层面，让社区的活力得到激发。

五　传统单位文化的惯性：无法割舍的家园感

在今日的汽车厂工人生活区，制度层面的社会转型已如上文所述的那般有序开展。省、市政府正通过社区建设运动将原来由单位管理的工人生活区转交给汽车区的街道办事处及社区居委会。从行政的角度来讲，这里涉及的社会转型比较顺利，社区治理的基本框架和规则都已基本建立起来。但是，与刚性的社会转型不同，居民自身的文化转型并不容易，它时刻受到原有文化惯性的制约。就汽车厂工人生活区的文化转型来说，其基

---

① 被访谈人：L师傅（男，71岁，K社区积极分子），访谈人：杜实，访谈时间：2015年8月22日，访谈地点：K社区会议室。

本线索是从多年来形塑出的单位文化过渡到现代的城市社区文化，但单位文化具有强大的文化惯性，即职工居民自建厂以来日积月累而形成的家园感，这种情感已经深入人们的骨髓，令人无法割舍。

（一）家园感：单位文化惯性之根

就汽车厂的田野而言，"单位办社会"的社会结构虽然在制度与政策的驱使下做出了改变，但是工业国企人所特有的单位文化还根深蒂固地留在职工居民的思维中，这种文化最核心的要义就是人们从建厂至今一直能够切身体会到的家园感，尤其是汽车厂的离退休老职工，他们经常表达自己十分留恋企业小社会中人与人之间的亲密关系。更重要的是，这些情感正影响着他们看待当今生活的态度，认为当下的生活体验显然没有以往更好。因此我们认为，汽车厂职工居民虽然正经历着工人生活区的社会转型，但是相应的文化转型却受到原先单位文化惯性的牵绊，而这种惯性的根系或是其中最为显著的情感表达就是他们对宿舍生活的怀念和对家园感的执念。

这里所说的家园感，首先是职工居民的情感所在，它源自工业企业的生产、生活实践，并生成于人们的思维之中，时刻影响着人们对眼前事物的看法。对家园一词最基本的理解，我们可以参照《汉语大词典》列出的三种含义：家园一词首先泛指家庭或家乡；二是指自家的园林；三是指家业，如李玉在《人兽关·豪逐》中就写有"家园荡尽，夕不谋朝，如何是好"的词句。而作为职工居民的家园，汽车厂工人生活区应当兼具家乡和家产两种含义——前者主要指工人宿舍可以让人生活于此，使人们构成一个单位共同体；后者则指工人生活区内的房屋、公园、广场等一切的硬件设施，它们具备固定资产的性质。当然，"家园的起点是家，但落脚点仍然是个体的人。因为个体的人是体验家园感的最基础载体。家园中的人虽然必须以家中人的身份存在，但首先仍是一个具体的、生物的个人。从这个角度讲，借用海德格尔的栖居概念，我们可以认为，家园是一个有归属感的人所栖居的（他所归属的那个）生活世界"[①]。因此，汽车厂职工居民的家园感来自他们对熟人家乡的眷恋和对兴盛家业的向往。

---

① 李晓非：《工厂家园：以中州市 Z 厂职工群体为例》，博士学位论文，中央民族大学，2011，第 191 页。

（二）家园感的维系：以老年公益为例

在汽车厂工人生活区的"后单位时代"，代表企业的离退休工作站早已成为汽车厂内部较为成熟的"自我保护"机制，即为该厂所有全民所有制的老同志提供终身的福利。企业的这种行为正是通过切实的行动使离退休老职工感受到家的温暖。近年来，离退休工作站连续举办了多种有益于老年人身心健康的活动。根据参与观察，2015 年 8 月汽车厂第一离退休工作站就开展了为老同志补拍结婚照的活动，据 C 站长介绍：

> 今年夏天我们组织老同志开展了"圆您一个梦"活动，很多老同志结婚已经 30 年、40 年，甚至更长时间，但他们从来没照过结婚照，因为当时可能还没有结婚照，也有的经济条件不允许，但是今天呢，工作站和百花摄影免费给我们老同志拍了结婚照，我们的组长也非常负责任，有的组呢，LZG 提出表扬，他们组来的人最多，10 多对儿，咱们在工作站整整照了一天，从早上没上班就开始布置背景，一直照到下班，现在每个人的照片已经洗完了，看到这些老同志拿到照片那种满意的表情、高兴的笑容，我们工作站就是为大家办了一件好事儿、实事儿吧！①

为老同志圆梦、重拾青春的美好是 C 站长组织上述活动的初衷，此类活动在汽车厂工人生活区的 32 个离退休工作站中经常开展。当然，工作站也并不仅仅善于举办这些"锦上添花"的活动，很多站长也经常研究老年人遇到的身心问题，如第十四离退休工作站的 L 站长就十分关注老同志的健康，组织了"健康也是贡献"系列活动。

> 我们活动站吧，都会适当地把老年人的身心特点找出来，这岁数大的人一般的，比方说有时候好忧郁，有的还不爱看病！我们每一阶段都会有一个主题教育活动，比如这几年一直在搞"健康也是贡献"活动，你健康了，不光你不遭罪，你的子女也不担心，更不用花那些

---

① 被访谈人：C 站长（女，65 岁，汽车厂离退休工作站站长），访谈人：杜实，访谈时间：2015 年 9 月 15 日，访谈地点：第一工作站办公室。

养老保险、医疗保险的钱，你就为家庭、为社会做贡献了。我们在这一阶段经常给离退休人员做体检，这都是离退部出钱，光我们站每次就有几百人检查身体——这些人 80% 都有高血压、心脏病，很多病两口子都一样，这肯定跟吃、跟情绪有关。我就常跟他们讲，这段时间老年人的身体都是比较脆弱的，你要保护好自己。还有呢？就是老同志总是怕那啥（得病），他恐惧，再就是多疑。这些心理特点怎么样才能避免呢？我们部里就提出"提高老年人的幸福指数"，你就得把老年人那些不好的心理有效地纠正，力求老年人有健康的体魄和心理。我们站来讲，主要就是"阳光心态"的指导思想——它不是谁都能做到的，谁要是爱计较，就得多下点功夫了！给我们这些人开会，我就说，爱计较本身就是狭隘的，你心里就不阳光。阳光心态有很多要求，比如大气啊、宽容啊、谦和啊、适当排解忧郁啊。听了这些，我们站的成员都挺服气。①

除了身体和心理的健康，工作站在亲情和孝道上也常常引导和树立典型，在这里，孝顺、陪伴和不离不弃一直是十分重要的几个方面。在汽车厂工人生活区中，老年人难免存在生病、卧床的情况，但他们家人的支持和照顾总能驱散病魔带来的阴霾。第十四离退休工作站的 L 站长也成功组织了树立敬老典型的活动。

像我们站有一个活动已经搞了 3 年了——"把家庭建设成温暖和谐的港湾"，就是评选出我们站范围内的好父母、好儿女、好妻子、好丈夫。评之前，各组长先把材料报上来，我们也下去了解了解，确保事迹真实，是真的就行。开会的时候我简单介绍，会也不用太长，不能超过 40 分钟，怕他们迷糊。第一年是在工作站骨干内部搞的；第二年就全员放开了，我们评了 1 个好母亲、3 个好儿女、3 个好妻子、3 个好丈夫。这个活动的意义就在于提高老年人的幸福指数——《养老法》都说了，养老应以居家为主要形式，家里要是不快乐、不幸福，那一切都是空话，所以我们还要继续这个活动，比如好妻子，她

---

① 被访谈人：L 站长（女，66 岁，汽车厂离退休工作站站长），访谈人：杜实，访谈时间：2015 年 10 月 28 日，访谈地点：站长办公室。

丈夫有病了，你得管，到老了你得尽义务；丈夫也是这样式儿的，妻子有病了，也得好好照顾。比如说我们站的 WGY，她丈夫去世 20 多年了，她一直带着她老婆婆，儿子姑娘也都有病，她从来都没含糊过，住院，治！这是我们去年树立的一个典型，我们这活动都老好了！有的老头的媳妇都植物人儿好几年了，还尽心尽力照顾。①

爱老敬老的典型使人们看到了工人生活区中和谐与美好的一面。当然，离退休工作站的长期成功运营离不开不计其数的老年志愿者，他们在 10 多年的工作实践中已经形成了踏实的作风，能够较好地完成相关任务。关于这些"银发一族"的生力军，C 站长认为：

就拿今年来说吧，上半年第一工作站做了很多工作。虽然说今年受大形势（廉政建设）所趋，我们党员甚至开"七一"大会的时候都是一分钱活动经费没有，也没发纪念品，但是我们这些老同志的积极性还是都很高。我们参会的老党员和骨干去的很多，我们有些时候可能不一定是靠物质，更多的是靠精神，有一种崇高的思想境界吧，有一种奉献精神，希望我们"一站"这种好的精神继续发扬下去。②

老年志愿者年轻时为建厂奉献青春，年老时又通过自我管理的方式解决了工厂离退休人员的负担，可谓不计个人得失，为汽车厂操劳了一辈子，这种思想境界值得当代人细心地体会和学习。当然，离退休工作站的多彩活动（见图 7-3）还会继续举办，使老同志幸福快乐地安度晚年。

但是，每次提到离退休工作站的未来，不少老同志也都面露难色。他们认为最新进入志愿者队伍的退休职工很难再有他们那般对公益服务的坚定与毅力，离退休工作站的很多主打项目也难以进行下去。老年志愿者 W 大爷表达了他的担忧。

---

① 被访谈人：L 站长（女，66 岁，汽车厂离退休工作站站长），访谈人：杜实，访谈时间：2015 年 10 月 28 日，访谈地点：站长办公室。
② 被访谈人：C 站长（女，65 岁，汽车厂离退休工作站站长），访谈人：杜实，访谈时间：2015 年 9 月 15 日，访谈地点：第一工作站办公室。

图 7-3　离退休工作站举办的小合唱

全厂几千名老年志愿者，都无怨无悔地为大家服务，我觉得很可贵。但是现在的离退休工作站成立 14 年了，很多公益服务项目也真是很难继承下去，比如站里算我一直有 3 个免费给大家磨刀、磨剪子的。我跟站长经常提："你是不是给我们找俩年轻的徒弟？势必我们都 79 岁了，一旦倒下，你这个项目是不是就耽误了。"站长不是没找，她先后找过 5 个人——没有一个站起来（能承担下来）的。哎，现在的人，你就走到街上看那些磨刀挣钱的都得 65 岁以上，他是为了生计。我们就怕这种志愿精神失传，现在都向"钱"看，没办法！①

可见，汽车厂工人生活区独特的历史导致其当下的志愿服务更多地需要依靠本厂的离退休老同志，但随着这些老人年龄的增长和精力的减弱，很多公益服务工作已经难以完成。但是，一些新进入志愿者队伍的人又难有较高的个人觉悟，第十四离退休工作站的志愿者队长 L 师傅也说：

　　这工作站的情况，我就举一个最生动的例子。前几天，我们工作站有一个老同志无意跟站长说了："哎，我都 80 岁了，有点干不动了，非要干吧，我也能干，但是回家以后真累啊……"后来，他老伴儿也找到工作站说："站长啊，别叫我老头儿干了，他岁数太大了，有时候干完活回家累得直哼哼，他难受啊！"但是，你要想再找一个

---

① 被访谈人：W 大爷（男，79 岁，退休铸造工），访谈人：杜实，访谈时间：2015 年 4 月 28 日，访谈地点：W 大爷家。

合适的人还真的不好找，这都是无私的服务，现在有几个人愿意呢？①

从上述两个访谈材料中我们可以看出，在未来的社会公益服务中，汽车厂工人生活区"个人主义"和"不求物质回报"的好人好事行为也许会有所减少，但这并不意味着社会公益的力量将会减弱。我们不妨将期望投向政府、市场等多元主体，并通过各类新型社会组织将老年志愿者能够提供的一己之力统一到合力中。只有这样，汽车厂工人生活区内无数热心公益的老同志才能感到欣慰，社区居民的生活也才能愈发和谐。

（三）单位文化惯性的思维动力及其表现

如果将单位文化惯性进行细分，可以进一步发掘出这种惯性的思维动力及其表现。通过对田野材料的总结，我们能够大致总结出汽车厂单位文化惯性的几种思维动力。

首先是厂区和宿舍文化。从建厂至今，汽车厂的传统产业工人在厂区工作、在宿舍生活，于60多年的日常实践中形成了本土化的厂区和宿舍文化。在工业厂区中，生产活动和工会慰问成为工人们厂区文化的核心内容，Y师傅在回忆车间工会活动时说：

> 汽车厂有一个负责全厂的总工会，另外厂区里的各个车间都有支会，工人在厂区里的生产，甚至在宿舍区的生活主要都靠支会组织。我们这些支会主席呢，都是兼职，在自己的岗位上边生产边搞工会工作，我那时候一个车间有120多个工人。自打我在的10多年里，工会就是以党委的中心任务开展工作，并且以工厂的各项生产任务为重，具体的就是劳动竞赛啊、号召职工大干啊，做出贡献啊、提出合理化建议啊。另外，职工生活方面，包括帮助困难职工啊、补助慰问啊、看病号啊、做好职工的思想工作啊，这都是工会应该做的。②

---

① 被访谈人：L师傅（男，71岁，第一离退休工作站志愿者队长），访谈人：杜实，访谈时间：2015年9月16日，访谈地点：汽车厂一街区庭院内。
② 被访谈人：Y大爷（男，73岁，热处理厂二车间退休工会主席），访谈人：杜实，访谈时间：2015年10月28日，访谈地点：汽车厂第十四离退休工作站会议室。

从这段话中能够看出，工人们的工作时间都要在厂区中度过，他们"以厂为家"，在劳动现场获得了干工作、领工资、获表彰、升职位等多种工作体验，形成了工业厂房中特有的厂区文化。同时，职工居民长久以来住在工人宿舍区，其衣、食、住、行、用等全部日常消费活动都发生在这里，因此也表现出对宿舍大院的文化认同。而宿舍区文化的生成，另一方面也是对现代城市社区的一种排斥，正如汽车厂工人生活区的 S 师傅说：

> 我们这些退休的老头老太太，从进厂就一直在单位宿舍里生活，全指着厂子！厂子给我们分房，那时候每间房子里头还有家具，房子几乎每年都要保养——刷油漆、刮大白，要是哪儿坏了，厂里的后勤处马上来人维修。现在虽然房产产权改制了，但是不管咋地我们还都是汽车厂的人，有啥事还能找到单位——主要就是离退部和工作站嘛。你说现在这个 F 社区，它管啥呀？我们啥事都得找站长，你能跑 F 社区去吗？我们就全靠汽车厂——这边儿好像家里人，那边儿（社区）人家不管你，不过问啊！这社区千家万户，能照顾过来吗？我们一年就去一次，盖个手印。①

可见，厂区和宿舍文化是汽车厂职工单位文化惯性的基础，更是职工居民生活世界的基石。汽车厂职工居民在这样的文化底色上逐渐建构出富有特色的社交网络、日常习惯和生活实践。在 60 多年的不断积累中，这些思维观念形成了强烈的文化惯性，时刻反作用于现代性发展。

其次，单位文化惯性还表现在集会和仪式文化上。自创建之初，汽车厂就有动员群众的集会经验，职工们在选定的厂址上接受半军事化的管理，更在具体的工作和生活中经历了各种大型仪式，其主题大多是统一思想和加强当前中心工作的宣传，具体的大型集会和仪式主要有奠基纪念、建厂周年庆典、国家领导人视察等。在这些大规模活动中，庞大的工人队伍经常在厂区正门或内部集合，争先见证值得铭记的一刻。随着工厂管理制度的愈发成熟，这些集会和仪式也有了常规化的设定，如每年的职工代表大会、建厂纪念日等，尤其是 20 世纪 80 年代的第二次创业和之后的第

---

① 被访谈人：S 大爷（男，72 岁，油漆车间退休安全防火员），访谈人：杜实，访谈时间：2015 年 10 月 28 日，访谈地点：汽车厂第十四离退休工作站会议室。

三次创业，工人们的生产热情被空前地激发出来——在人山人海的广场上、在座位被占满的礼堂中、在空间广阔的体育场，大家在不同的集会和仪式中不断加强对工厂的认同。而到了当下，离退休的工人们早已习惯了这种组织方式，哪怕条件再简陋，甚至是没有正规的会场，他们依然定期聚集起来，通过宣传动员，达到融合。其中，社会事业管理部经常组织离退休的老职工开展各种活动（见图7-4），增进大家的生活乐趣和人际互动。

图7-4　多个离退休工作站联合举办的集会活动

获得过"吉林省优秀志愿者"和"汽车城好人"等称号的L师傅在访谈中说：

汽车厂人有争创精神，特别我们这代人是"手把红旗不放"——汽车厂党的建设很强，共产党员不论何时何地都愿意为人民服务，是共产党员就要退休不退党、离厂不离岗——这岗是为人民服务的岗！你看我这三个大奖状，一个是"汽车城好人"，一个是"省优秀志愿者"，还一个是"市美好家庭"，我感到非常沉重。有人也跟我说，你扯这玩意儿干啥呀？我就一个思想，他上边儿干，咱们下边儿多做点小贡献，也未尝不可。我为什么爱这样的工作呢？我觉得能把这些事儿干好是一种真诚、一种爱，甚至是"衣带渐宽终不悔"，我有这个决心。我儿子也跟我说，爸呀，你累个好歹，不值一分钱，这三个奖状怪沉的。我说不用你说，我感到这是我的快乐！我办点好事，我心里像阳光一样敞亮。如果都这样，咱这社会就好办了。党在我心中，我要报答党，退休不是我的终点站，无论我走到何处，无论我完成什么样的工作，这都是党的力量支持着我，献给中国的建设事业我无怨无悔。我这个余热，我感到七十几岁不算老，我心里很年轻，我能重写我新的篇章！①

可见，几乎所有热心公益的汽车厂离退休老同志都有着无私奉献、一切为人民服务精神，他们通过自己的觉悟和行动换来了工人生活区的和谐。即使是那些搬离了汽车厂的老职工，在新的生活环境下还是会将这种精神发扬下去。2012 年从汽车厂工人生活区搬到厂外小区的 W 大爷说：

> 助人为乐、发扬风格就是汽车厂人的特性，也是共产党人的特性。这歌唱的好啊——共产党人好比种子，共产党员走到哪儿，应该在哪儿扎根、发芽。我呢，搬到新小区以后还要把汽车厂工人的好传统带过来。公共利益的事儿呢，我尽量干，可以多干。比方说，你看我窗前这趟道儿，从我搬来那年，只要一下雪，没等保洁来呢，我就叫它"地下水泥砖见缝"，全给扫干净了。第二个我做的事儿呢——义务磨刀！每个礼拜一到礼拜三，上午 9 点到 11 点，只要是园区的居民，你年老的、年少的怎么着都行，什么刀我都给你磨，免费！所以园区的业主们有的就说："哎呀，汽车厂好啊，汽车厂人更好！"因为我是汽车厂老年志愿服务队的一员，我现在是"孤注一掷"，在外面设个点儿。他们问我求啥，我说我无所求，我有退休金、有医保，生活有保证。我是个共产党员，"生命不息、战斗不止"！我这个志愿者就做个蜡烛吧，求的是园区和谐、大家都好。经过了一年多，园区这些人老远儿看着我都打招呼，叫"汽车厂 W 师傅"，我自豪！②

由此可以发现，只要有表达自我的机会，汽车厂所有参与志愿服务的老同志都会不约而同地说明他们受到了党和国家的引导，并把这些意识层面的东西落实到自己的行动中。同时，老年志愿者们用十年如一日的无私工作证明了他们的所言、所做都发自内心，这更是单位文化惯性的真实表达。

---

① 被访谈人：L 师傅（男，71 岁，汽车厂第一离退休工作站志愿者队长），访谈人：杜实，访谈时间：2015 年 9 月 16 日，访谈地点：汽车厂一街区庭院内。
② 被访谈人：W 大爷（男，79 岁，退休铸造工），访谈人：杜实，访谈时间：2015 年 4 月 28 日，访谈地点：W 大爷家。

第八章 田野的提炼与拓展：东北老工业城市的单位社区治理

汽车厂工人生活区的田野素材是本研究的立足点，前文已经利用较大篇幅对这一典型案例进行了"深描"，但单纯的描述显然不能达到既定的研究目的，我们还必须进一步归纳和总结出汽车厂工人生活区从"计划经济"到"市场经济"的转型特点，并以此为基础，将研究视野拓展至更广的东北老工业城市的单位社区治理场域，从人类学特有的角度对该地当下的单位社区治理问题展开思考。

就田野资料的拓展而言，美国社会学家、人类学家麦克·布洛维认为，"拓展个案法"能够将反思性科学应用到民族志当中，目的是从"特殊"中抽取"一般"，从"微观"移动到"宏观"，并将"现在"和"过去"建立连接以预测"未来"，所有这一切都依赖于事先存在的理论。他曾在 20 世纪末指出，"虽然对民族志研究来说，更常见的做法是将自己限定在研究的日常世界的'容积'之内，但是我并不是唯一从田野中'拓展出去'的人。实际上，这是社会人类学曼彻斯特学派的标志之一。他们开始把非洲人群体重新放回到更广泛的、世界历史性的情境当中。不仅是在非洲，在美国也有一个丰富但未成形的、隐约体现拓展个案法风格的学术传统。例如社区民族志就并不总是拘泥于前人的足迹，而是把种族主义和劳动市场中更广泛的情景以及城市政权融合进来；传统上隶属于工厂社会学的车间民族志也考虑到诸如种族和族群、公民身份、市场以及地方政治等外部因素；家庭民族志也发现它不可能忽略家计之外因素的影响"[1]。

---

① 麦克·布洛维：《公共社会学》，沈原等译，社会科学文献出版社，2007，第 83 页。

正因如此，以汽车厂工人生活区的田野调查为基础，我们能够发现东北地区的传统单位社区正面临着一种"单位与生活区""工厂与社区""企业与社会"相分离的宏观现状，这是一个相对复杂又漫长的调适过程。我们要做的正是将汽车厂的个案拓展到东北老工业城市单位社区的整体"类型"之上，展示其当代转型的真实现状，从实践层面关注治理转型的细节，呈现职工居民的社会生活和思想状态，以他们自身的视角提炼出本土化的观点和看法，尽可能地减轻转型的"阵痛"，促进改革的深入。

一　汽车厂工人生活区的发现

从汽车厂工人生活区的调研中可以发现，该厂20世纪90年代中期进行的国企改制可谓"牵一发而动全身"，除了涉及企业引入市场机制，进行公司制、股份制改革以外，还涉及所辖工人生活区的社会重组，并且推动了职工居民生活方式的变迁。经过多年来的实践，汽车厂在20世纪末、21世纪初的关键转型节点将其"单位办社会"的职能移交给政府，完成了工人生活区制度层面的转换。然而，如此"突发式"的转型成果还需政府、企业和居民在当下的"后单位时代"中逐渐适应。到目前为止，我们能从汽车厂工人生活区60多年的社会变迁中发现如下特点。

（一）从市场转型到社会与文化转型

20世纪90年代中后期的市场化改革掀起了汽车厂市场经济时期剧烈的转型风暴。在最初的几年中，这场风暴最令汽车厂职工关注的举措当属该厂的集团公司制改革——在集团总部的统一部署下，以前的各个分厂都被合理调整为分公司、子公司。与此同时，新成立的集团公司也根据实际情况，安排旗下条件成熟的公司上市，继续开辟股份制改革的新路。当然，在市场经济的国企改制浪潮下，汽车厂的一些工人也面临所谓的"下岗"① 危机，人们当时的注意力因此更多地被企业经济结构方面的转型结

---

① 在东北老工业基地的"下岗"风波中，汽车厂基本上没有受到波及，一是该厂经济基础较好，能够抵抗住较大的压力；二是汽车厂即便不得不采取减员的行动，在当时的行政语境中，这方面的实际运作也被转变成"退养"和"休长假"的形式，一定程度上减轻了不良影响。

果所吸引，从而忽略了这种转型带来的连锁反应，即工人生活区由此引发的社会转型和传统职工居民随之要经历的文化转型。

就工人生活区的社会结构转型而言，汽车厂于 2005 年正式开始对其"单位办社会"职能进行分离——对原来涉及工人生活区管理的多项工作逐步放权，并将这些管理权限有计划地转移到汽车区，其中具体的社会治理工作则落实到街道办事处及社区居委会。在这一转型的过程中，汽车厂工人生活区居民日常生活所处的基础社会结构正发生着变迁。在"单位办社会"时期，职工居民只需要单纯地接受汽车厂对他们的福利与管理，其内容大到房产、教育、医疗，小到饮食、购物以及各项生活服务，该厂的后勤部门通过周密、系统的行政网络将这些具体事宜"从上至下"落到实处。而当时的居委会只能"寄居"于单位之下，所负责的工作全部都以协助企业"单位办社会"为最高准则，如居委会主任的日常工作多为收缴房费、水费和调解职工居民生活矛盾等。随着时代的发展，在当下"企业－社会"分离的现状下，汽车厂逐步将社会管理职能放权给社会，使早已有之的"街道－社区"模式得到应有的突出与强化，由此工人生活区中的职工居民开始参与到所属社区的活动中，使他们的生活场域与工作场域相区分。

就工人生活区的文化转型而言，汽车厂居民的身份呈现由"单位人"向"社区人"的转换，他们的思想不得不从以往的"单位共同体"或"准乡土社会"中跳出，运用现代公民社会的文化模式调整自己的日常生活。当然，这对于汽车厂工人生活区的传统职工居民来说并不容易，至少从目前的状况来看，这些职工居民思维中的"单位情结"并没有因时间的推移而有所减弱，甚至表现出对转型时期种种文化变迁的不适应。人们仍然留恋过去单位福利统揽一切的"父爱式集体主义生活"，认为房产、物业和各项生活杂费以市场的方式由职工个人承担以后，其所得的服务质量与以往相比相去甚远，难以令人满意。这种文化转型的困境正符合美国学者加芬克尔的常人方法学①理论，他意在说明普通人在其日常生活里习惯利用不受质疑的"手头知识储备"或"常识的理解"指导其行动，即假定未来的事物就如同它们过去那样存在。因为汽车厂职工居民在几十年的

---

① H. Garfinkel, *Studies in Ethnomethodology* (Englewood Cliffs, New Jersey: Prentice-Hall, 1967).

"集体主义生活"中不断加深对"高福利"生活模式的理解与认识，这些理解实践也就理所当然地构成了他们对当下生活的判定标准，使他们认为他们的福利所得在一定程度上受到了损害。汽车厂职工居民思维中的"单位认同"根深蒂固，工人生活区脱离了单位，工人居民却离不开单位。因此，国家和企业更要重视工人生活区居民生活文化转型的现状与问题，将市场转型、社会转型和文化转型有机地联系起来。

（二）"后单位时代"具有转型过渡特征

在有关"后单位"现象的研究中，已经形成了一系列较为成熟的概念和观点。何艳玲认为，"后单位时代"是指 1978 年至今单位体制对城市社会的影响趋于弱化但又尚未完全消失的一段过渡时期[①]，这一概念较为明确地提出了"后单位"问题的基本特性，即城市基层社会受单位制度的影响愈发减小。王建民以动宾短语的形式提出"去单位化"的概念，认为 20 世纪 80 年代以来计划体制向市场体制的转型和城市化的加速使原来"单位办社会"的模式弊病百出。在这样的语境下，"去单位化"的过程是一种表现在社会整合方式上的经济改革实践[②]，强调了单位要素的"去除"过程。另外，在承认"单位社会"已经走向消解和终结的前提下，田毅鹏、吕方认为，"后单位社会"主要是指 20 世纪 90 年代全面市场化改革以来，单位功能弱化与单位返祖现象交织，单位运作机制与市场运作机制并存的社会发展阶段及其运行状态[③]，即从社会结构的层面做出学术的表述，有助于我们对这一特殊的社会现象进行分析。

以上几种概念分别从不同角度指代了介于"单位办社会"和"社区建设与发展"之间的汽车厂工人生活区现实，虽然上述几种提法的时间起点不尽相同。但我们还是能够从这些不同中找到相同的历史动机，即改革开放的推动力量。因此，笔者倾向于使用"后单位时代"这一概念宽泛地界定 20 世纪八九十年代市场化改革以来，单位对传统工人生活区的影响从明显、直接和具有普遍意义，转变为隐蔽、间接和仅具特殊意义的现象。当

---

① 何艳玲：《都市街区中的国家与社会：乐街调查》，社会科学文献出版社，2007，第 4 页。
② 王建民：《去单位化：社区记忆的缺失与重建——资源枯竭型城市社区建设的社会学分析》，《甘肃社会科学》2006 年第 6 期。
③ 田毅鹏、吕方：《单位共同体的变迁与城市社区重建》，中央编译出版社，2014，第 218 页。

然，在汽车厂工人生活区当代的社会与文化转型中，"后单位时代"的特征非常明显。当地政府和企业的最初设想是从原先"单位办社会"的状态过渡到全国普适性的城市社区建设与发展，但考虑到汽车厂"企业小社会"的形成已经具有较长时间的历史积淀，因此决定采用渐进式的转型模式，即先将那些具备转型条件的社会管理职能分离出去，并有计划地保留一部分转型时机并不成熟的社会管理职能，以"转型过渡期"的形式进行改革实践。在这种过渡状态下，汽车厂工人生活区往往既包含"单位办社会"条件下的一些特征，又包含城市社区建设与发展阶段的一些特征，明显呈现模棱两可的阈限状态。通过2005年至今10多年的过渡，这种状态还继续存续，因此汽车厂进入了暂时稳定的"后单位时代"，从现实来看，这种状态及其社会特征还将以潜在的形式持续一段时间。

在汽车厂工人生活区的田野调查中，我们发现在多年的分离"单位办社会"职能过程中，汽车厂并没有将所有的社会管理职能全部进行"剥离"，而是保留了该厂需要承担的必要社会责任，体现出明显的"后单位时代"特征。其中最为明显的就是对离退休居民的管理，由于这些老同志已经习惯了与工厂的高紧密度关系，在他们为工厂奉献出最宝贵的"革命青春"步入退休阶段后，汽车厂有义务满足其"老有所属""老有所乐"的朴实愿望，并以己之力减轻社会对赡养老人的经济负担。同时，汽车区和汽车厂还对一些暂时不具备放权条件的职能，如职工医院的运行、幼教中心的管理等，通过企业下属的社会事业管理部进行日常运营的协调与监督。而且，工人生活区内"三供一业"的移交过程也相对漫长，经历了完全由汽车厂负责管理到建立专门的汽车厂下属的市场化运营公司管理，再到目前逐步划归到市区统一管理的复杂历程，这种步步深入、环环相扣的非直接方式也是"后单位时代"的重要表现。

（三）汽车厂工人生活区的新居民文化正在生成当中

随着20世纪90年代以来汽车厂工人生活区的房产改革，很多居民都将名下的传统工人宿舍进行出租和出售，致使很多外来打工者、为了方便子女上学的家庭和汽车厂的实习生、新职工到此居住，形成了新的居民群体。新居民的到来势必以部分老居民的离去为前提，这样就使原先稳定的邻里关系网络受到一定程度的"侵蚀"。

通过对新居民群体的分类，我们发现从外部到汽车厂工人生活区打零工的新居民经济条件较差，他们大多来自附近的乡村地区，通过在工人生活区中从事餐饮、零售、快递、配送等行业的基层服务工作赚取工资。虽然这些外来打工者的求职和居住地点也都高度统一在工人生活区内，但这与60年多年前汽车厂职工居民"职住合一"的情况完全不同。前者只能算是城市中的边缘人，需要奋斗较长时间才能在这里"扎根"，而后者则是国企的正式员工，拥有稳定的工作和固定的房产，新旧居民属于两种完全不同的社会身份。

同时，由于汽车厂的子弟学校声誉较好，即便是后来被划归到区教育局管理，但校内的师资、生源一直处于较高水平，所以很多家长慕名前来，尤其是第六中学，高考升学率较高，除正常在读学生外，还有很多区外复读学生来此学习。在这种背景下，不少家长选择在汽车厂工人生活区内租房陪读，一是方便学生上下学，二是可以就近悉心照料，形成"求学－陪读"家庭群体，这一群体虽然在学生毕业升学后也会搬离工人生活区，属于"长租－短住"①的居住形式，但是年复一年总会有新的家庭前来，因此也构成了一类重要群体。他们在日常的生活中，同样通过消费、娱乐、交通、培养子女等多种形式参与到汽车厂工人生活区的新居民文化建构当中。

另外，新进入汽车厂工作的年轻职工也与昔日老员工享受的福利大不相同，当今的传统工人宿舍已经进行房产改革，企业不再为职工分配宿舍，这些刚刚步入社会的新员工在单身宿舍周转数月后，大多数人还是会自己寻找更加宽敞舒适的住处。他们有一部分人在工人生活区中租房、购房，因此也构成了这里的新居民群体，成为市场经济条件下注入企业的新鲜血液。因为享受到的住房福利不同，导致其"职业－工作"方面的认同强于"生活－福利"认同，所以也与汽车厂的老员工具有一定的认同差异。还有一部分人会选择在工人生活区附近购买新式的商品住宅小区，新式小区虽然购房和物业费用相对较高，但享受到的服务质量远远高于老式

---

① 对于房产的所有者来说，租客能够租满一年已经算是长租，更何况陪读家庭一般会连续在生活区中租房3年左右。但从长时段的角度来看，3年的时光对于房产所有者来说也不算很长，本质上来说也只是一个"过客"，这种3年左右的租赁关系是这一群体居民文化的经济基础。

职工宿舍，这也代表着这部分汽车厂的职工居民在一定程度上跳出了"单位办社会"的影子，进入到市场化的购房、居住文化情景之中。

总之，多种生活文化的互动与交融成为汽车厂工人生活区新居民文化的基本形成机制。这种文化的底色仍然是第一代汽车工人"生产－生活"合一的居住状态，但随着工人生活区内的这些"老街坊""老邻居"年龄的增长，他们很难再像以前那样活跃在厂区、工人生活区之内，这使得老工业城市的单位社区原本的居住文化态势相对弱化。而这种弱化也必然以新居民文化的强化为前提，传统单位社区不可避免地要迎来新居民群体的参与，从而更新原有的文化定式。

二 单位社区治理转型的理想型走向

自新中国成立以来，我国建立了不计其数的传统工业国企。在市场化改革的大潮中，它们有的像汽车厂一样，不断向前发展的同时又经历着所辖单位社区的转型；有的则不幸在改革的年代痛失机遇、宣告破产，将大片无人问津的职工宿舍留给社会。但不论哪种情况，这些传统单位社区都为我们呈现了基本相似的转型之路，即从计划经济时期的"单位办社会"模式向市场经济时期的社区建设与发展模式过渡，并在当下的现实中更多地体现多方合力共进的社会治理实践，这实际上也是单位社区治理方式转型的一种理想型走向，即从"单位办社会"到"市场经济的探索"与"社会力量的培育"，再到"国家－市场－社会"多方互动的线索路径。当然，以上思路只是一种转型的理想化图景，我们的最终目的是以此为研究基础，充分结合汽车厂工人生活区的治理转型，进一步总结出东北老工业城市单位社区治理转型的创新思路。

（一）"单位办社会"：国家、政治与计划体制

自 1949 年新中国成立以来，鉴于工业发展的现实需要，我国政府决定通过工业化和单位制的路径建构出高度组织化的工业企业发展模式，并在这些工业企业的周围建立大片的工人生活区，将职工的生产和生活高度统一起来，使人力资源的效用最大限度地发挥，国家、政治与计划体制成为这一时期社会建构的关键词。20 世纪 50 年代，新中国的城市社会迅速以

单位制度的形式组织起来，并将几乎所有的社会成员都吸纳到"国家－单位－个人"的纵向一体化结构中。单位组织除具有企业的性质外，更重要的是承担资源分配、社会整合、社会控制和福利供给等多重功能。"单位办社会"的运作方式不仅紧随国家计划经济发展的宏观走向，还成为国家稳定基层社会秩序的经验实践，同时也是单位成员生产和生活的基本社会设置，更是每一个城市家庭和城市社会民众生存与福利的保障。因此，计划经济时代的上述社会事实成为东北老工业城市乃至全国基层社会的历史根系，我们对其进行的认识与反思有助于进一步理解东北地区传统单位社区治理方式的当代变迁与转型。

（二）市场的探索：放权、自律与去单位化

随着 20 世纪 80 年代中国由计划经济体制转变为市场经济体制，已经形成的单位制度发生剧烈变迁。尤其是到 20 世纪末、21 世纪初，单位与社会或说企业与工人生活区的分离已经成为不可逆转的发展动向。在这一过程中，计划经济时代很少被明确提及的市场和自律经济等关键词登上历史舞台。我国政府和相关企业都希望将所属单位社区的经济包袱剥离出去，转而用市场化的方式进行运作，减轻国有企业及当地政府的财政负担。在这一过程中，单位社区的所有单位宿舍都通过房屋产权私有化的方式进行市场化改革，同时，原先由企业管控的宿舍供水、供电、供气和物业管理等社会事业也都逐步移交到单位之外，以市场化的方式运作。除单位宿舍的市场经济变迁以外，社区内的公共设施也都面临着市场转型——原有的百货商店、职工医院、幼儿园、中小学等都缓步放权到当地市、区。一旦上述经济与社会变迁共同产生效果，单位社区"去单位化"和"自律市场"的性质就稳步形成了。在这样的崭新社会环境下，一部分老职工居民通过租售房屋的形式搬离这里，一些新城市移民通过购买、租用的形式来到这里，由此形成了当代社会主义市场经济体系下的单位社区实质性变迁。

（三）社会的培育：社区、服务与第三方力量

20 世纪末、21 世纪初，在企业分离"单位办社会"职能的背景下，国有企业倾向于将所辖单位社区的社会管理职能下放给街道办事处和社区居委会，即以趋于完善的城市基层社会作为承接。这不仅意味着原先的单

位社区不得不脱离国家与企业过去对其提供的福利与庇护，更意味着传统的职工居民要受到当地街道-社区、社会组织、社会工作者等多方社会力量的协同引导。传统单位社区要从以往全能式的企业福利模式转换到以社区和第三方社会组织方式进行社会服务与治理的模式，原有单一的"单位人"身份也要添加新一层的"社区人"身份。

20世纪90年代末，单位社区中的居委会进入社区建设时期，以往"寄居"在单位体制之中的居委会开始焕发活力，以社区居委会的崭新面貌出现。社区工作人员的文化素质和工资待遇也大幅提高，并开始通过多种途径向单位社区的职工居民提供社会服务。经过多年来社区建设运动的开展，21世纪初，我国的城市社区已经顺利完成了"万丈高楼平地起"式的"建设"任务，进而转向"社区发展"。通过对社区工作实践的创新和西方方法的借鉴，进一步引入如"社区营造""三社联动"等前沿理念。前者主要通过"人"（居民需求）、"文"（社区历史文化）、"地"（地理环境）、"产"（社区产业经营）、"景"（独特景观）的方式促进社区融合和社区认同，集合各种社会力量与资源，通过社区中人的动员和行动，完成自组织、自治理和自发展的过程；后者则是要集中"社区"、"社会组织"和"社会工作者"三方合力达到社区良性发展的效果。上述二者的共同目的都是通过培育社区中的社会力量来实现社区治理实践的创新。通过经验分析观察，东北地区的传统单位社区能够很好地满足社区发展的多种条件。不论是在工业历史文化、职工居民的人际网络、历史文化街区的独特景观，还是在社区引入第三方社会服务、政府购买项目等方面都有所作为，这些实践探索都共同推进了单位社区"社会"力量的培育。

（四）单位社区治理：国家、市场与社会的多方互动

在上述的单位社区变迁发展史中，我们虽然是分时段对国家、市场与社会主导单位社区治理进行描述，但三者并不是被割裂开的，今日真实的社区发展应当是在三者共同的作用下向前迈进。正如党的十九大报告在加强和创新社会治理领域方面提出，要打造共建共治共享的社会治理格局，如果联系本研究，那么其中的共建共治共享可以通过当下"国家"、"市场"与"社会"概念和实践上的创新最终达成。

在上述的治理创新语境下，"国家"已经不再是指计划经济体制的

"单位办社会"传统，而转变为"后单位社会"的文化遗留，讨论单位社区历史文化中凝聚出的家园感、集体感和居民们相互熟识的人际网络在社区发展进程中的重要作用。同时，"市场"的意涵也较之前有所拓展，它已经不限于被国企分离出来的"单位办社会"职能，而是面向更广阔的市场化居民生活服务，如在单位社区建立的大型民营现代化商场、私立幼儿园、以企业离退休活动部门为平台引入的产品和服务促销或宣传等。而单位社区之中的"社会"力量则是近年来悄然兴起的又一重要元素，我们知道由社会组织（非政府组织或非营利组织）提供社会服务的社区发展模式在西方国家已经形成了较为成熟的经验，我国的一线城市、沿海城市也在不断的借鉴和本土化中取得了一定成绩，但东北地区目前还处于起步阶段。传统单位社区应当通过近几年已有的政府购买社会服务项目的形式继续激发各类社会服务类组织的热情和活力，吸引社会工作机构来到社区提供专业的社会工作服务，通过个案、小组和社区的专业技术性活动发掘传统工人生活区的人际网络，增强工业国企职工居民的文化认同，爱护作为历史文化街区的文物级单位宿舍，使职工居民的生活更加融洽、美好。

关于国家、市场和社会主体的互动，以汽车厂工人生活区为例，首先是国家与市场之间的互动。从理论上说，此二者的互动应当是公共部门和私营部门之间的协调配合，共同促进社区发展的稳步推进。但在计划经济时期建设的单位社区中，自律"市场"并不存在，它是改革开放以来被逐渐建构出来的。因此这里的国家与市场之间的互动就带有明显的区域性特点——被建构出的市场通过工人生活区居民服务职能的分离逐步建立，以原有受企业管辖的"三供一业"运营部门为基础，重新组建了公司制、市场化的改制企业，这些企业实质上只是改变了本来的形式，在组织结构和运营方式还与以往类似。在汽车厂工人生活区的例子中，当时成立的动能分公司虽然以公司的形式出现，但还属于汽车厂的分公司，在宏观政策方面还是要接受作为"国家－单位"体系的领导。到21世纪初，随着汽车区的建立，"国家"的代表很大程度被转移到开发区政府层面上，汽车区以大片工人生活区为基础进行招商引资，民营、小微企业的进入重构了传统单位社区繁荣景象，并进一步向外拓展了大片区域用于商业住宅开发、商业购物中心建设和各种休闲娱乐区域的建设，使新城区与老城区相得益彰，促进区内经济的发展。因此，国家与市场的互动关系是国家鼓励和发展市场力量，同

时，市场必须是社会主义的市场经济，是带有较强国家性的市场形式。

其次是国家与社会之间的互动。"国家－社会"的关系问题一直是社会学关注的重点话题，在指代基层政府培育、扶持社会组织的同时，实现自身向服务型政府的转变。在对这对关系的分析中，我们可以把国家和政府两个关键词进行同义替换，而社会则表示社会组织、民办非企业单位、第三方部门或非营利组织（非政府组织）等相关实体。二者互动的目的是通过对社会力量的激发实现社会治理的转型创新。以汽车厂工人生活区的民族志调查为例，近年来，区政府民政部门已经开始通过招标的形式对社会服务项目进行政府购买，主要购买居家养老服务、社区社会工作项目等。这些政府购买项目虽然无法与港台地区、一线城市和沿海城市的成熟度相比，但可以说是东北地区的初步实验与萌芽，具有里程碑的意义。由此可见，传统单位社区已经开始通过现代化的方式培育国家中的"社会"力量，以此充实社会治理的行动队伍，将社会工作机构、专业社会工作者等组织和个人统一到社区发展中，并以社区营造、三社联动等创新理念与实践推动社会力量的巩固和加强。

最后是市场与社会之间的互动。毋庸置疑，在当代单位社区中，市场最主要的代表就是由计划经济时期的单位转型而来的现代化企业。经过多年"企业－社会"分离的转型实践，传统单位社区的整体情况显现出市场与社会的互动状态。关于对此的分析，我们可以运用经济人类学中的"双重发展"理论加以展开，这一理论意在说明保护主义在市场化转型中的反向社会福利补充作用。卡尔·波兰尼早在20世纪上半叶就认为，在前资本主义向资本主义的转型过程中存在明显的"双重发展"特点，一方面市场思维已经扩散到世界的各个角落；另一方面各国政府同时从反方向发展出成套的措施来限制市场，通过"社会保护"的方式对抗自律性市场所具有的危害。美国1929~1933年的经济大萧条就从社会事实的层面印证了市场转型带来的现实危机——"这次危机爆发的根本原因在于资本主义市场经历了100多年的发展，整个西方世界的生产力虽然获得了前所未有的繁盛，但社会矛盾聚集、社会分化十分严重，并且广大劳动群体之间的社会联结薄弱，无力实现维护和发展自身利益的行动。"[1] 为了解除这场危机带来的

---

① 田毅鹏、吕方：《"单位共同体"的变迁与城市社区重建》，中央编译出版社，2014，第236页。

灾难，美国政府以"罗斯福新政"提出了政府干预的市场策略，出台了诸多保护性政策，明显具有卡尔·波兰尼所说的"社会自我保护运动"意义。卡尔·波兰尼在评论这场大萧条时说到，"干涉主义与货币这两个市场社会的根本问题再度出现了，对这些问题，经济自由主义与社会主义的干涉主义有相对立之不同解答。经济自由主义企图重建市场制的自律性，而社会主义的干涉主义则是工业文明的先天倾向，这种倾向试图使自律性市场服膺于民主社会的方法，以超越自律性市场。这一解决方案对产业工人来说是极自然的，他们看不出有什么不直接调节生产的理由，也看不出有什么理由不在一个自由的社会中要把市场置于一个有用但从属于这个社会这样的位置上"①。由此可见，即使在资本主义的自律市场条件下，国家仍然需要干预性的经济政策来保证市场和社会的顺利运行，自律市场与政府干预也成为当代世界回应经济转型无法回避的问题。在东北地区的传统单位社区中，市场与社会的双向互动依然存在，以汽车厂工人生活区为例，社会维度的保护组织包括作为居民自治组织的社区居委会、嵌入社区中的社会工作服务机构、商业住宅中的业主委员会、社区文体社团等多种民间组织等，这类组织的共同点是运用社会化的方式使社区中的单个居民聚集起来。而市场的维度则包括在"后单位社会"语境下，当代单位社区所属的工业国企带来的新改变。如汽车厂自设离退休工作部门与外部服务型企业给职工居民带来的产品与服务，工厂为职工居民定期开展的内部购车活动，与工厂有外包业务的一些公司吸收当地居民再就业等，其性质体现为当代中国的大型企业"自上而下"的准行政式福利特征。总之，在当代东北地区的传统单位社区中，市场与社会的双向力量会持续地进行下去，进而完成单位社区的共治。

三　东北传统单位社区的新时代治理逻辑

如果将"国家－市场－社会"多方互动的理想类型应用于东北老工业城市的单位社区治理中，那么政府、企业和社区的活动边界必将被重新划定，更重要的是每一个社区成员的行为方式也将被重新建构。从更为深入

---

① 卡尔·波兰尼：《巨变——当代政治与经济的起源》，黄树民译，社会科学文献出版社，2013，第384~388页。

的层面来讲，"后单位时代"的社会现实向我们提出以下问题："国家－市场－社会"多方治理主体互动的发展路径对东北地区传统单位社区的发展有何借鉴意义？同时，为了更好地适应现有的生活状况，单位社区中的民众应该建立何种人与人之间的新型关系？一旦将这些问题厘清、理顺，也就可以从人类学、社会学的角度发掘出东北地区传统单位社区的新时代治理逻辑。

（一）发挥中间组织的重要结构性作用

在计划经济时期，借助"单位办社会"的形式，国家与个人之间形成了一个完整的中间组织，东北地区的"企业小社会"成为国家意志与职工居民进行沟通与交流的理想桥梁，这也是由国家主导的、体现父爱主义福利的一种社会团结模式。然而，到了改革开放以及各大国企相继分离"单位办社会"职能以后，东北地区传统单位社区的社会形态正在从紧密走向松散，并出现值得警惕的社会原子化倾向。这一问题的实质在于，目前以社区居委会为代表的中间组织难以达到"单位办社会"模式下较为稳定的结构化效果，东北地区传统单位社区现存的纯粹由社区居民自发组建起来的社会组织还比较少，"而且规模较大的、运作相对成熟的社会组织基本上都是由政府推动成立的，政府多通过财力和物力形式来推动其发展。而居民自发形成的社会组织多以群众文化团队为主，辅以少量的助老型的社会组织"①，致使国家与社会成员之间的中间地带一度出现治理效果不明显的问题。

当然，汽车厂工人生活区的离退休工作站为我们提供了一个令人眼前一亮的个案，它虽然是国有企业下属的科室部门，具体职责是对本厂离退休职工进行服务与管理，但在广义上却明显具有社会组织的特征——为实现特定目标而有意识地组织起来的社会群体。从宏观上看，离退休工作站以其多年来的运行实践为当地区域社会的养老、助老工作做出了不可磨灭的贡献。实际上，汽车厂离退休工作站向我们提供了一种有别于由政府发起和推动的社会组织与服务模式，它作为一种介于政府与民众之间的准社会组织，能够更加深入与多维度地与广大老同志进行沟通与融合，使他们

---

① 夏建中、张菊枝：《我国城市社区社会组织的主要类型与特点》，《城市观察》2012 年第 2 期。

真切地感受到工作站带来的福利与关怀。同时，需要明确的是，汽车厂工人生活区的案例仅能为我们提供一种借鉴或值得参考的希冀，我们在此强调这类中间组织的作用也并不是要摒弃政府的社会治理行动，而是要让不同类型的社会组织处理各种繁杂的社会事务。

同时，近年来由民政部门提出的政府购买社会服务项目也是一种发挥中间组织作用的表达，这种方式能够避免社区疲于行政工作而无力开展社区服务的困境，转而由有专业资质的社会工作机构承揽相关服务项目，通过督导一线社工的专业团队进行社区发展方面的实践探索，使中间组织的作用最大程度地发挥出来。当时由于我国的社会组织整体情况还处于初创探索时期，因此中间组织结构性作用的发挥还将是一个复杂且长期的过程，在具体的操作过程中也离不开相关社会管理部门有效而合理的安排。不论如何，在东北地区传统单位社区的当代治理中，必须将政府的"社会保护"职责和基层社会"自下而上"的治理情怀结合起来。国家的在场固然具有主导型的作用，而随着改革的深入，富有活力、动态发展的中间组织也必应发展出多种具体的社会治理的类型，通过多方力量的合作，重塑单位社区的社会团结。

（二）培育新居民群体的社区认同及参与

"单位办社会"时期东北地区的传统单位社区主要依靠"父爱主义的回应性政治"进行社会治理，尤其是 20 世纪八九十年代，东北地区国有企业的利益分配部门经常根据职工的待遇诉求进行权变，最终达成的分配结果也往往取决于当事双方都能接受的折中意见，显露出其高成本、低效率的弊病。而在如今这个工业化、城市化、市场化的时代，上述方式显然无法与目前的社会经济状况相适应，当下东北地区传统单位社区的社会治理更需要对新居民群体的社区认同感和参与思维进行培育。这里所谓认同感的建立主要是培养社区内人与人之间的"我们"意识，通过建构一系列相对稳定的社会互动方式，使人们在更为和谐的状态下生活；自治思维即是让新时代的"社区人"发自内心地感受到他们自己就是社区的主人，而且开始尝试采用自我管理和自我服务的方式使社区变得更加人性化。

在汽车厂工人生活区的案例中，我们可以明确上述认同感和社区参与思维的培育大多是通过"街道-社区"这类政府与准政府组织促发的。社区居委会自 20 世纪建立以来就被设置在街道办事处之下，并被定义为非政权性质的"群众的自治组织"。而到了 21 世纪前后的社区建设运动，这一组织又通过民主选举等多种途径明确其"社区自治"的性质。在"街道 - 社区"模式的作用下，汽车厂的职工居民和当下工人生活区的新居民群体被划归到各个社区内。虽然现在的社区居委会尚未具有"单位办社会"时期高度统一的组织模式，但本区民众"有事找社区"的意识已经基本建立，而且社区大力支持新老居民群体每晚进行的文体休闲活动就是一种很好的尝试，人们在娱乐和放松的同时能够不断增进认同感和参与感。在对汽车厂工人生活区日常生活的观察中，笔者发现不少新居民愿意融入邻里关系网络中，人们已经习惯每晚来到公园和广场跳舞、踢毽、跳绳、扭秧歌等。可以看出，新来到这里的居民正通过休闲娱乐的方式彼此互相认识、了解，并进一步促使住户之间的互融。

其实，东北地区传统单位社区新居民的认同与参与思维最终要体现在对社区工作的了解与支持上。由于现在社区居委会的工作很大程度上受到街道办事处的指导，很难避免"自上而下"的科层化管理问题。因此社区内的新居民群体更需要发挥主人翁的意识，以"自下而上"的个人能动性对社会治理发挥具有补充效果的反作用力，进而通过民众的自觉、自治和自我管理达到东北地区社会较为合理的状态，并不断促使东北传统单位社区新文化的生成。

（三）促进共建共治共享的社会治理格局实现

党的十九大报告指出，要打造共建共治共享的社会治理格局，这是我党对社会治理实践的一种理论指导。而如果从人类学、社会学专业的角度进行深入探索，我们要回答的则是这种社会治理格局是如何建立的。根据对汽车厂工人生活区的调查，我们还能发现其实这种社会治理格局应该是趋向于区域化与本土化的，每一类社区都具有独特的一面，应当根据社区特有的优势去发掘共建共治共享的思路与尝试。而汽车厂工人生活区的生动故事为我们展示出以传统单位社区文化为动力促进共建共治共享社会治理格局实现的可行性路径。

同时，文化动力也代表着一种本土社区公共性的建构，即优化东北地区传统单位社区治理方式的根本方向要落到区域社会公共性的建构之上。

关于这一问题的讨论早已成为学界关注的一个焦点，正如汉娜·阿伦特认为，公共一词"首先意味着任何在公共场合出现的东西能被人看到和听到，有最大程度的公开性；其次公共也表示世界本身，就世界对我们所有人来说是共同的，并且不同于我们在它里面拥有的一个私人处所而言。可以说，作为共同世界的公共领域既能把我们聚拢在一起，又可以防止我们倾倒在彼此身上"①。哈贝马斯也强调公共领域②对实现民主的重要作用，认为"公民拥有对公共事务自由发表意见、交流看法的权利"。而汉娜·阿伦特的学生桑内特则把研究视角直指当代社会公共领域的萎缩与公共人的衰落，认为当代"城市中的日常行为变得越来越和他人无关，就心理层面而言，由于人们将他们自身视为个体，心理体验变得贫乏了，人们也变成一些具备更少表达性的自我……以至于在公共生活遭到侵蚀的年代，共同的行动和集体身份之间的关系破裂，我们有必要对这种社会通病进行矫治"③。以上学者都强调了公共性、公共领域概念对城市社会治理的重要性，同时明确了"公共"与"私人"之间对立统一的关系。

正如面对汽车厂工人生活区内的老年志愿者无私地为人民服务时，我们一方面看到了东北工人群体对家园感的维系，另一方面也看到了东北地区传统单位社区作为公共领域的发展愿景——生活在这里的人们十分希望所属的社区能够像"单位办社会"时期那样环境整洁、邻里和睦、居住舒适。一旦将东北老工业社会的治理上升到这一反思高度，就要求我们尽可能地在当下的公共空间建构中融入职工居民的家园感元素，让人们在刚性的制度变迁中体验到柔性的人文关怀，从而复合出符合东北地区传统单位社区的新的社区公共性，并为社区治理的有效运作提供稳定的社会基础和精神动力。这种新公共性的建构是在微观层面对城市基层社会进行的治理优化，即在地方层次创造一种基于实践意义的公共性——国家、企业、社会、个人以开放、包容、协商的方式凝聚不同力量，共同参与社会治理，实现基层政府控制与社区建设、发展的有效衔接与良性互动，构建符合时代要求的新型治理方式。

① 汉娜·阿伦特：《人的境况》，王寅丽译，上海人民出版社，2009，第32~36页。
② 哈贝马斯：《公共领域的结构转型》，曹卫东、王晓珏、刘北城等译，学林出版社，1999。
③ 桑内特：《公共人的衰落》，李继宏译，上海译文出版社，2008，第2~7页。

第九章　结论与讨论

作为本书的尾声，这一章将对此前交代的整体论述内容进行概括性总结，并提出最终的结论，同时展开社会学、人类学意义的讨论，形成解释性的观点。

一　本书的分析脉络

从计划经济走向社会主义市场经济的过程中，尤其是 20 世纪 90 年代以来，我国大力推行国有企业改革，对传统产业的经济结构进行调整，并促使基层社会的治理结构发生转变。在东北老工业城市的传统单位社区，职工居民在这场历史变迁中，能够清楚地感受到社区治理认同方式、日常生活空间建构、人际关系交流网络等多种社会性要素都经历了巨大的转型。那么，我们该如何去认识传统工人生活区从计划经济的"单位办社会"体制走向新的社会治理实践呢？为了回答这个问题，本书引入了卡尔·波兰尼的转型理论和桑内特等人的公共空间理论，并结合汽车厂工人生活区治理实践变迁的具体案例进行解释。笔者认为，随着传统单位宿舍的产权和各项生活福利朝市场化与社会化方向转变，工人生活区（单位社区）的基层社会治理方式也必将经历转型与创新过程。

在对一手田野材料的具体描述中，笔者以故事性的方式由远及近地将读者带入汽车厂工人生活区，在介绍汽车厂厂史、厂情的基础上，进一步展开对工人生活区的深描，并对其基层社会治理实践的转型过程进行透视，发现在"单位办社会"时期，职工居民的集体主义情感发挥着强烈的基层社会凝聚作用，保证了社区的稳定与和谐。直到今天，人们的集体记忆仍然维系着社区生活文化意义上的向心力。而 21 世纪以来，汽车厂工人生活区进入"后单位社会"，这意味着基层社会治理实践开始朝市场化和社会化的方向迈进，其中包括对"三供一业"等生活服务的公司制改革、对原工厂子弟学校和职工医院的社会化划归等，都在经济与管理方式转型的前提下，引发出一系列社会治理结构与居民日常生活文化的变迁。面对当下日益增长的基层社会治理需求，我们认为新时代的单位社区治理应该基于共建共治共享理念打造创新格局，促使单位社区治理主体不断走向多元化，并拓展出较为完整的"国家－市场－社会"三方主体的多维度治理格局。以国家主体为指引的合力逻辑展开实践，为东北振兴提供基层社会治理创新方面的实践与理论支持。

关于写作风格和理论应用，本书在描述汽车厂工人生活区的治理实践过程中采取了民族志撰写的方式，其中体现出建构主义社会学与知识社会学交织的理念，即从历史和集体记忆的角度阐释单位社区这种特殊的基层社会类型是如何生成的，并发掘其中蕴含的日常生活文化。同时，本书还借鉴但并未完全照搬社会转型的相关理论，将工人生活区治理实践以连续性的线索划分出"单位办社会""后单位社会""新时代的单位社区治理"多个阶段，并通过微距和动态的视角对其进行解释与分析，而没有简单地将几个阶段以断裂、对立的形式提出来，做到理论的本土化调适与更新。另外，文中还借鉴公共空间理论，探讨在单位社区的治理过程中，应当如何看待西方意义上的市场和社会空间，并结合汽车厂工人生活区的治理实际进行理论的现实性应用。

二 国家主体指引下的多元合力治理

对汽车厂工人生活区治理实践的变迁进行田野调查的目的是探讨单位社区治理创新的可能性，进而促进单位社区共建共治共享社会治理格局的建构。同时，参与单位社区治理的多元主体必然互相影响、有机结合，以合力生成的逻辑来完成治理目标，而非简单叠加、拼装。在新时代的单位社区治理格局中，市场和社会治理主体力量不断被激活，但国家主体仍在此格局中占据潜移默化的引领地位，形成三方主体主次有序、相辅相成的状态，即在国家主体引导下的多元合力治理格局。三者具体的角色分工大致如下。

第一，市场主体的治理应当体现在为单位社区居民提供丰富的市场化生活服务上。在新的治理环境下，各类商业组织应当积极整合散落在社区当中的经济资源，尽量满足社区居民不断更新的物质和文化需求，力求达成企业效益最大化与居民生活质量提高之间的均衡。良性的社区经济运作可以有效利用资源，促进单位社区的可持续发展，如汽车厂工人生活区内近年来正迅猛发展的大型民营现代化商场、连锁生活超市、快餐美食城、私立幼儿园、中小学教育辅导机构、家政服务中心、就业服务平台等，这些社区经济组织能够扎根在单位社区，及时为社区居民提供切实的服务，对增强单位社区居民归属感、提高居民的社区参与、促进单位社区经济发展都具有较强的推动作用。

第二，社会主体的治理则应当体现在近年来悄然兴起的社会组织提供的社会服务上。这些非政府、非营利的公益性组织能够培育单位社区的内生活力，以第三方的社会力量优化社区治理现状。当然，这种发展模式在西方已经形成了较为成熟的经验，我国的一线、沿海城市也在不断的借鉴和本土化中取得了一定成绩，但东北地区目前还处于起步阶段，仍需一段时间的培育。通过调查得知，汽车厂工人生活区内的多个社区已经开始尝试通过政府购买社会服务项目的形式激发各类社会服务类组织的力量，吸引社会工作服务机构等类型的社会组织来到单位社区提供专业的社会工作服务，通过个案、小组和社区等专业技术方法扩展传统工人生活区的人际网络、增强工业国企职工居民的文化认同，使职工居民的生活更加融洽、美好。

第三，国家主体虽然不能再如"单位办社会"时期开展一元性治理，但在当下却能在履行自身官方职能的基础上，渗透到市场与社会主体之内，形成"国家－市场"与"国家－社会"的交叉治理地带。这说明国家的治理力量并未减弱，反而在东北老工业城市的单位社区治理实践中继续以潜在形式发挥更为重要的作用，为治理创新提供现实与理论泉源。首先，从国家主体的官方治理职能上看，其治理实践应当仅限于通过民政、街道及其党组织等党政部门发挥治理力量，完全以"国家队"的形式和手段介入基层社会治理事宜，不能再像"单位办社会"时期那样通过"国家－单位－个人"的纵向一体化结构控制社区。其次，在"国家－市场"

主体的交叉治理地带，单位社区所属的国有企业还必须充分凸显其自身的国家性的特征，拿出国企担当，通过市场化的方式为职工提供社区生活福利，链接工商业资源为居民提供优质、便利的生活服务。如汽车厂近年来一直开展职工居民的内部价格购车、下发超市购物卡、优惠订阅报刊等活动，将"单位（国企）"在职工心中已有的"符号优势"向切身可感的"市场优势"转换与结合，形成国家与市场主体治理实践的交融。最后，在"国家－社会"主体的交叉治理地带，单位社区所属的国有企业还要积极履行应尽的企业社会责任，发挥正向功能，如汽车厂建立的散布在社区各处的 30 多个离退休工作站，旨在以体现社会性的公益志愿模式辅助国家和国企主体解决问题。离退休工作站能够将离退休职工居民联结起来，回馈服务本土社区，共同缓解市场化、老龄化、空巢化等问题带来的社会压力。到目前为止，离退休工作站一直平稳运行，并发展出本土化的特色项目。汽车厂每个离退休工作站都管辖百余名需要重点照顾的老人和千余名普通离退休员工，形成了鲜明的离退休员工"志愿互助"的模式，即低龄老年志愿者向需要帮助的高龄老人提供公益服务，形成一种具有组织保障的互动机制。

三　以文化为基底的基层社会治理路径

正如前文所述，20 世纪 90 年代，代表我国经济与市场意义转型的国企改制浪潮引发了基层社会结构层面的转型，传统单位社区的治理方式也随之发生变迁，即从"单位办社会"的治理格局，经过"后单位时代"的过渡，逐渐向新时代的单位社区治理格局转变。然而，社会学的想象力并不限于揭示藏匿于经济转型背后的社会转型，更要去洞察社会转型之中蕴藏的文化要义。

如果用"立竿见影"来形容我国的经济转型——国家战略一出，各国企纷纷开始改革，那么社会转型可谓是"三思而后行"，需要根据国企改制搭建的经济社会框架和区域社会已有的基层社会结构逐步进行转型调整，从刚性的制度格局角度不断向既定目标发展。而文化转型则体现出柔性的潜在惯性，是人类行为中最不易改变的方面，即使在经济运行方式和基层社会空间已经发生转变的前提下，文化更倾向于维持传统，对已经形成的文化遗留物进行保护。一旦发现上述适用于文化转型的原理，我们就应当妥善利用文化传统之中的惯性，推动其与社区中的现代性文化碰撞出火花，激活传统与现代融合而来的文化优势，做到优势互补，从而使区域社会得到良性发展。

对东北老工业城市的传统单位社区而言，由于职工居民在其 60 多年的日常生活实践中已经积攒了不计其数的单位生活文化元素，并形成了具有较大文化惯性的单位生活文化丛，任何人为触发的文化变迁都将受到单位文化惯性的牵引和拉扯，而任何期望达成的文化转型也尚需时日进行逐步调适。因此，在文化的调适过程中，从事基层社会治理的工作者必须考虑新的生活文化如何与原生文化相辅相成，尽量保证单位社区治理中原有的优秀文化传统得到应有的延续。即使一定要对原生文化做出改变，也应该保证该文化传统中的核心结构要件不被轻易删除或随意改变，而是进行传承性替换，即以新的可替代形式建构出与时俱进的单位社区治理文化，从而保证文化全局的完整性与稳定性。

由此可见，单位社区治理依靠的一种重要资源正是单位社区中遗留的"单位文化传统"，我们可以通过无形的文化资源找到今日单位社区治理的新思路，如在社会公共空间中，对工人宿舍老街区进行工业文化遗产保护，组织老住户讲述工厂的创建发展史和职工居民的生活史等；在街区的商业广告设计中，融合单位文化和单位归属的元素进行商品宣传，引入针对单位社区居民的市场优惠活动等，使人们在愉悦的状态下生活，做到以单位文化传统为基底的基层社会治理创新。

同时，文化意义上的社会治理创新还能够与当下前沿的社区营造理论有机融合。社区营造概念和我国本土的社区建设概念一样，都可以理解为起源于西方的社区发展概念。美国社会学家法林顿提出的社区发展概念在 20 世纪 50 年代被联合国当作一种政策趋势所采用，主要是指依靠社区自身的力量解决社区共同问题，用以提高居民生活水平，促进社会协调发展。在中国大陆，社区建设运动成为社区发展的一个本土化表现，虽然二者的共同宗旨都是促进社区和谐发展，但前者更侧重于基层民主政治体制的建构，而相对忽视社区内部的自身力量发展。而当社区发展概念在 20 世纪五六十年代被传到日本和中国台湾后，则被译为社区营造，强调以地域社会现有的资源为基础提高社区的活力。而社区营造在我国新时代的单位社区治理中也必然能够发挥积极作用，我们应当大力培育社区中的第三方社会力量，发挥社区中固有的人文性社会文化优势，用以推动社区建设运动以来的社区治理实践创新。当然，上述思考的目的也是单位社区治理转型的迫切要求，参与治理的各方主体应当通过单位社区居民需求、历史文化传统、街路独特景观、特色产业经营等多维度文化建构进行社会整合，以单位社区在计划经济时期形成的已有生活文化传统为基底，打造一个具有文化特色和人文关怀的新时代单位社区治理格局！

附 录

东北老工业国企的民族志考察及其思考[*]

——基于 C 市汽车厂的田野作业

摘要：我国 C 市的汽车厂是东北老工业基地乃至全国范围内具有较强代表性的国有工业企业，通过人类学意义的田野作业对其展开民族志考察，有助于获取我国以往对老工业企业和社区较为欠缺的一手资料和经验总结——从计划经济到市场经济的生产方式、从"单位办社会"到"社区建设与发展"和"后单位社会"的生活方式成为东北老工业国企综合转型的基本路径，能够道出中国市场化改革以来国有企业与城市社区变迁的"转型故事"，并进一步对工业民族志本身做出反身性思考。

关键词：汽车厂　工人社区　社会转型　工业民族志　东北老工业基地

民族志方法近年来在工商领域的发展获得了日益广泛的关注与具体应用，并在传统的田野文本中逐渐催生出工业、企业、市场等分支名目。相较于国际上此类研究的突飞猛进，国内相关领域仍处于起步发展时期，特别缺乏田野作业与典型案例，研究的深度和广度亟待拓展。正因如此，将民族志方法运用到中国当下的工业企业研究中具有理论与现实上的必要性——所获的调研成果能够拓宽社会科学的研究视野，并将调研成果向应用领域转化。本文运用参与观察、深度访谈、文献搜集等方法，在工业民族志领域做出了探索——对我国东北地区 C 市著名大型国有汽车厂的工业

---

[*] 本文作者即本书作者杜实，该文原刊于《长春理工大学学报》（社会科学版）2018 年第 6 期，此处根据学术专著出版规范，做出略微调整。

田野进行调研，以了解国内企业在生产管理、企业文化与社区生活方面的现实状况与所面临的问题，为振兴东北老工业基地的宏伟蓝图提供基础研究成果。

一　城市工业田野：走近 C 市汽车厂

　　C 市坐落于东北平原中部，嘉庆五年（1800 年）设为 C 厅，历经清朝和民国，伪满时期被日军重用，后于 1945 年解放。20 世纪 50 年代 "第一个五年计划" 时期，C 市兴建多个国有工厂，并出现大批机械工人，成为一座典型的工业城市。本文涉及的汽车厂地处 C 市西南，是一家国有工业企业，新中国成立至今一直是该市经济发展的主要动力。C 市汽车厂[①]于 1953 年兴建，1956 年以制造卡车起家，是中国建立最早的汽车制造企业，被称为 "中国汽车工业的摇篮"，现通过股份制和中外合资等多种形式主要生产轿车，并将业务拓展至多种汽车类型，其 "产销量一直位居中国汽车行业前列"[②]。

　　汽车厂档案馆保存的史志文献、老干部回忆录和离退休人员文学作品为我们提供了汽车厂完整的发展史，通过整理和总结，我们发现汽车厂的发展历史主要可分为以下几个重要的阶段[③]。1950～1956 年是汽车厂的 "工厂创建时期"。1950 年毛泽东主席、周恩来总理在莫斯科同斯大林会谈，商定由苏联帮助中国建设一个汽车制造厂。从商定到策划，再到工厂实际建立并顺利投产，汽车厂经历了 "新中国汽车厂从无到有" 的过程，短短 3 年内创造了建厂并投产的奇迹，被称为第一次创业。1957～1978 年是汽车厂的 "成长发展时期"。这一时期工厂经历了前所未有的挑战，先是中苏之间的政治问题导致苏联单方面取消一切技术援助，接着是 "大跃进" 和 "文化大革命" 造成的阻碍生产。此阶段虽然历经坎坷，但汽车厂获得的最大财富是独立的生产能力和自力更生、勇渡难关的毅力。1979～1987 年，面对改革开放之初激烈的市场竞争，汽车厂自建厂以来从未更新换代的老解放卡车必须进行换型改造，技术的升级迫在眉睫，因此这一阶

---

① 笔者已对被调查工厂名称进行技术化处理。
② 汽车厂厂志编辑部编《汽车厂厂志（1987—2011）》上卷，汽车厂集团公司，2013，第 1 页。
③ 汽车厂史志编纂室编《汽车厂厂志》第一卷（上），吉林科学技术出版社，1991，第 53 页。

段是"换型调整时期"。汽车厂的工程师在此期间主要通过对西方国家先进技术的模仿,摸索出符合解放卡车特点的多种新型核心部件,使"三十年一贯制"的技术得以完成技术创新,亦被称为第二次创业时期。1988～2001年是汽车厂的"结构调整时期"。为适应市场经济的运行规律,工厂于1991年与德国大众汽车公司展开中外合资项目,成立有限公司,成为当时我国最大的汽车合资企业,开始生产德国大众公司具有国际先进水平的普及型溜背式高尔夫和阶背式捷达轿车。到1997年,汽车厂的控股子公司成立,股票同年在深圳证券交易所挂牌上市。这意味着汽车厂的企业性质由原先单一的国企向多种类型(国有控股公司和中外合资公司等)转变,也被称为第三次创业时期。2001～2007年,汽车厂开始其建设"三化"时期,即"规模百万化、管理数字化、经营国际化"。这一时期的任务首先是要在保证实力的前提下把企业规模扩大,其次是通过信息技术建立科学的管理机制,在技术研发、财务管理、日常工作等各个领域引入现代计算机技术,进而将企业融入世界经济循环的大环境之中。2008年至今,汽车厂进入以做大做强自主事业为主要内容的第四次创业新时期。

同时,一个企业的对外宣传部门是人们对其进行整体了解的"窗口"。汽车厂展馆、档案馆和工人报社等部门通过文字和影像等多种形式,对该厂的企业文化和创业发展史做出了一个较为完整的介绍,勾勒出该企业具象的发展历程。汽车厂的展馆诠释了这家国有汽车厂所走过的不平凡发展道路,见证了中国汽车工业"从无到有、从小到大、从弱到强"的历史,以及"自力更生、艰苦奋斗"的不屈精神。同时,汽车厂档案馆的负责同志和汽车厂工人报社的编辑同志多年从事企业文化建设和宣传工作,对这个大型国企的历史、生产状况和"单位小社会"有许多独到认识。汽车厂展馆的主要设计者、汽车厂档案馆的M主任以其在宣传部门多年的工作经验,介绍了与汽车厂企业文化有关的内容,他认为:

> 一个企业要想生存,没有深厚的文化跟精神做支撑、做基础是绝对不行的。到2008年,我们已经形成了"第四次创业"概念,这里最重要的就是明确自主事业,我们认识到不能简单发展经济——没有好的自主思想做指导,企业就将失去未来。汽车厂自主事业的核心是"自主品牌战略",这也是最高战略,过去我们只注重生产产品,忽视

了品牌，要实现高附加值就必须重视这一点。①

由此可见，企业文化和企业战略是宣传部门较为关注的领域，从宏观发展动向的角度为企业指明前进道路，这也是企业经济增长的重要保障。汽车厂工人报社的J编辑则以媒体人的角度介绍了企业自办媒体平台的情况：

> 汽车厂现在有电视台、报纸和网络三大媒体，其中工人报社隶属于集团机关的党委宣传部，现在按期出版报纸和汽车制造类的专业杂志。报纸我们是一周出两期，每期都发到职工手中——发社区、发老员工，另外天津、成都等全国各地分公司我们都发。除了报社中的正式员工，我们还有很多基层报道员，把和汽车厂有关的大事小情全部报道出来。②

汽车厂的自办媒体不仅重视相关政策的宣传，还通过形式多样的新闻报道展示车间工人与社区居民的生活百态，有利于增强民众的工厂认同。可以看出，从汽车厂多个部门收集到的一手材料展示了这个著名企业60多年历史的多棱镜观照，但是真实的汽车厂是怎样的、其现实的企业文化如何体现、工作与生活在汽车厂的职工正经历着怎样的日常实践、工厂目前存在哪些突出问题，这些内容是社会科学更倾向于关注的领域，也是下文即将讨论的内容。

二　步步深入：汽车厂的厂区及工人生活区

作为东北地区的典型工业企业，汽车厂最为突出的一个特点是企业与社区互通互联，即厂区和工人生活区是不可分割的统一整体，形成具有极强同质性的社会网络与社区文化，这是由于特殊的创建年代，这批老工业

---

① 被访谈人：M主任（男，53岁，档案馆主任），访谈人：杜实，访谈时间：2014年7月3日，访谈地点：汽车厂档案馆办公室。
② 被访谈人：J编辑（女，39岁，报社编辑），访谈人：杜实，访谈时间：2014年7月3日，访谈地点：汽车厂报社。

国企有过几十年"单位办社会"的历史,一度建立了工人宿舍、幼儿园、学校、医院、商场、俱乐部、公园等全套的生活设施,成为一座"城中城"。直到今天汽车厂的老工人还一直生活在老厂区以北的工人生活区中,因此对厂区和工人生活区进行调研意义重大。

(一)厂区透视:共和国工业的进化缩影

汽车厂制造卡车的部门是该厂资格最老的生产部门,对其生产车间进行参与观察有助于了解传统产业工人、工程师、行政人员和车间主任的实际情况。通过观察,被调查的车间已具备流水线作业的能力,部分机床设备已实现"机器人"功能,生产过程中投入的人力资源较少。车间主任和一线工人以其个人经历介绍了车间的基本情况和工作感受,车间采购部的行政人员从原料采购的角度回顾了公司近些年的发展情况。调查发现,该车间设备和技术已经过多次升级改造,改革开放初期汽车厂的换型改造已经成为全厂上下的共同记忆,不愧为企业的第二次创业。根据多年来的一线工作经历,车间老工人在访谈中直入主题,从生产者的角度看待改革步伐:

> 90年代,汽车厂又和外国企业搞合资,这样儿外国的东西就进来了——请进来再送出去,现在世界的汽车行儿,汽车厂都是一流的啊。要说合资企业,人家从管理到生产绝对是当今世界一流的。那里边有外国工程师啊,各占一定股份嘛。如果这个厂子不是合资的,现在的工资也不一定那么高。①

在参与观察中,车间中的设备较为先进,整洁程度较好,劳动强度不是特别大,但是噪声较大。随后,车间主任详细介绍了车间生产流程和工作内容,并且反复强调自己的职责所在——处于企业管理层和基层一线工人之间,直接主持生产和管理工人,"官阶"最小可是负责的事情特别多。他最关心的是生产任务够不够,车间成员能否拿到奖金,产品质量检验过不过关,安全生产达不达标,青年工人出勤全不全、会不会跳槽等具体问题。访谈发现,车间多数员工都非常务实,特别关心的是待遇问题——他

---

① 被访谈人:Z工程师(男,75岁,退休工程师),访谈人:杜实,访谈时间:2012年8月17日,访谈地点:岱山公园北门内。

们不避讳谈论工资不够高，比不上汽车厂旗下的优势合资企业。

通过对厂区调查以及阅读企业报告等获得的相关资料，我们对汽车厂的认识逐渐从档案馆、宣传册上的"表面文章"走向具体和深化。该企业自新中国成立以来为我国汽车工业的发展奠定了坚实的基础，然而却在20世纪80年代的改革开放中没能较好地抓住市场经济带来的发展机遇，暴露出产品落后、效率低下等一系列问题。为改变这一局面，90年代汽车厂开始进行产品结构调整，从主要生产老牌解放卡车，调整到以生产轿车和轻型车为主。经过10年的努力，该厂在生产领域的市场化转型完成较好，并顺利进入新的"三化"及第四次创业时期。厂区调查使汽车厂的历史、企业布局、生产内容与流程、工作环境等工厂情况得以厘清，并还原出一线工人工作与思想状态的真实片段。与此同时，另一个更深层次的关键性问题也浮出水面，即除了亮丽的企业宣传话语、繁忙的企业日常生产活动，以及企业员工展示出的精神面貌以外，汽车厂的工人生活区是怎样的，它具有何种特殊的社会结构。可以说，汽车厂工人生活区的案例既涉及企业人的经济与理性选择，又涉及社区的文化与社会变迁，恰是社会科学善于观察和分析的复杂领域。

（二）工人生活区：企业与社区的交融与互动

汽车厂的工人生活区由老厂区向北延伸，由于面积过于庞大，其边界范围包含2个街道办事处及其下设的12个社区居委会。走进工人生活区，人们总有一种来到"城中城"的感觉——这里少了几分城市的喧嚣和忙碌，多了几分熟人社会的归属和满足。汽车厂工人生活区内的单位社会布局保存完好，按照修建时间和房屋样式，其中占地面积庞大的工人宿舍可分为三部分：一区是建厂时期修建的苏联风格宿舍楼，红砖绿瓦，通常3~4层，共300多栋；二区是20世纪80年代修建的单元楼，钢筋混凝土结构，最高7层，共1000多栋；其余是近年来修建的新式居民小区。

根据汽车厂工人生活区的变迁史，我们可以将其大致归结为以下几个阶段。从建厂到20世纪90年代初，工人生活区几乎完全受到"单位"的管控，是"单位办社会"的典型代表，居民的居住和生活严格遵照企业的号令，老工人W大爷向我们介绍了他的生活经历，他于20世纪50年代到汽车厂做工人，入厂后并没有马上分配宿舍，而是几经周折，后来终于在一区内获得了足够全家人生活的居住空间，他回忆道：

> 到（19）70年12月我才搬到汽车厂职工宿舍，当时呢，是给我一间房子，那间是18（平方）米，105栋2楼，两家一门儿（两户人家共同生活在一套房内，共用厨房和厕所）的，搬来前儿（的时候）我们是老少四辈儿八口人儿！现在根本没法想……1976年，厂里给我加了一间14（平方）米的屋，在99栋，那样就宽敞不少了……到（19）80年，厂里又安排我搬到31栋，这次是一家一门儿，一共60（平方）米，比以前的两间房加起来都大！到（19）93年，我退养，厂里又给我增了两间10栋10（平方）米的房，这么一来我们和儿女就都有房了。①

从口述内容中我们了解到，W大爷最开始的居住状况是四世同堂同住在一间屋子里，后来由于分配变动，他家先后经历多次调整。虽然从前的住宿条件异常艰苦，但W大爷在后续深度访谈中表示出对往日集体式生活的记忆保有怀念和留恋之情，认为那时人与人的交往更紧密、更温情。另外，20世纪五六十年代，汽车厂下设的居委会专门负责协助汽车厂的福利部门进行工人生活区的社会管理。居委会的工作人员多是长期居家的职工家属，每日忙于增进居民联系、调解民事纠纷等。现年80多岁的汽车厂原第三居委会（简称三委）的退休老主任S奶奶当时以"职工无业家属"的身份进入居委会工作，据她回忆：

> 我们这一片儿六个委，一个委里仨主任，这18个老太太一个有文化的都没有，能干这些工作多不容易啊?！那时候我们委主任责任真是挺大的，挨家跑、收房费，按月收钱。另外还有卫生费、治保费，这些样儿都是委主任负责的。那时候工作也没个房子，也没有个啥（固定办公地点），个人就在个人家，有事儿了就出去跑。②

---

① 被访谈人：W大爷（男，79岁，退休铸造工），访谈人：杜实，访谈时间：2015年4月28日，访谈地点：W大爷家。
② 被访谈人：S奶奶（女，81岁，原汽车厂三委主任），访谈人：杜实，访谈时间：2015年10月29日，访谈地点：一街区34栋S奶奶家。

汽车厂的居委会主任日复一日从事着上述琐碎的常规工作，她们虽然受教育水平不高，但却能认真完成上级交代的任务，对汽车厂工人生活区的基层社会进行管理。20世纪90年代以来，正在经历市场化改革的汽车厂在新形势下也面临着"社区建设"的现实要求。在汽车厂工人生活区，社区建设运动的基本取向就是打破计划经济时期单位对城市基层社区的主导性控制，转而在政府的指导下，依靠街道办事处的力量，强化社区居民委员会的管理与地位，形成与市场经济社会相适应的新型城市社区。但是由于特殊的发展历史，该厂工人生活区并不适合照搬一般城市社区的转型模式，而是充分表现出"后单位社会"的特点，即此时的社区建设和发展还或多或少地受到单位制的影响，单位文化也仍然根深蒂固地成为汽车厂这类老工业社区及其职工居民的性格之根。在对汽车厂 K 社区进行参与观察时，Z 主任认为：

> 汽车厂社区最大的特点，一是有这么多老房子，这里面住的都是汽车厂的老员工，他们个个儿对这里比我们都熟悉。二就是汽车厂这个企业对我们的工作影响巨大，这是别的地方没有的。一般的社区主要就是自己那摊事儿，别的顶多和派出所、区里民政部门有点联系，但到了汽车厂，社区的工作也要跟企业下属与职工生活区相关的部门建立必要的联系，这里的很多工作都是我们的本厂离退休志愿者协助进行的，这样才能把工作做好、做顺。[①]

正如社区居委会主任所言，与 C 市乃至全国相比，汽车厂工人生活区内的社区较为特殊，在最基层的社会中形成了社区与企业相互关联和互动的状态。与全国普遍意义的基层社会相比，汽车厂工人生活区拥有独具特色的社会结构——由于工人生活区面积庞大，居民老龄化程度较高，以至于作为单位的汽车厂从 21 世纪初开始采取建立离退休工作站（简称工作站）的措施，用以达成基层社会的正常运转，从而形成社区和工作站共存的局面。工作站是离退休老同志的自我服务组织，每个工作站设有 1~2 名正式职工进行管理，站内所有老年志愿者自愿为所辖片区无偿服务。这种

---

① 被访谈人：Z 主任（女，社区居委会主任），访谈人：杜实，访谈时间：2015 年 7 月 16 日，访谈地点：汽车厂 K 社区办公室。

社区与代表单位的工作站两种社会组织同在的情况说明单纯的"企业－社会"分离没能满足东北国有工业企业的发展需求，以单位为中心的社会管理模式依然得到老住户的支持与认可。工作站志愿者队长 L 师傅说：

> 我们的队伍都是自愿为街坊四邻服务，有磨刀的、推头（理发）的、修水修电的、照顾孤寡老人的，等等吧，反正是力所能及的事儿我们都干，为大家服务嘛。汽车厂的老年人太多，很多事社区干不了那么细，只能我们这些身体还行的自己干，能干就干点吧。①

工作站由此成为汽车厂离退休居民的互助组织，它的工作内容较社区来讲更加细致，将志愿服务直接送到每一位需要帮助的居民家中。可以说，由国家推行的"企业－社会"分离工作虽然从形式上使社区脱离了单位，但职工居民却始终离不开单位。思考其中缘由，首先是目前汽车厂工人生活区中"单位－宿舍"式的生产、生活格局未曾改变，职工邻里之间维持了几十年的旧有生计方式仍在继续，人们很难突破环境的制约。同时，生活区的房产所有者大多是工厂的老职工和下岗职工，仍与工厂保持工资、医疗、养老等方面无法切断的经济联系，他们思维中的"单位认同"依旧根深蒂固。对汽车厂工人生活区的调查，真正让研究者看到了新旧制度转型过程中的众多参与者及其多个侧面，其间交织着各种"政策与对策""理性与情感"的矛盾与张力。

三 关于工业民族志的几点思考

在 C 市汽车厂的工业田野中，通过参与观察、深度访谈和文献阅读，我们了解到传统大型国企的管理与生产环节、企业文化与对外宣传，还接触到企业工人生活区的历史、现状与转型等内容。与此同时，我们并不满足于资料的收集和个案积累，希望能够以此在工业民族志的高度上继续展开反思。

第一，工业民族志的性质是微观意义上的调查文本。综观我国以往对工业企业或单位的研究，学者大多将研究焦点定位于阶级形态、企业结

---

① 被访谈人：L 师傅（男，志愿者队长），访谈人：杜实，访谈时间：2015 年 7 月 15 日，访谈地点：某离退休工作站外。

构、单位制度等，其中内容多以社会学的范式和框架为主，着重从宏观上探讨工厂对社会结构和社会控制的影响。随着研究的深入，一些学者逐渐以中观的社会学视角开展单位社会（工人社区）的研究，强调中国的社会体制转换是企业（单位）对社会的放权，以及社会对企业（单位）的承接，并根据社区转型中存在的问题进行理论与对策解析。而本文对汽车厂厂区和工人生活区两个田野地点所做的工业企业和社区个案建立在上述研究的基础上，以第一手观察和访谈资料开展民族志式的微观调查，并进行较为细致的文化撰写，有利于加深对国内大型国企特殊性、复杂性与变化性的认识，让工业企业研究呈现更加完整的"宏观－中观－微观"多层次面貌。

第二，工业民族志的范畴包含工人生产和生活等多元维度。工业企业研究在多数情况下仅针对工厂内部的生产和管理，一旦将民族志的方法引入该领域，研究者就要扩充研究维度，不仅对生产车间和管理部门进行工厂民族志的调查，还要对居民区的单位宿舍和福利设施进行工业社会意义的描述。具体来讲，本文就以工业民族志的形式讲述了 C 市汽车厂自建厂至今所经历的"转型故事"，尤其是中国市场化改革以来，汽车厂作为一个超大型国有企业在厂区和工人生活区的现实中发生的社会与文化变迁。对这类"工厂小社会"的研究正是通过田野作业方法对工厂、工业社区及工人居民的现实情境进行了"深描"，提炼出其中包含的特点，一方面重视企业布局、企业文化与发展史，另一方面力图建构工业社区居民的社会观念、生活场景和人际网络，从而将企业和社区研究有机地联系起来。

第三，工业民族志应以田野中发现的现实问题为研究导向。工业民族志的目的是发现和总结工业组织及社区中存在的问题。以本文为例，汽车厂的田野调查立足于当下东北老工业基地的经济与社会转型，关注工人生活区"企业－社会"分离工作的细节，并归纳其中的特点，发掘突出问题。从目前的田野来看，对这一问题进行进一步研究至少要通过以下两个方面。一方面是直面汽车厂居民对历史街区"爱恨交织"的矛盾心理，探讨在期望与现实出现反差的情况下，老街区住户的心理平衡机制如何运作。另一方面是对汽车厂工人生活区两大基层社会组织之间的协调与互动进行参与观察，将研究着眼点放在志愿者与社会工作者个体，透视社会组织对基层社区的社会建构。当然，进一步的研究须以汽车厂工人生活区为专题田野点，用更加详实的田野材料回应工人社区由单位社会转轨到社区建设的现实问题，从实践层面关注工人居民文化转型的细节，探索减轻转型"阵痛"和促进改革深入的路径。这将是一个复杂且现实意义突出的新课题！

参考文献

一　中文文献

安东尼·吉登斯：《社会的构成》，李康等译，生活·读书·新知三联书店，1998。

巴特菲尔德：《苦海沉浮：挣脱十年浩劫的中国》，张久安等译，四川文艺出版社，1989。

保罗·拉比诺：《摩洛哥田野作业反思》，高丙中、康敏译，商务印书馆，2008。

保罗·威利斯：《学做工——工人阶级子弟为何继承父业》，秘舒、凌旻华译，译林出版社，2013。

贝斯特：《邻里东京》，国云丹译，上海译文出版社，2008。

彼得·伯格、托马斯·卢克曼：《现实的社会构建》，汪涌译，北京大学出版社，2009。

边燕杰、罗根：《市场转型与权力的维持：中国城市分层体系之分析》，载边燕杰主编《市场转型与社会分层：美国社会学者分析中国》，生活·读书·新知三联书店，2002，第427～459页。

边燕杰、张展新：《市场化与收入分配——对1998年和1995年城市住户收入调查的分析》，《中国社会科学》2002年第5期，第97～111页。

曹锦清、陈中亚：《走出理想城堡——中国单位现象研究》，海天出版社，1997。

（清）长顺修《吉林通志》，吉林文史出版社，1986。

长春市地方志编纂委员会：《长春市志·工会志》，吉林人民出版社，1995。

长春市地方志编纂委员会：《长春市志·机械工业志》，吉林人民出版社，2003。

朝阳区地方史志编纂委员会：《长春市朝阳区志》，吉林文史出版社，1993。

陈伯超、张艳锋：《城市改造过程中的经济价值与文化价值——沈阳铁西工业区的文化品质问题》，《现代城市研究》2003 年第 6 期。

陈辉：《新中国成立 60 年来城市基层治理的结构与变迁》，何艳玲编《变迁中的城市治理》，格致出版社（上海人民出版社），2013。

陈那波：《海外关于中国市场转型论争十五年文献述评》，《社会学研究》2006 年第 5 期。

陈鹏：《社区去行政化：主要模式及其运作逻辑》，《学习与实践》2018 年第 2 期。

陈祖涛口述、欧阳敏撰写《我的汽车生涯》，人民出版社，2005。

厄内斯特·盖尔纳：《民族与民族主义》，韩红译，中央编译出版社，2002。

费孝通：《乡土中国》，北京出版社，2005。

顾东辉：《"三社联动"的内涵解构与逻辑演绎》，《学海》2016 年第 3 期。

桂勇：《邻里空间：城市基层的行动、组织与互动》，上海世纪出版社，2008。

哈贝马斯：《公共领域的结构转型》，曹卫东、王晓珏、刘北城等译，学林出版社，1999。

哈布瓦赫：《论集体记忆》，毕然、郭金华译，上海人民出版社，2002。

汉娜·阿伦特：《人的境况》，王寅丽译，上海人民出版社，2009。

何艳玲：《都市街区中的国家与社会：乐街调查》，社会科学文献出版社，2007。

胡澎：《日本"社区营造"论：从"市民参与"到"市民主体"》，《日本学刊》2013 年第 3 期。

华尔德：《共产党社会的新传统主义》，龚小夏译，牛津大学出版社，1996。

怀特：《街角社会：一个意大利人贫民区的社会结构》，黄育馥译，商务印书馆，2005。

黄凤祝：《城市与社会》，同济大学出版社，2009。

吉尔·伊亚尔等：《无需资本家打造资本主义——后共产主义中欧的阶级形成和精英斗争》，吕鹏等译，社会科学文献出版社，2008。

杰弗瑞·奥利克、乔伊斯·罗宾斯、周云水：《社会记忆研究：从"集体记忆"到记忆实践的历史社会学》,《思想战线》2011年第3期。

井世洁、高秋烨:《义文化与社区营造:基于南京市Y街道的行动研究》,《社会建设》2017年第5期。

卡尔·波兰尼:《巨变——当代政治与经济的起源》,黄树民译,社会科学文献出版社,2013。

柯泽:《论社会学芝加哥学派的历史分期及理论贡献》,《社会科学辑刊》2012年第6期。

柯尊请、崔运武:《社会治理精细化的生成机理与运行逻辑研究》,《理论月刊》2018年第5期。

克利福德·格尔兹:《文化的解释》,纳日碧力戈等译,上海人民出版社,1999。

雷洁琼等:《转型中的城市基层社区组织》,北京大学出版社,2001。

黎熙元、陈福平:《社区论辩:转型期中国城市社区的形态转变》,《社会学研究》2008年第2期。

李春敏:《马克思的社会空间理论研究》,上海人民出版社,2012。

李汉林:《变迁中的中国单位制度——回顾中的思考》,《社会》2008年第3期。

李汉林:《中国城市社区的整合机制与单位现象》,《管理世界》1994年第4期。

李汉林:《中国单位社会:议论、思考与研究》,中国社会科学出版社,2014。

李路路、李汉林:《中国的单位组织——资源、权力和交换》,浙江人民出版社,2000。

李平原:《浅析奥斯特罗姆多中心治理理论的适用性及其局限性——基于政府、市场与社会多元共治的视角》,《学习论坛》2014年第5期。

李若冰:《汽车城散记》,载李若冰编《山·湖·草原》,中国青年出版社,1964。

刘家佶:《工人村的变迁——铁西区工人村六十年生活变迁史》,博士学位论文,中山大学,2012年。

刘建军:《单位中国——社会调控体系重构中的个人、组织与国家》,天津人民出版社,2002。

刘平:《新二元社会与中国社会转型研究》,《中国社会科学》2007年第

1 期。

刘晓春：《日本、台湾的"社区营造"对新型城镇化建设过程中非遗保护的启示》，《民俗研究》2014 年第 5 期。

刘亚秋：《从集体记忆到个体记忆——对社会记忆研究的一个反思》，《社会》2010 年第 5 期。

卢磊：《台湾社区营造的实践经验和发展反思：兼论多元协作理念下的社区治理实践》，《社会福利》2016 年第 11 期。

路风：《单位：一种特殊的社会组织形式》，《中国社会科学》1989 年第 1 期。

路风：《国有企业转变的三个命题》，《中国社会科学》2000 年第 5 期。

罗家德、梁肖月：《社区营造的理论、流程与案例》，社会科学文献出版社，2017。

马茨·艾尔维森、卡伊·舍尔德贝里：《质性研究的理论视角：一种反身性的方法论》，陈仁仁译，重庆大学出版社，2009。

马西恒：《理念与经验：中国与北美社区建设之比较》，《上海行政学院学报》2011 年第 1 期。

马学广：《"单位制"城市空间的社会生产研究》，《经济地理》2010 年第 9 期。

迈克尔·布若威：《制造同意——垄断资本主义劳动过程的变迁》，李荣荣译，商务印书馆，2008。

麦克·布洛维：《公共社会学》，沈原等译，社会科学文献出版社，2007。

米歇尔·福柯：《规训与惩罚》，刘北成、杨远婴译，生活·读书·新知三联书店，2010。

倪鹏飞、李清彬、李超：《中国城市幸福感的空间差异及影响因素》，《财贸经济》2012 年第 5 期。

牛君：《台湾社区营造政策及其对大陆社区治理的启示》，《岭南学刊》2017 年第 5 期。

彭真：《彭真文选（1941—1990）》，人民出版社，1991。

皮埃尔·布迪厄、华康德：《实践与反思——反思社会学导引》，李蒙、李康译，中央编译出版社，1998。

溥大伟：《单位的前世今生：中国城市的社会空间与治理》，柴彦威等译，东南大学出版社，2014。

汽车厂厂志编辑部编《汽车厂厂志（1987—2011）》上卷，汽车厂集团公司，2013。

汽车厂厂志编辑部编《汽车厂厂志（1987—2011）》下卷，汽车厂集团公司，2013。

汽车厂史志编纂室编《汽车厂厂志》第一卷（上），吉林科学技术出版社，1991。

汽车厂史志编纂室编《汽车厂厂志》第一卷（下），吉林科学技术出版社，1992。

乔治·E. 马尔库斯、米开尔·M. J. 费彻尔：《作为文化批评的人类学》，王铭铭、蓝达居译，生活·读书·新知三联书店，1998。

渠敬东、周飞舟、应星：《从总体性支配到技术治理——基于中国 30 年改革经验的社会学分析》，《中国社会科学》2009 年第 6 期。

全国政协文史和学习委员会编《汽车厂创建发展历程》，中国文史出版社，1997。

任文启：《社区治理抑或社区营造："三社联动"的理论脉络与实践反思》，《社会建设》2017 年第 6 期。

桑内特：《公共人的衰落》，李继宏译，上海译文出版社，2008。

沈原：《社会转型与工人阶级的再形成》，《社会学研究》2006 年第 2 期。

施琳：《经济人类学》，中央民族大学出版社，2002。

宋钻友：《上海工人生活研究》，上海辞书出版社，2011。

孙柏英：《城市社区居委会去行政化何以可能》，《南京社会科学》2016 年第 7 期。

田毅鹏、刘杰：《"单位社会"历史地位的在评价》，《学习与探索》2010 年第 4 期。

田毅鹏、吕方：《单位共同体的变迁与城市社区重建》，中央编译出版社，2014。

田毅鹏、吕方：《单位社会的终结及其社会风险》，《吉林大学社会科学学报》2009 年第 6 期。

田毅鹏、漆思：《单位社会终结：东北老工业基地典型单位制背景下的社区建设》，社会科学文献出版社，2005。

王德福：《社区行政化与街居治理共同体》，《行政论坛》2019年第6期。

王继承、袁东明：《正确认识国有企业办社会职能问题》，载马俊、张文魁编《国有资本管理体制改革与探究》，中国发展出版社，2015。

王建民：《去单位化：社区记忆的缺失与重建——资源枯竭型城市社区建设的社会学分析》，《甘肃社会科学》2006年第6期。

王铭铭：《社会人类学与中国研究》，生活·读书·新知三联书店，1997。

王思斌：《新中国70年国家治理格局下的社会治理和基层社会治理》，《青海社会科学》2019年第6期。

王思斌：《"三社联动"实践与社会治理创新和社会建设》，《清华社会学评论》2018年第7辑。

王颖：《社区与公民社会》，载李培林编《社会学与中国社会》，社会科学文献出版社，2008。

文军：《个体化社会的来临与包容性社会政策的建构》，《社会科学》2012年第1期。

乌尔里希·贝克：《世界风险社会》，吴英姿、孙淑敏译，南京大学出版社，2004。

吴军、夏建中、特里·克拉克：《场景理论与城市发展——芝加哥学派城市研究新理论范式》，《中国名城》2013年第6期。

吴清军：《国企改制与传统产业工人转型》，社会科学文献出版社，2008。

夏建中：《现代西方城市社区研究的主要理论与方法》，《燕山大学学报》2000年第2期。

夏学銮：《中国社区发展的战略和策略》，《唯实》2003年第10期。

向德平：《社区组织行政化表现原因及对策分析》，《学海》2006年第3期。

肖林：《"社区"研究与"社区研究"：近年来我国城市社区研究评述》，《社会学研究》2011年第4期。

肖瑛：《从"国家与社会"到"制度与生活"：中国社会变迁研究的视角转换》，《中国社会科学》2014年第9期。

徐永祥、曹国慧：《"三社联动"的历史实践与概念辨析》，《云南师范大学学报》（哲学社会科学版）2016年第3期。

雅各布·伊弗斯、肖坤冰：《汉学人类学视域下的民众日常生活史研究》，《民族学刊》2012年第2期。

杨辰：《街区概念的理论建构与空间实践：1840 年以来的法国城市社区研究》，《城市问题》2012 年第 3 期。

杨懋春：《一个中国村庄：山东台头》，江苏人民出版社，2001。

杨敏：《作为国家治理单元的社区——对城市社区建设运动过程中居民社区参与和社区认知的个案研究》，《社会学研究》2007 年第 4 期。

杨晓民、周翼虎：《中国单位制度》，中国经济出版社，1999。

叶南客、陈金城：《我国"三社联动"的模式选择与策略研究》，《南京社会科学》2010 年第 12 期。

于冬波、黄祖群、王春晖：《城市历史街区的动态保护规划研究——以汽车厂历史街区为例》，《城市发展研究》2011 年第 5 期。

余冰：《街坊变迁——城市社区组织的国家性与社会性》，人民出版社，2012。

俞可平：《治理与善治》，社会科学文献出版社，2000。

郁建兴：《治理与国家建构的张力》，《马克思主义与现实》2008 年第 1 期。

臧冬娅、郭安：《论社区建设与构建社会主义和谐社会》，《中国劳动关系学院学报》2006 年第 6 期。

张继焦：《国际都市人类学——现状与发展趋势》，《中国社会科学院研究生院学报》2004 年第 4 期。

张金荣：《东北老工业基地创业模式的文化人类学观察》，《长白学刊》2007 年第 3 期。

张克中：《公共治理之道：埃莉诺·奥斯特罗姆理论评述》，《政治学研究》2009 年第 6 期。

张祥龙：《当代西方哲学笔记》，北京大学出版社，2005。

张秀兰、徐月宾：《我国社会福利社会化的目标及途径探讨》，《江苏社会科学》2006 年第 2 期。

张志平：《情感的本质与意义：舍勒的情感现象学概论》，上海人民出版社，2006。

郑杭生：《"理想类型"与本土特质——对社会治理的一种社会学分析》，《社会学评论》2014 年第 3 期。

郑杭生、邵占鹏：《治理理论的适用性、本土化与国际化》，《社会学评论》2015 年第 3 期。

钟晓华:《"嵌入"还是"搅动"外部精英介入社区营造的路径》,《南京社会科学》2018 年第 7 期。

周大鸣、刘家佶:《城市记忆与文化遗产——工业遗产保护下的中国工人村》,《青海民族研究》2012 年第 2 期。

朱健刚:《国与家之间:上海邻里的市民团体与社区运动的民族志》,社会科学文献出版社,2010。

二 外文文献

Arendt Hannah, *Responsibility and Judgment* (Horizon Media Co. Ltd., 2011).

Basham Richard, *Urban Anthropology: The Cross-Cultural Study of Complex Societies* (Palo Alto CA: Mayfield, 1978).

Bauman Zygmunt, *Culture as Praxis* (London: Sage Publications of London, 2001).

Benedict Ruth, *Patterns of Culture* (London: George Routledge & Sono, Ltd., 1935).

Berlin Isaiah, *Against the Current: Essays in the history of Ideas* (Big Apple Tuttle-Mori Agency Inc., 1995).

Bestor Theodore, *Neighborhood Tokyo* (Stanford: Stanford University Press, 1989).

Bourdieu Pierre, *Outline of a Theory of Practice* (Cambridge: Cambridge University Press, 1977).

Clifford James, George E. Marcus eds., *Writing Culture: The Poetics of Ethnography* (Berkeley: University of California Press, 1986).

Commission on Global Governance, *Our global neighborhood* (Oxford Paperbacks, 1995).

Duara Prasenjit, *Culture Power and the State: Rural North China* 1900 – 1942 (Stanford: Stanford University Press, 1988).

Dutton Michael, *Streetlife China* (Cambridge: Cambridge University Press, 1998).

Evans-Pritchard Edward Evan, *The Nuer: A Modes of Livelihood and Political*

Institutions of A Nilotic People (New York: Oxford University Press, 1940) .

Freedman Maurice, *Lineage organization in Southeastern China* (The Athlone Press, 1958) .

Garfinkel H. , *Studies in Ethnomethodology* (Englewood Cliffs, New Jersey: Prentice-Hall, 1967) .

Geertz Clifford, *The Interpretation of Cultures* (New York: Basic Books, 1973).

Heller Agnes, *Everyday Life* (Routledge and Kegan Paul, 1984) .

Henri Lefebvre, *The Production of Space* (Blackwell, 1991) .

John R. Logan, *Urban China in Transition* (Published Online, 2008) .

Leach Edmund, *Political Systems of Highland Burma: A study of Kachin Social Structure* (The Continuum International Publishing Group, 2004) .

Mintz Sidney, *Sweetness and Power: The Place of Sugar in Modern History* (London: Penguin Books, 1985) .

Muller P. O. , *Contemporary Suburban America* (Englewood Cliffs: Prentice Hall, 1981) .

L. Parish William, Ethan Michelson, " Politics and Markets: Dual Transformations," *American Journal of Sociology* 1996 (4): 1042 – 1059.

Rabinow Paul, *Reflections on Fieldwork in Morocco* (The regents of the University of California, 1977) .

Radcliffe-Brown, *The Andaman Islanders* (Cambridge: Cambridge University Press, 1922) .

Scott James, *Weapons of the Weak: Everyday Forms of Peasant Resistance* (New Haven: Yale University Press, 1985) .

Scott, James C. , *The Moral Economy of the Peasant: Rebellion and Subsistence in Southeast Asia* (New Haven: Yale University Press, 1976) .

Swartz David, *Culture and Power: The Sociology of Pierre Bourdieu* (Chicago: University of Chicago Press, 1997) .

White P. , *The European City: A Social Geography* (London: Longman, 1984) .

Wu Xiaogang and Xie Yu, " Does the Market Pay Off Earnings Returns to Edu-

cation in Urban China," *American Sociological Review* 2003 （vol. 68）:
425 - 442.

Zhou Xueguang, "Reply: Beyond the Debate and toward Substantive Institutional
Analysis," *American Journal of Sociology* 2000 （vol. 105）: 1190 - 1195.

后　记

　　本书是在我博士论文的基础上经过修订和补充得以完成的，并且在附录中收入了我在汽车厂田野调查时撰写的《东北老工业国企的民族志考察及其思考》一文。田野边界有限，学术思索无涯，书中许多观点与讨论还有诸多不成熟的地方，这种遗憾只有留待将来的研究去进一步补充与完善。但不论怎样，这本书是我学术人生探索时期所想所思的结晶。值得庆幸的是，在这段时间的求学、调研及工作中我得到了多方面的热情支持与大力帮助，在此致谢。

　　首先要感谢我的导师施琳教授。从 2013 年 9 月到 2016 年 6 月，我在中央民族大学民族学与社会学学院施琳教授的指导下，攻读经济人类学方向的博士研究生。施老师严谨的治学态度、广博的学识与睿智的学术素养令我敬佩。三年来，导师以她广阔的视野、谦和的品格以及润物无声的宽容和关爱，给予我学业和人生的教育与启迪。我的博士学位论文从选题到开题、从修改到定稿，都得到了导师的悉心指导。当然，导师的指导也不仅仅体现在学术论文的撰写方面，还记得施老师曾带领我和同届同学王皓田一起来到汽车厂等多个东北老工业企业及单位社区展开调研，其间老师运用访谈法和参与观察法进行田野作业，为我们上了一堂生动的田野调查方法课，这种实地观摩、现场体会是所有教科书都难以企及的。另外，导师的教导还体现在日常生活的点点滴滴，在博士开题、写作、答辩的艰难环节，施老师经常叫上学生们一起到民大操场、国家图书馆附近的紫竹院散步畅谈——聊学业、聊近况、聊未来，她豁达的人生态度时刻感染着我们，哪怕同学们的心里有再多的焦虑、再多的困难也都被不知不觉地融化了。正所谓"导师是人格化的学术"，让我们在具体可感的情境下成长起来。同时，我还要对在硕士阶段培养过我的辽宁大学周福岩教授表达真挚的谢意，他在民俗学、人类学、社会学与哲学理论上对我的指导，为我今天取得的一些进步打下了非常重要的基础。

此外，我还要深深地感谢博士学位论文答辩主席清华大学张小军教授，以及中国社会科学院周竞红研究员、中国政法大学王燕祥教授、中央民族大学民族学与社会学学院李丽教授、刘明新教授、苏发祥教授、吴楚克教授。他们在百忙之中评阅论文，并给予我点拨与指导，对我的论文提出了许多中肯的建议和意见，在论文的补充出版中起到了重要作用。在本书的进一步修改和完善中，我对这些相关建议和意见给予了充分的考虑并加以消化和吸收，本书无论是篇章结构、重要概念，还是结论论证都做了大量补充和润色。

当然，最难忘记的是那些在田野调查中发生的人和事，那些曾经给予我帮助、指导以及关怀的人们，如汽车厂档案馆的马主任，汽车厂报社的姜主任，汽车厂离退休工作站的刘站长和陈站长，汽车厂宿舍大院的老年志愿服务队长王师傅和卢师傅，老年志愿者崔阿姨、方阿姨、乔师傅、宋师傅、袁师傅等，包括汽车区下辖多个社区居委会的社区书记和主任……限于篇幅，这里无法一一列举出他们的姓名，但是在我的内心永远感激他们并将终生铭记。

在博士求学阶段的学习和本书的写作、修改期间，许多同学和朋友给予了我很多帮助和关怀，他们与我的各种讨论都带给我许多灵感和思想的火花，本书定稿之际，终有机会表达谢意。我要向我的工作单位长春理工大学中的多个部门及前辈们致以最真挚的感谢！感谢学校科学技术研究院社会科学中心组织的"长春理工大学基地著作资助计划"，从经费方面保证了本书出版工作的顺利进行。同时还要感谢社会学系的各位同事，尤其是学科带头人卜长莉教授，前辈教师们对青年教师的学术探索给予了最大的鼓励与支持，不仅在学术方面予以推介，还将本书列入长春理工大学社会学系与美亚联创科技有限公司共建的美亚联创研究院出版的"社会工作参与社会治理研究智库丛书"。我的感谢之情难以用言辞表达，只有用加倍的刻苦努力、更为出色的成绩向前辈汇报。感谢社会科学文献出版社的编辑谢蕊芬、庄士龙耐心、包容和严谨专业的工作和建议，让我能够用最充分的时间、最精益求精的态度完成本书的最后修订！

　　最后，但并非次要的，要感谢我的父母，他们在我学习和论文调查、写作以及本书修改期间始终关心、鼓励我，使我获得很大的勇气和信心。没有他们的关爱与支持，我无法完成书稿，他们在细微之处的期待与鼓励是我最大的动力，我唯有奉上深深的谢意并祝福他们幸福安康！

杜　实

2020 年 5 月 25 日

图书在版编目(CIP)数据

东北振兴与传统工人生活区的治理转型／杜实著
. -- 北京：社会科学文献出版社，2020.9
（社会工作参与社会治理研究智库丛书）
ISBN 978 - 7 - 5201 - 7284 - 4

Ⅰ.①东…　Ⅱ.①杜…　Ⅲ.①老工业基地 - 区域经济
发展 - 研究 - 东北地区②工人 - 生活状况 - 研究 - 东北地
区　Ⅳ.①F427.3②D412.7

中国版本图书馆 CIP 数据核字（2020）第 174436 号

·社会工作参与社会治理研究智库丛书·
东北振兴与传统工人生活区的治理转型

著　　者／杜　实

出 版 人／谢寿光
组稿编辑／谢蕊芬
责任编辑／庄士龙　佟英磊

出　　版／社会科学文献出版社·群学出版分社（010）59366453
　　　　　　地址：北京市北三环中路甲 29 号院华龙大厦　邮编：100029
　　　　　　网址：www. ssap. com. cn
发　　行／市场营销中心（010）59367081　59367083
印　　装／三河市龙林印务有限公司

规　　格／开　本：787mm × 1092mm　1/16
　　　　　　印　张：15　字　数：246 千字
版　　次／2020 年 9 月第 1 版　2020 年 9 月第 1 次印刷
书　　号／ISBN 978 - 7 - 5201 - 7284 - 4
定　　价／98.00 元

本书如有印装质量问题，请与读者服务中心（010 - 59367028）联系